3・11複合災害と日本の課題

中央大学政策文化総合研究所
佐藤元英 編著
滝田賢治

中央大学出版部

序──3・11複合災害と研究者の課題

　2011年3月11日午後2時46分，三陸沖を震源として発生した震度7（マグニチュード9）の巨大地震は，100年に1度といわれるほどの巨大津波を引き起こし，巨大地震・津波により五重の手段によって防護されていると喧伝されていた福島第一原発は破壊した。地震・津波による人的・物的損失ばかりでなく，放射性物質の拡散と広大な地域が汚染され2014年7月現在でも24万7000人に上る福島県民が全国に避難している。同時に風評被害が国内ばかりか国際的にも広がり，日本産の農水産物ばかりか工業製品までもが規制の対象となり多くの日本製品が出荷停止を余儀なくされたのである。

　そればかりでなく福島第一原発事故そのものが終結しておらず，廃炉には100年近い時間を要すると多くの専門家が主張している。『毎日新聞』の「「解体先進国」英の原発：稼働26年，廃炉90年」（2013年8月19日）はイギリスの廃炉の現実を実にリアルに伝えている興味深い記事である。1965年に稼働し始めたトロースフィニッド原発（ウェールズ）は，事故によるのではなく当初の計画に従って1991年に稼働を停止させ93年から廃炉作業に入った。95年に原子炉内の使用済み核燃料（燃料棒）を取り出したが，圧力容器周辺や中間貯蔵施設内の低レベル放射性物質の放射線量は依然高く，2026年に作業を一時停止し，放射線量が下がるのを待って2073年に廃棄物の最終処分などの廃炉作業の最終段階に着手する，という記事であった。トロースフィニッド原発の出力は23.5万kWであったが，福島第一原発は6基合計で約470万kWに上り，かつ原発事故によるため廃炉作業には想像を超える膨大な時間と費用が掛かることが明らかである。2013年6月下旬，

政府と東京電力は，燃料棒を取り出した後の原子炉建屋解体など廃炉作業は最長40年かかると想定している。トロースフィニッド原発の事例から見ると実に楽観的な想定である。2013年8月段階で東京電力は1～4号機の廃炉費用は9579億円と発表していたが，40年などではなく100年近くかかるとすれば廃炉費用は想像を絶する額に上ることが考えられる。その費用は国民の税金や電気料金で賄われることになる。

地震と津波は自然災害で回避できないものであり，防災教育・訓練を含めた防災対策により被害を少しでも軽減させるしかない。しかし原発事故は政官財＋メディア複合体による不作為や怠慢による人災としての性格を色濃く持つものであり，3・11災害は，自然災害と人災が結びついたまさに複合災害であると言わざるを得ない。

3・11災害が発生した時，研究・教育に従事する我々研究者は，この事態に対して何ができるのか，何をすべきなのかを各自が思いめぐらしつつ相互に議論を重ねた。いくつかの大学は仙台市に災害支援センターを立ち上げ，学生・教職員達のボランティア活動を支援したり，災害支援や巨大災害研究推進を担当する副学長を任命した。これらの大学に比べ中央大学の動きは鈍かったが，それでも個人ベースで何人かの若手教員は研究・教育の時間の合間をぬって学生達と共にボランティアに入り，何人もの教職員は寄付や復興ファンドに心ばかりの投資を行っていた。肉体的・年齢的条件によりボランティア活動には参加できずに良心の痛みを感じながらも，我々有志は研究者・教育者としてそれぞれの専門領域での知見や経験をもとに何らかの貢献をすべきであるとの自覚の下に結集し，中央大学政策文化総合研究所と経済研究所「ネットワークと社会資本研究部会」（主査：塩見英治経済学部教授），社会科学研究所「グローバル化と社会科学」（主査：星野　智法学部教授）を中心に研究会を開いて議論し，研究成果を発表してきた。

我々有志はまず『中央評論：三・一一複合災害と日本の課題』（第63巻4

号：2012 年）に 3・11 についてそれぞれの専門領域からの見解・提案をまとめ，これを基礎に，連続講演会と称する以下の連続研究会を開催して一般市民や学生・院生と共に議論を重ね問題意識を共有してきた。

(1) 2011 年 6 月 4 日
① 安部誠治氏（関西大学教授）
「東日本大震災による被害・影響と日本の課題──インフラ問題を中心に──」
② 舘野　淳氏（元中央大学商学部教授）
「福島原発で何が起きているのか」

(2) 2011 年 7 月 30 日
十市　勉氏（日本エネルギー経済研究所顧問）
「3・11 災害と日本のエネルギー政策」

(3) 2011 年 10 月 8 日
① 青山貞一氏（東京都市大学教授）
「環境と安全に配慮した持続可能社会のグランドデザイン
──岩手・宮城・福島被災地の現地調査を通じて──」
② 志村嘉一郎氏（元朝日新聞経済部記者・ジャーナリスト）
「原発と東京電力」

(4) 2011 年 11 月 19 日
杉田弘毅氏（共同通信社編集委員・論説委員，元ワシントン支局長）
「3・11 を世界はどうみたか──世界の政治家・知識人とのインタヴューを基に──」

こうした準備段階を経て「直江資金プロジェクト」として「3・11 複合災害と日本の課題」チームを 2012 年 4 月に発足させ短期集中型の研究を開始したのである。この「直江資金」とは総合政策学部教授であった直江重彦先生が生前，政策文化総合研究所に寄託されていた資金であり，同研究所設立

の目的である「21世紀日本の生存」の条件を探るような研究に使うようにとの先生のお言葉を胸に開始した研究である。同年4月からは毎月，研究会を開催し，メンバーがそれぞれのテーマに沿って発表を行いつつ議論を重ね，2013年8月には，中央大学出身で岩手県立大学副学長の齋藤俊明教授の協力を得て，岩手・宮城両県の被災地を訪れるとともに，岩手県庁の復興事業担当者へ予め提出しておいた質問にお答え頂く機会を持つことができた。被災から2年半が経ってはいたが，現実に自分たちの目で確かめ，現地の人々から聞く「現実」には胸に迫るものがあった。あらためて，自分たちの専門領域を活かした研究成果を具体化する使命を感じざるを得なかった。同年秋からは，この現地調査を踏まえ，さらに各自の研究内容を深めていった。

　そして2014年3月11日，約2年間にわたる研究活動を総括するシンポジウムを開催した。学生，院生，教員ほか学外の一般市民やメディア関係者を含め100名を超える参加を得て，長時間にわたり活発な議論を展開することができた。参考までに，当日のプログラムを以下に掲載する。

中央大学政策文化総合研究所「3・11複合災害と日本の課題」シンポジウム
日時：2014年3月11日　場所：中央大学多摩校舎2号館4階会議室4

開催挨拶　佐藤元英所長
第1セション：被災地―現状報告分析
　　　　　　　　　　　司会　佐藤元英　討論者　長谷川聰哲
　片桐正俊（経済学部教授）「震災復興財政の問題点と課題」
　武山眞行（中央大学名誉教授）「大震災被災者に対する法律援助システム」
　深町英夫（経済学部教授）「日本心象―中国人の表象・記憶する3・11」
第2セション：被災地―電力・エネルギー・原発問題
　　　　　　　　　　　司会・討論　細野助博　討論者　滝田賢治

長谷川聰哲（経済学部教授）「東日本大震災が地域と国民経済に与えた影響」

岡田　啓（東京都市大学環境学部准教授）「日本のエネルギー政策と電力改革」

川久保文紀（中央学院大学法学部准教授）「福島第一原発事故と被災自治体——福島県相双地方の事例」

奥山修平（法学部教授）「震災・原発事故後のエネルギー政策」

第3セッション：過去から未来へ

　　　　　　　　　司会　武山眞行　討論者　奥山修平

佐藤元英（文学部教授）「日本の大震災と外交——過去の記録からの提言」

西海真樹（法学部教授）「自然災害と国際法」

滝田賢治（法学部教授）「3・11複合災害と国際緊急援助」

閉会挨拶　滝田賢治

　このシンポジウムでの議論や現地調査結果も踏まえて何とかまとめた成果が本書に収められている。本書は第Ⅰ部　被災地——現状報告分析，第Ⅱ部　被災地——電力・エネルギー・原発問題，第Ⅲ部　過去から未来へ，の3部より構成されている。

　第Ⅰ部では岩手県を中心とした災害の実情と復興事業の問題点と課題が指摘され，東北3県の災害復興のための財政と生産活動について直近のデータを駆使した精緻な分析が行われ，さらに被災者の上に生じている種々の法律問題の解決にあたり，「東日本大震災被災者援助特例法」をたたき台にして今後あるべき法律援助が考察され，最後に被災地の状況が隣国・中国の民衆にどのように受け止められたかを「第三者」の目から描出している。第Ⅱ部では，巨大地震・津波災害を複合災害とした原発事故を巡り，日本のエネルギー問題と電力問題に焦点を当て幅広く考察している。第Ⅲ部では「歴史は

繰り返す」という諺を噛みしめながら，過去の地震災害の際の救援活動と復興事業から得られる教訓を再確認しつつ，今回の災害への国際的救援活動をめぐる国際法上の問題と国際協力上の問題点を分析した。その上で，これらの分析を踏まえ，今後予想される巨大自然災害に備え，どのような産業政策や都市計画を進めるべきかの提言がなされている。

　巨大地震や巨大津波ばかりでなく，スーパー台風やこれに起因する深層崩壊などが気候変動の影響もあり日本ばかりか世界各地で頻発するようになった現在，我々はこの巨大複合災害を環境悪化や感染症の拡大などのグローバル・イシューと認識して，巨大複合災害に対する国際協力体制の構築や緊急援助などに関して法律・政治・経済・工学など研究者それぞれの専攻分野で貢献していく使命が課せられていることを再認識しなければならない。地震や津波あるいは原発や災害対策とは直接関係ない分野を専門としている我々としてはなかなか困難な研究活動ではあったが，この2年間に得た新たな情報・知識や抱いた思いを今後の研究につなげていきたい。

2014年9月

滝 田 賢 治

目　　次

序――3・11複合災害と研究者の課題
　　　　　　　　　　　　　　………………………… 滝　田　賢　治

第Ⅰ部　被災地――現状報告分析

第1章　東日本大震災復興財政の特徴と問題点・課題
　　　　　　　　　　　………………………… 片　桐　正　俊 … 3
　はじめに　3
　1. 国の震災復興財政枠組み・予算・決算の問題点と
　　　復興の現状　8
　2. 被災3県の県及び都市の震災復興財政　21
　3. 岩手県・自治体震災復興財政ヒヤリングの要点　39
　おわりに　43

第2章　被災地岩手の現状と課題　…………… 齋　藤　俊　明 … 53
　はじめに　53
　1. 被　害　状　況　55
　2. 岩手県の復興計画　58
　3. 産業の現状と課題　64
　4. 復興の課題　70
　おわりに　76

第3章　東日本大震災が雇用と生産額に及ぼした影響
　　　　　東北重被災地域とその他日本の相互依存
　　　　　　　　　　　………………………… 長谷川　聰　哲 … 79
　はじめに　79
　1. 重被災地域の就業構造の変化　79

2.東日本大震災が及ぼした生産活動への影響　85
　　3.重被災3県の対外地域との相互依存　90
　　おわりに　94

第4章　大震災被災者に対する法律援助システム
　　　　　　　東日本大震災被災者援助特例法を
　　　　　　　　中心として …………………… 武山眞行 … 97
　　はじめに　97
　　1.東日本大震災被災者援助特例法　98
　　2.前提の制度（法テラス）　99
　　3.東日本大震災被災者援助特例法の制定背景　100
　　4.この法律の内容　102
　　おわりに――評価と検討　106

第5章　日本心象
　　　　　　中国人の表象・記憶する3・11
　　　　　　　……………………………… 深町英夫 … 109
　　はじめに　109
　　1.衝撃・混乱・流言――3・11直後の報道　110
　　2.「秩序ある日本人」イメージ　112
　　3.「網民」の反応　119
　　おわりに　123

第Ⅱ部　被災地――電力・エネルギー・原発問題

第6章　日本のエネルギー政策と電力改革
　　　　　　……………………………… 岡田　啓 … 129
　　はじめに　129
　　1.日本のエネルギー政策の経過と特徴　131
　　2.電力自由化の促進と発送電分離についての
　　　論議と実現の方向性　137

3. 再生可能エネルギーの促進の現状と課題　142
　　4. エネルギー政策の今後の方向性　151
　　おわりに　153

第7章　東京電力福島第一原発事故と日本の
　　　　エネルギー問題 ………………………… 奥 山 修 平 … 157
　　はじめに　157
　　1. 電力生産技術の選択の基準　158
　　2. 原子力発電の特性　162
　　3. 福島原発事故の意味　164
　　4. 原発をとりまく危機の深化　167
　　5. 政策転換のチャンス　170
　　6. 新しい事業の進展　172
　　7. 創エネと省エネの進展──村や街や工場でも　176
　　8. 多様なエネルギーの選択肢とその組合せ　179
　　おわりに　182

第Ⅲ部　過去から未来へ

第8章　大震災対応の初動と海外受援
　　　　　　過去の記録からの提言 ……… 佐 藤 元 英 … 189
　　はじめに　189
　　1. 明治・昭和の三陸沖地震と海外受援　192
　　2. 関東大震災と海外受援　195
　　3. 東日本大震災の初動対応と海外受援　205
　　4. 岩手県の初動対応と自衛隊との連携　213
　　おわりに　218

第9章　災害と国際法
　　　　　東日本大震災をてがかりとして
　　　　　　　………………………………………　西 海 真 樹 … 227
　　はじめに　227
　　1. 東日本大震災と国際法　228
　　2. 災害と国際法　236
　　おわりに　244

第10章　3・11複合災害と国際緊急援助
　　　　　………………………………………　滝 田 賢 治 … 247
　　はじめに　247
　　1. 複合災害への対応
　　　　──援助の主体・援助対象・援助の形態　248
　　2. 自然災害に対する日本の緊急援助　250
　　3. 自然災害に対する防災・緊急援助の
　　　　国際的枠組み　253
　　4. 3・11複合災害への国際的緊急援助　258
　　5. 自然災害への対応と日本の課題　262
　　おわりに──パラダイム・シフトは
　　　　　　起こっているのか　264

第11章　復興の政策デザイン　………………　細 野 助 博 … 271
　　はじめに　271
　　1. 政策デザイン構築のプロセス　273
　　2. 政策デザインの必要性　275
　　3. 政策デザインを考えるいくつかの教訓　279
　　4. 産業に見る政策デザイン　282
　　5. 雇用創出の政策デザイン　286
　　6. まちづくりの政策デザイン　288
　　7. 取りなしの神の不在　291
　　8. 繰り返されるヒューマンエラーの教訓　293
　　9. コモンズのドラマ　296

10．スマートなライフデザイン　298
　　おわりに──新たな政策デザインの地をめざして　301

あ と が き ………………………………………… 佐 藤 元 英

第 Ⅰ 部
被災地——現状報告分析

第 1 章
東日本大震災復興財政の特徴と問題点・課題

片 桐 正 俊

は じ め に

　本章は，国と岩手・宮城・福島被災3県及びその自治体（特に各県13都市）によって，東日本大震災の被害に対処するために取られた震災復興財政の特徴と問題点及び課題を明らかにすることを目的としている。

　東日本大震災は，1000年に1度という巨大な地震であって，死者・行方不明者合せて1万8524人，建物の全・半壊合せて39万9284戸という膨大な被害をもたらした。この災害は地震・津波・放射能汚染の複合災害となり，しかも被害地域は，岩手・宮城・福島の3県を中心とした東北地方のみならず，関東・信越を含む広域にまで及んだ。文字通り未曾有の大災害となったために，既存の災害対策の枠組みではとても対応できるものではなかった。被災地の住民と企業と自治体は壊滅的な打撃を受けたので，国は下記のような全く新たな枠組みの下に，その後復旧・復興に乗り出さざるを得なかった。

　政府は11年6月24日に復興基本法を公布・施行した。この法律において，復興の基本理念，復興資金確保（歳出削減・復興債発行），復興構想会議設置，復興庁設置等の基本方針を定めた。さらに同年7月29日に政府は次の①～⑤のような基本方針を打ち出した。①復旧・復興を10年間の事業とし，

前半5年間を集中復興期間とし，事業規模を10年間少なくとも23兆円，前半5年間少なくとも19兆円とする。②復旧・復興の財源負担は現世代が連帯して負う。③5年間の集中期間中の財源として11年度第1次，第2次補正予算における財源に加え，歳出の削減，国有財産売却の他，特別会計，公務員人件費等の見直しや更なる税外収入の確保及び時限的な税制措置により13兆円程度を確保する。時限的税制措置は基幹税を中心に多角的に検討する。④時限的税制措置の税収は，全て復興債の償還に充て，他の歳入とは区分して管理する。⑤地方交付税の加算等により，地方の復興財源を確保する。

　この復興の基本方針を受けて，同年10月7日に政府は11年度第3次補正予算及び復興財源の基本方針を打ち出した。第3次補正予算に大震災関係経費として概ね11兆円台半ばの金額を計上することとし，それを賄うために，歳出削減の他，復興債を発行するとした。また，復興財源確保法案の骨子には，復興特別所得税，復興特別法人税，復興特別たばこ税の創設が含まれていた。復興債は，これらの税収で22年度までに償還するとなっていた。そして，大震災からの本格的復旧に取り組むための11年度第3次補正予算は，同年11月30日に成立した。

　復興財源確保法は，10.5兆円の復興増税を行うことを定めているが，10月7日の同法案の当初案をかなり修正した内容となった。具体的には，①復興特別所得税：13年1月1日から25年間所得税額の2.1％，②個人住民税：14年6月1日から10年間年額1000円，③復興特別法人税：12年9月1日から3年間法人税額の10％，課税を行うというものである。復興特別たばこ税は創設されなかった。

　また，12年3月30日に特別会計法の一部が改正され，復興事業に係る歳入歳出を他の会計と区別して経理するために，同年4月1日から東日本大震災特別会計が設置された。

さらに，国の震災復興を担う官庁として復興庁が設けられることになり，12年2月10日に開庁した。復興庁の仕事は，①復興の基本方針の企画立案，②復興特区の認定・復興交付金の配分，③省庁間の政策調整を行うことである。加えて，13年に安倍政権は福島復興再生総局を創設している。この機関の仕事は，従来復興庁が福島復興局を，環境省が福島環境再生事務所を，内閣府が原子力災害現地対策本部を所轄し，分かれて復興の仕事に当たっていたのを改め，福島県での除染や避難区域の見直しといった復興事業を一元的に監督し，復興を加速化することである。

　以上述べたような，震災復興財政措置と復興機関を設けることで，国は被災地の災害復旧・復興事業に大きく関与することになった。このため本章では，国が震災復興のために取った財政的措置の実態と問題点・課題と，国が行財政的に関与した被災地の県及び自治体の財政運営の実態と問題点・課題を全体的に明らかにすることにした。ただし，国が特定被災県として定めた9県を全部扱うわけにはいかないので，分析の対象を最も被害の大きかった岩手・宮城・福島の3県に絞った。さらに，この3県内の市町村も分析するには数が多すぎるため，これら3県それぞれに13の市があるので，各県13の市をまとめる形で分析することにした。

　もう1つ予め断っておかねばならないのは，分析する資料の対象時期である。震災復興予算自体は現在も続行中なので，当然考察の対象になるが，震災復興財政の運営実態の分析はあくまで結果としての決算でなければならない。しかし，決算データが出されているのは，12年度までであるので，震災復興財政の実態分析の対象時期は，10年度，11年度，12年度の3年間となる。分析方法としては，10年度と11年度，12年度を比較する方法を取る。10年度末の3月11日に大震災が発生したので，大震災に対応した緊急の財政的措置が取られてはいる。しかしその金額はわずかなので，10年度の決算データは，概ね震災前の財政的数値を表しているものとして扱う。

さて，東日本大震災復興財政に関して，どのような先行研究があるのだろうか。学会の動向であるが，日本の各種学会は理系・文系を問わず，東日本大震災からの復興問題を喫緊の課題と捉え，シンポジウムや研究報告会を開いて真剣な議論を行った。学会の震災復興研究の成果を学会誌や年報の形で公表・公刊しているものには，日本財政学会編（2012），日本地方財政学会編（2012），日本計画行政学会編（2012），日本地方財政学会編（2013），日本地方財政学会編（2014），日本租税理論学会編（2013），日本財政法学会編（2013），公共選択学会編（2013）等がある。日本経済政策学会は，大震災に関する刊行物はないが，11年5月28日の第68回大会において，「東日本大震災」特別セッションを開催している。また，国際公共経済学会も，11年12月3日・4日に「震災復興と日本再生のための政策対応・制度改革」というテーマで第26回研究大会を開催している。

ところで，先行研究と言っても，被災地の復旧・復興の実態分析との関連で財政に言及しているものも含めれば，相当数の研究が存在する。そのうち，主に震災復興財政を論じている研究に限定すれば，章末の参考文献に掲げてある論文，著書がそれに該当する。それらを多少分類してみると，以下のようになる。比較的早い段階で震災復興と復興財政の在り方について包括的に論じているものに，佐藤・小黒（2011），経済セミナー編集部（2011）がある。大震災による被害額と国の財政支援または震災復興予算の規模を論じているものに，冨田（2012），原田（2012），本荘（2012），佐藤・宮崎（2012），塩崎（2012）等がある。震災復興予算の編成過程やその在り方を巡っては，田中（2012）の他，参議院事務局企画調整室が編集・発行している『立法と調査』に掲載されている，小池（2011），崎山（2012），大石（2013），三角（2014），泉水（2014），田中（2014）や国会図書館の調査・研究誌『調査と情報』に掲載された小池・依田・加藤（2011）等がある。宮入（2013）は，国の復興予算・復興事業と税財政には基本的に誤りがあり，従来型復興の限

界と人間復興への制度転換を主張している。震災復興予算の執行状況に関しては，塩崎（2012），関口（2012），本荘（2013），関口（2014）等がある。

　11年11月30日の復興財源確保法成立前に，復興財源をめぐる論争があった。その論争点は，経済セミナー編集部（2011）所収の佐藤主光論文「震災と復興財源」や小池・依田・加藤（2011），筆谷（2012）で紹介されている。主な論者の論文を挙げると，復興財源として，伊藤（2011）は時限的消費増税を唱え，森信（2011）はドイツ統合の際の連帯税を引き合いに時限的な所得税・法人税付加税10％を主張し，佐藤（2011）は時限的で，税率フラットな復興所得税を提言し，岩田規久男は経済セミナー編集部（2011）所収論文の中で，日銀引き受けの復興国債の発行をベストな復興財源の選択だと述べている。リフレ派の面目躍如である。

　次に，震災復興地方財政に関する先行研究を挙げてみよう。澤井（2012）は地方財政計画と関わらせて論じ，池上（2013）は震災復興のために新たに設けられた地方制度について検討している。井上（2014）は，震災復興財政における国と地方の政府間財政関係の変化を検証している。過去の大規模災害と海外事例から東日本大震災と都市財政の関係を検討したものには，日本都市センター（2012）がある。また，被災地の復興状況に関しては，塩崎（2012），本荘（2013），岡田知弘・自治体問題研究所編（2013）等がある。さらに，特定の被災自治体の財政研究としては，石巻市の財政と復旧・復興の実態解明に取り組んだ川瀬（2012a），川瀬（2012b），横山（2014）等がある。

　以上先行研究を紹介したが，決算書を用いて，国と被災3県と各県13の都市の予算運営の実態を包括的に分析し，問題点と課題を明らかにした研究はまだあまりないようなので，本章ではこれに取り組む。

　なお，東日本大震災は地震・津波・放射能汚染の複合災害であったために，「原子力災害からの復興」抜きの復興はあり得ないが，本論文では紙幅の制約もあって，「原子力災害からの復興」に関わる財政問題を詳しく検討する

ことができなかったことを予め断っておきたい。ただし,本章の「おわりに」の末尾において,それに関連した幾つかの大きな問題点についてだけは,触れておきたい。

第1節では,まず国の震災復興財政枠組み・予算・決算の問題点と復興の現状について検討する。

1. 国の震災復興財政枠組み・予算・決算の問題点と復興の現状

(1) 震災復興財政の枠組みに関する問題点

まず,「はじめに」で述べた震災復興財政の枠組みや復興財源にはどのような問題点があるのだろうか。

第1に,復興費の規模について疑問がある。復興事業規模は当初5年間で国・地方合せて19兆円,10年間で23兆円と見積られた。このうち19兆円の見積りの根拠については,冨田(2012)によれば,「阪神・淡路大震災の復旧・復興のための国費・地方費が9.2兆であり,東日本大震災によるストックの毀損額が阪神・淡路大震災の1.7倍と推計されることを考慮し,これに阪神・淡路大震災時には実施されなかった中小企業への震災関連融資のための費用,及び全国的な緊急防災・減災事業1兆円を上乗せして,少なくとも19兆円とされた。[1]」と述べられている。11年6月24日に内閣府は,東日本大震災で毀損された物的資産は約16.9兆円と推計されると発表している。確かにこれは,阪神・淡路大震災の被害額が約10兆円と試算されているので,その約1.7倍になる[2]。

これに対し,原田(2012)は,岩手・宮城・福島被災3県の毀損された物的資産は,4.8兆円程度で少し多めにしても6兆円で,その内訳は民間資産4兆円,公的資産2兆円であり,民間資産を半額,公的資産を全額政府が負

担するとすれば，必要な復興費は4兆円で済むという[3]。

仮に原田（2012）が言うのが正しければ，政府の10年間23兆円，5年間19兆円という復興費は大いなる欺瞞であり，巨額の浪費ということになる。ところが，他方で東北3県の知事からは，10年間の復興費見通し30兆円という数値が出されていた。この見通しが正しければ，当時の民主党政権の10年間23兆円という復興費の数値は，見通しが甘く根拠が薄かったということになる。事実5年間ではなく，11年度と12年度の2年間だけで震災予算が18.5兆円になってしまった。政権交代した安倍政権は，これを見て直ちに15年までの5年間の復興予算枠を民主党政権の19兆円から25兆円と増額した。だが増額分6兆円の積算根拠は不明で明らかにされていない。さらに，福島の復興の遅れに照らせば，復興事業は15年度で終了するはずがないが，残る5年間の復興費については試算さえ出されていない。

なお，安倍政権は集中復興期間5年間の復興予算枠を25兆円まで引き上げたが，阪神・淡路大震災における復興財政を基に試算した佐藤・宮崎（2012）の推計では，東日本大震災における5年間の復興財政規模は28.3兆円になると結論づけられている。この推計方法が正しいかどうかは別にして，結果的にはこの数値より少ない復興予算規模になりそうである。何故なら，14年度までの復興予算累計額は22.6兆円で，15年度の復興予算については復興庁が2.6兆円を概算要求しているので，11年度～15年度の集中復興期間の予算総額は，25兆～26兆円になる見込みだからである。

しかしながら，以上の議論では，東日本大震災の復興予算規模をいずれも阪神・淡路大震災の時の毀損された物的資産や復興財政を基に試算しているが，阪神・淡路大震災には原子力災害はなかったのであるから，原子力災害からの復興コストが抜けてしまっている。もっとも，13年12月の方針転換まで政府は原子力災害による賠償責任は東電が負うとしてきたので，上記の議論においては，原子力災害からの復興コストは地震・津波からの復興のた

めの予算とは切り離して，考えられていたのかもしれないが。

　第2に，国債（復興債）11兆5500億円の25年償還期限は，課税平準化理論に合うかもしれないが，結果的に復興の基本方針の「現世代全体で連帯し，負担を分かち合う」という考えが崩れ，次の世代にも負担を求めることになったのでないか。復興債の償還期間が25年となり，所得税の増税期間が25年となり，また当初検討された国・地方のたばこ1本2円の増税を取り止めた分を所得税・住民税に置き換えた結果，世代間の所得税・住民税の負担が復興の基本方針とはかなり異なるものになってしまった。

　第3に，安倍政権は，東日本大震災の復興費用に充てるために企業に課している復興特別法人税を，アベノミクスの成長戦略の一環として1年前倒しで廃止を決めたが，復興予算枠を拡大しながら，復興財源は約8000億円縮小するという矛盾した行動となっている。

（2）震災復興予算と大震災に係る地方財政措置

　表1は，11年度から14年度までの東日本大震災の復旧・復興経費の予算計上額とその財源を示している。

　復興予算は，11年度第3次補正から復興債発行収入を財源として本格化する。それまでに，第1次補正（4兆153億円）では既定経費の減額と雑収入で，第2次補正（1兆9988億円）では前年度剰余金受入で，主に急を要する復旧的経費が賄われた。逆に言えば，第3次補正予算が11年11月に成立するまで，震災復興への本格的取組みが遅れたということである。この11年度第3次補正予算の規模は9兆2438億円と大変大きく，11年度から14年度までの4年間の復興予算合計約29.3兆円の3分の1になる。当初と補正を合せて復興予算は11年度15.3兆円，12年度5.3兆円，13年度5.3兆円，14年度3.6兆円と金額が減少してきている。11年度から14年度にかけての復興予算の主要費目は，公共事業費の追加（19.3％），その他東日本大

第1章　東日本大震災復興財政の特徴と問題点・課題　11

表1　東日本大震災の復旧・復興経費の予算計上額とその財源（2011-2014年度）

（単位：億円、％）

		2011年度 1次補正	2011年度 2次補正	2011年度 3次補正	2012年度 当初	2012年度 補正	2013年度 当初	2013年度 補正	2014年度 当初	2011～14年度合計 金額	2011～14年度合計 割合（％）
歳 出	災害救助等関係経費	4,829		941	762		837		739	8,108	2.8
	災害廃棄物処理事業費	3,519		3,860	3,442		1,266		236	12,323	9.2
	公共事業費の追加	16,180		14,734	5,091	751	8,793	1,672	9,163	56,384	19.3
	災害関連融資関係経費	6,407		6,716	1,210		963	325	221	15,842	5.4
	地方交付税交付金	1,200	5,455	16,635	5,490	1,214	6,053	1,317	5,723	41,770	14.3
	原子力・災害賠償関係経費			3,558	4,811	700	7,094	0	6,523	24,003	8.2
	被災者支援関係経費		2,754							2,754	0.9
	東日本大震災復興交付金		3,774							3,774	1.3
	全国防災対策費			15,612	2,868		5,918	611	3,638	28,646	9.8
	その他の東日本大震災関係経費	8,018	5	5,752	4,827					10,579	3.6
	国債整理基金特別会計への繰入			24,631	3,999	512	6,255	1,713	3,299	48,433	16.5
	予備費（東日本大震災関連）				1,253	9,895	662	8,466	921	21,177	7.2
	既定経費の減額		8,000		4,000		6,000	▲4,500	6,000	19,500	6.7
	（年金臨時財源の補てん）							▲400		▲400	▲0.1
	計	40,153	19,988	92,438	37,754	13,072	43,840	9,184	36,464	292,893	100.0
財 源	既定経費の減額	37,107		1,648		1,120		1,062	27	39,875	12.5
	雑収入	3,051		187	2	▲2	26			4,354	1.4
	負担金収入				116		86	8	632	840	0.3
	前年度剰余金受入							2,373		22,361	7.0
	一般会計より受入		19,988		5,507	14,493	12,162	19,308	7,030	58,800	18.5
	特別会計より受入								1	1	
	復興債の発行			115,500	26,823	▲2,790	19,026	▲15,457	21,393	164,495	51.8
	復興特別所得税				5,305	252	12,240	1,890	7,381	27,068	8.5
	復興特別法人税				495		3,095	100	3,083	6,773	2.1
					4,810	252	9,145	1,790	4,298	20,295	6.4
	合計	40,157	19,988	117,335	37,754	13,072	43,840	9,184	36,464	317,794	100.0

注：(1) 2011年度第3次補正予算の財源合計額が原資料では9兆2,438億円となっているが、計算し直すと11兆7,335億円になる。この数値に変更してある。
(2) 2011年度の財源合計額も原資料では29兆2,887億円となっているが、31兆7,794億円に変更してある。
(3) 2011年度は一般会計、2012年度は東日本大震災復興特別会計における対応額を示す。
(4) 2011年度第1次補正予算における「復旧・復興経費以外に充てるもの」として4億円を含む。
(5) 2011年度第1次補正予算における復興債発行のために行われた既定経費の減額については、「基礎年金国庫負担の年金特別会計への繰入額等」2兆4,897億円が含まれ、当該額は同年度第3次補正予算において、「年金臨時財源の活用」として復興財源に充てられた。
(6) 2011年度第3次補正予算においては、東日本大震災関係経費以外の経費（台風等災害対策費等）に充てるため、「復興予備費等」2,343億円減額された。
(7) 2011年度第4次補正予算が編成され、一般会計予算総則において二重債務対策に係る政府保証枠が設定されたが、歳出予算において復旧・復興経費は計上されていないため、本表には掲載していない。
(7)「2011～14年度合計額」は、2011年度第1次補正予算以降の予算計上額を合計したものであり、必ずしも執行額の実績を示すものではない。なお、2012年度決算までの復旧・復興経費の支出済額は15兆3,644億円となっている。

出所：参議院予算委員会調査室（2014）『平成26年度関係資料集』141頁より作成。

震災関係経費 (16.5%), 地方交付税交付金 (14.3%) 等である。11 年度から 14 年度までの復興財源の内訳では, 復興債収入 (51.8%) が大きく, 復興特別所得税と復興特別法人税を合せても 8.5% 程度に過ぎない。

ところで, 震災復興予算の多くは, 国が直接行う国直轄事業に充てるために計上されているのではなく, 被災地を管轄する地方自治体の復興事業を支援するために計上されている。そのために, 以下に述べるような何種類かの東日本大震災に係る地方財政措置が取られているので簡単にフォローしておこう[4]。これらのうち, 震災復興特別交付金, 取崩し型復興基金, 震災復興交付金は, 阪神・淡路大震災にはなかった新たな特例措置である。

① 国庫補助・負担率の引上げ等：東日本大震災特別財政援助法等に基づく措置として, 激甚対策法の適用対象団体を 9 県 178 市町村に拡大し, また援助対象施設・事業も拡大し, さらに国庫補助・負担率も大幅に引き上げている。例えば, 災害復旧事業に対する通常の国庫補助負担率は, 公共土木施設の場合 2 分の 1 のところを, 東日本大震災では 10 分の 9 に引き上げている。

② 地方交付税の増額：例えば 11 年度には, 当初予算普通交付税 16.3 兆円, 特別交付税約 1 兆円に対し, 第 1 次補正で 1200 億円特別交付税を増額し, 第 2 次補正で 11 年度決算剰余金法定率分を使って, 普通交付税 881 億円, 特別交付税 4573 億円の増額を図っている。第 3 次補正では震災復興特別交付税を創設し, 1 兆 6635 億円計上している。

③ 普通交付税の繰上げ交付：災害に伴う普通交付税の繰上げ交付基準に則り, 被災県とその地方自治体に, 11 年 4 月に 6 月分 3584 億円, 6 月に 9 月分 4409 億円, 9 月に 11 月分 4506 億円の普通交付税繰上げ返済が行われている。

④ 取崩し型復興基金の創設等：震災復旧・復興の特別交付税による対応として, 取崩し型復興基金の創設や被災者生活再建支援制度の特例措置等が

行われている。取崩し型復興基金は，大震災からの復興に向けて，被災団体が地域の実情に応じて，住民生活の安定やコミュニティの再生，地域経済の振興・雇用維持策について，単年度予算の枠に縛られずに弾力的かつきめ細やかに対処できる資金として創設された。11年度予算第2次補正で増額された既存の特別交付税により総額1960億円が被災9県に措置されることになった。そのうち，被災3県には特に厚く（全体の84％），岩手県に420億円，宮城県に660億円，福島県に570億円が割り当てられた。

また，大震災に係る被災者生活再建支援金の支給に必要な資金については，11年度に国の補助率を2分の1から10分の8に引き上げたため，これに伴う都道府県の追加拠出分4400億円を援助することとし，その金額を特別交付税から措置することになった。

⑤ 震災復興特別交付税の創設：震災復興特別交付税は，東日本大震災の復旧・復興事業に係る被災団体の財政負担をゼロとするとともに，被災団体以外の地方自治体の負担に影響を及ぼすことがないようにするために，11年度に通常収支とは別枠で創設された。11年度から13年度までの3年分の震災復興特別交付税累計額は2兆9392億円に上っている[5]。内容的には，直轄・補助事業に係る地方負担分，地方単独事業分，地方税等の減収分に充てられている。

⑥ 緊急防災・減災事業についての税制措置：復旧・復興対策規模19兆円程度のうち，緊急防災・減災事業の地方負担分（0.8兆円程度）については，地方税において臨時的な税制上の措置が取られている。また，事業実施時期と地方税の増収時期との調整や地方団体ごとの地方負担額と増収額との調整のため，地方負担分を地方債により措置した上で，後年度，その元利償還分を普通交付税により財源措置されている。

⑦ 震災復興交付金等国庫支出金（補助金）：表2に示されるように，東日本大震災復興特別会計には，12年度～14年度の期間に毎年度1兆円を超

える補助金が震災復旧・復興のために計上されている。これらの大震災復興のための補助金は、国の地方自治体向け補助金の3割を超える程の大きさとなっている。表2には、大震災復興補助金として12種類の補助金が掲げられているが、一番規模の大きいのが東日本大震災復興交付金であるので、これについて説明する[6]。

表2 東日本大震災復興特別会計の主な地方公共団体向け補助金 (2013-2014年度)
(単位:億円, %)

	金額 2012年度	金額 2013年度	金額 2014年度	構成比 2012年度	構成比 2013年度	構成比 2014年度
東日本大震災復興交付金	2,868	5,918	3,638	26.9	39.0	30.6
河川等災害復旧事業費補助	988	1,995	1,953	9.3	13.2	16.4
放射線量低減対策特別緊急事業費補助金	1,043	2,029	1,394	9.8	13.4	11.7
漁港施設災害復旧事業費補助	37	1,530	1,360	0.3	10.1	11.4
福島再生加速化交付金	-	-	1,088	-	-	9.1
長期避難者生活拠点形成交付金	-	503	-	-	3.3	-
災害救助費等負担金	494	529	440	4.6	3.5	3.7
社会資本整備総合補助金	1,729	441	763	16.2	2.9	6.4
防災対策推進学校施設環境改善交付金	-	403	604	-	2.7	5.1
港湾施設災害復旧事業費補助	30	380	235	0.3	2.5	2.0
中小企業組合等共同施設等災害復旧費補助金	500	250	221	4.7	1.6	1.9
災害等廃棄物処理事業費補助金	2,958	1,184	212	27.8	7.8	1.8
東日本大震災復興特別会計の主な地方公共団体向け補助金総額	10,647	15,162	11,908	100.0	100.0	100.0
東日本大震災復興特別会計の主な地方公共団体向け補助金総額の地方公共団体向け補助金等総額に対する割合(%)	31.4	39.8	35.8			

出所:参議院予算委員会調査室 (2013)『平成25年度財政関係資料集』160頁;参議院予算委員会調査室 (2014)『平成26年度財政関係資料集』160頁より作成。

東日本大震災復興交付金は、被災自治体が自らの復興プランの下に進める地域づくりを支援し、復興を加速させるために、「自由度の高い交付金」として12年に創設された。予算規模は、11年度～13年度の累計で事業費が3兆5599億円、国費が2兆8646億円となっている。事業費は国費と地方負担を合せた金額であり、地方負担については、追加的な国庫補助や地方交付税の加算により全て手当される。11年度～13年度の震災復興交付金の主な使

途としては，防災集団移転促進事業：28市町村，約1.2万戸（移転先住宅団地），約5076億円，災害公営住宅整備事業：58市町村，約2.3万戸，約6126億円，道路事業：49市町村，約2817億円，水産・漁港関連施設整備事業：34市町村，約1927億円，被災市街地復興土地区画整理事業等：21市町村，約1901億円，農地整備・農業用施設整備事業：35市町村，約1396億円等である。なお，14年2月現在7県89市町村において，震災復興交付金を繰越等の手続なく予算執行可能にするために，復興交付金基金が設置されている。

さて，震災復興交付金にはどのような問題があるのだろうか。第1に，上述のように，震災復興交付金は「自由度の高い交付金」という触れ込みであるが，その使途は国土交通省や厚生労働省，農水省など関係5省が指定する40事業に限られ，避難道路や災害公営住宅の整備，集団移転等住宅再建が主要事業で，被災自治体からは「使い勝手が悪い」といった不満が出ている。そこで安倍政権は，40事業そのものの拡大は見送ったが，運用を大幅に見直している。

第2に，13年3月の第5回配分以来震災復興交付金の運用の弾力化が図られているが，集団移転や災害公営住宅の建設といった基幹事業に伴う事業について，採択の対象が狭い。また，復興交付金事業間で予算を融通する「事業間融通」もハードルが高い。したがって，震災復興交付金は自由度の高い交付金ではなく，事実上「紐つき補助金」だという批判もある。

(3) 11-12年度震災復興関係予算の執行状況と会計検査院報告の問題指摘

まず，表3で11年度と12年度の復興関係予算の執行状況を見ておこう。11年度も12年度も，復興関係予算の執行率は6割台でしかなく，予算を消化しきれていない。特に11年度は，不用率が1割を超えている。12年度は，復興関係予算が11年度より大幅に増えたため，執行率はかえって11年度よ

16　第Ⅰ部　被災地──現状報告分析

表3　復興関係予算の執行状況（2011年度末2012年度末）

（単位：億円、％）

	歳出予算現額（億円）	2012年度 執行率（％）	2012年度 繰越率（％）	2012年度 不用率（％）	歳出予算現額（億円）	2011年度 執行率（％）	2011年度 繰越率（％）	2011年度 不用率（％）
被災者支援	15,496	79.0	15.0	6.0	5,092	69.2	1.0	29.8
生活支援	9,232	77.1	20.8	2.1	3,205	56.0	0.0	44.0
教育・医療・福祉	3,307	94.1	3.0	2.9	913	94.0	0.0	6.0
救助活動	2,486	67.7	8.0	24.3	805	88.7	6.4	4.9
その他	469	70.2	22.2	7.6	167	92.6	0.0	7.4
インフラ等復旧、まちづくり	60,083	29.0	58.1	12.9	47,331	56.1	29.4	14.9
災害廃棄物処理	7,378	43.2	53.4	3.4	7,384	47.2	51.6	1.1
公共事業（災害復旧）	19,146	15.1	61.9	22.9	14,009	35.8	32.7	32.1
施設等の災害復旧等	9,093	34.0	45.2	20.9	4,963	42.5	20.1	36.8
復興に向けた公共事業等	2,706	32.2	65.4	2.3	4,275	50.5	37.1	12.4
住宅	6,096	79.9	1.8	18.3	661	87.4	0.8	11.8
東日本大震災復興交付金等	15,661	16.0	83.8	0.2	16,036	82.4	17.3	0.3
産業の振興、雇用の確保	31,918	85.2	11.8	3.0	8,133	66.6	23.6	9.8
産業振興	26,745	83.7	12.9	3.4	7,182	63.9	26.7	9.4
災害関連融資	13,205	98.9	0.2	0.9	1,567	97.7	0.0	2.3
中小企業への支援・立地補助事業等	5,238	73.9	25.8	0.3	2,719	47.3	48.2	4.6
農林水産業の復興支援	5,358	68.5	18.6	12.9	1,401	60.0	17.6	22.4
研究開発・再生エネルギー等	2,942	60.9	36.8	2.4	1,493	62.6	23.9	13.5
雇用の確保	4,332	99.4	0.0	0.6	618	85.5	0.0	14.5
その他	840	60.2	37.3	2.5	333	88.3	1.4	10.3
原子力災害からの復興・再生	12,410	78.8	17.5	3.7	8,659	42.6	39.1	18.3
風評被害対策	3,517	86.1	2.5	11.4	228	75.8	3.5	20.7
除染	5,793	66.8	32.4	0.8	6,556	32.1	44.8	23.1
研究開発拠点整備等	3,037	93.2	6.8	0.0	1,332	86.3	12.3	1.4
ふるさとの復活	62	73.8	9.2	17.0	208	0.2	99.8	0.0
その他	22,408	100.0	0.0	0.0	333	78.3	20.1	1.6
地方交付税交付金	6,092	22.6	74.2	3.2	6,704	100.0	0.0	0.0
全国防災対策費	833	9.5	0.0	90.5	10,458	66.1	28.4	5.6
その他					11,023	93.6	0.0	6.4
合計	149,243	60.6	32.0	7.4	97,402	64.8	22.6	12.6

注：(1) 執行率とは歳出予算現額に対する支出済歳出額の割合のことである。繰越率とは歳出予算現額に対する翌年度繰越額のことである。不用率とは、歳出予算現額に対する不用額の割合のことである。
(2) 計数は、2011年度一般会計予算措置分（予備費・第1次〜第3次補正）及び2012年度東日本大震災復興特別会計分の合計額である。
出所：復興庁（2014）「復興の取組と関連諸制度」5月30日、参考資料3-1　復興予算の執行状況より作成。

り低くなっており，逆に繰越率が32％と非常に高くなっている。予算分野では，教育・医療・福祉や産業振興のための災害関連融資等は執行率が高いが，歳出予算現額の最も大きい，インフラ等復旧，まちづくりのための諸事業予算の執行状況は，相当低い水準にある。

さて，13年10月31日に会計検査院から「東日本大震災からの復興等に対する事業の実施状況等に関する会計検査の結果について」と題する報告書が提出されているが，11年度と12年度の復興関連予算の執行状況を会計検査した結果として，どのような問題点を指摘しているのであろうか。予算の執行状況，復興予算の流用問題，震災復興特別交付金の過払い問題等が取り上げられているので，要点を挙げることにしよう[7]。

1) 復興予算の執行状況
① 11年度・12年度の復興予算19兆8949億円のうち，22.8％（約4兆5305億円）が使われていなかった。うち5702億円は2年間使われず，繰り越された。
② 津波被害の甚大であった沿岸部の事業や除染が進んでいない。
③ 復興関連基金として90事業に支出した約2兆8674億円のうち，約7割が取り崩されずに残っていた。事業の計画や規模が適切かを必要に応じて見直すべきである。
④ 11年度の予備費と第1次～第3次補正予算，12年度復興特別会計を調べた結果，11年度分に限った12年の調査で予算の未執行率は45％だったのと比べると改善したが，なお4兆円余りが使われていなかった。うち2兆2030億円は翌年度以降に繰り越された。計画変更などで不要になり，国庫に返納されたのは2兆3274億円だった。
⑤ 主に沿岸部を対象とした事業のうち，12年度実施の環境省の「がれき処理補助金」は15％しか使用されず，2502億円を繰り越した。11年度の

農林水産省の「漁港復旧事業」も856億円を繰り越した。いずれも資材や人材の不足が原因である。

⑥　原発事故対策として計上された1兆5128億円のうち，約6割を占める放射性物質の除染関連事業で遅れが目立つ。環境省実施分の除染では，11年度から繰越額が1256億円だったのに対し，12年度の支出は197億円だけであった。汚染土の仮置き場確保が難航し，除染作業の遅れにつながっている。991億円は国庫に返納された。環境省の「汚染廃棄物の運搬処理委託事業」も自治体と住民との調整が難航して着手できず，12年度の繰越額146億円全額を国庫に返納した。

⑦　復興関連基金のうち，12年度末時点で取り崩され，実際に使われたのは8244億円（28.7％）だけである。8基金は全額塩漬けになっており，事業と被災地のニーズとのズレが浮き彫りとなった。

2）復興予算の流用問題

11年度・12年度に実施の1401事業のうち23％に当たる326事業が「被災地と直接関係がない」と認定された。これらの事業に1兆3000億円が使われており，復興予算の11％に当たる。このうち，震災で悪化した雇用情勢を改善することが目的である厚生労働省の「求職者支援制度」は，11年度支出額の8割近い計約9億6000万円が岩手，宮城，福島の3県以外の労働局で使われていた。

3）震災復興交付金の過払い問題

11年度・12年度に被災6県72市町村に配られた654億円の震災復興特別交付金のうち，約6億2571万円が計17自治体に過大に支払われていた。約6億2571万円のうち，1億円が震災と関係のない事業に交付されていた。その他，対象にならない事業への交付や単独事業での重複もあった。これら過

大交付分は13年度分の交付税から減額される。総務省は，再発防止に向けて，制度や対象事業の確認を求めている。

(4) 13年度震災復興関係予算の執行状況

　復興庁は14年7月31日に「13年度復興関連予算の執行状況について」を発表した。それによると13年度の復興関連予算（約7兆5000億円）の執行率が64.7％で，12年度の執行率64.8％とほとんど変わっていないことが明らかになった。逆に言えば約2兆6500億円（35.3％）が使い残しとなった。使い残し額のうち約1兆9600億円（26.1％）が14年度への繰越金で，約6900億円（9.2％）が不用額であった。事業規模別に執行率を見ると，予算規模の小さい「産業の振興・雇用の確保」が77.5％と高いが，予算規模の大きい「まちの復旧・復興」や「原子力災害からの復興・再生」がそれぞれ56.3％，47.0％と低く，予算を使い切れていないことが判明した。中でも「災害復旧の公共事業」が人手や資材の不足で，また「除染」が廃棄物の保管場所確保困難で，予算の使い残しが顕著である。

(5) 震災復興の現状（14年6月現在）

　上記のように，政府は巨額の資金を投じて東日本大震災からの復興に当たってきたが，14年6月現在どの程度まで被災地の復興が進んでいるのであろうか。詳しくは，復興庁が14年5月30日に発表した『復興の現状』を見てもらうのが一番良いが，復興の現状をごく簡単にまとめておこう。復興庁は，13年11月12日に東日本大震災からの復興の状況について国会に詳細に報告を行っている。その報告書には，報告概要が付されている。その報告概要には復興の現状が簡潔にまとめられているので，それから半年経過した間に生じた変化を考慮して，少し修正を加える形で，14年6月時点での「復興の現状」のまとめとしたい[8]。

1) 復興の現状
① 当初47万に上った避難者は約25万8000人になり，仮設住宅への入居戸数もピーク時の13.6万戸から約25％減って，14年6月現在10.3万戸になっている。それは逆に，住まいの再建への動きが進みつつあるとも言える。
② 14年3月までに，福島県の一部を除き，災害廃棄物（がれき）及び津波堆積物の処理は完了している。公共インフラの復旧・復興は，概ね復興施策に関する事業計画と工程表に基づき，かなり進んできてはいる。ただ，高台移転や土地の嵩上げ等の事業は，大半について事業計画の策定を完了しているものの，着工は進んでおらず，完了もごくわずかである。災害公営住宅（復興住宅）の整備も完了しているのは10％程度で，住まいの復興には相当時間を要する見通しである。上・下水道施設の整備は9割台，鉄道整備は9割，道路整備は4割程度の完了である。営農可能となった被災農地は63％程度，機能回復した漁港は54％程度である。
③ 産業の復興状況についてのアンケートで，震災直前水準以上に売上げが回復しているという割合が高いのは建設業（66.0％）で，運送業（42.3％），卸小売・サービス業（30.6％），水産・食品加工業（14.0％）の順に低くなる。被災地域の鉱工業生産指数は13年秋には被災前の水準にほぼ回復し，有効求人倍率も1を超えるようになったが，津波被災地域等における産業の復興や一部の沿岸部の雇用者数の回復等はまだ大きな課題である。
④ 原子力災害からの福島の復興に関しては，政府は避難指示区域の見直しを急いで完了させただけで，除染，インフラ復旧，長期避難者に対する支援，放射線による健康不安解消といった取組みに対してテコ入れを図っているものの，まだ帰還の見通しを持つに至っていない。

以上，14年6月時点の震災復興の現状について，復興庁の資料を参考に取りまとめたが，復興庁の評価は楽観的な面もあるので割引かねばならない。

それでも大震災後丸3年以上経過しているにも関わらず，十分復興できていないことは読み取ることができる。

　第2節では，被災3県の県及び都市の震災復興財政の実態について分析する。

2. 被災3県の県及び都市の震災復興財政

(1) 岩手・宮城・福島被災3県の震災復興財政

　表4は，岩手・宮城・福島被災3県の歳入決算内訳を示している。被災3県の11年度の歳入総額は5兆6114億円で，10年度が2兆4460億円なので一挙に129.4％増となった。特定被災県9県の11年度の歳入総額は12兆1024億円で，10年度に比べると39.9％増（全国では4.2％増）なので[9]，被災3県の歳入総額の増加がいかに顕著であったかが分かる。むろん被災3県に大震災による被害が集中し，その復旧・復興のために国家予算が被害状況に合せて投じられた結果である。

　被災3県の11年度の歳入総額の内訳を10年度と比べると，地方税が3.4％減，地方交付税が99.7％増，国庫支出金が556.3％増となっている。特定被災9県の11年度の歳入総額の内訳を10年度と比べると，地方税が1.9％減（全国では1.2％減），地方交付税が41.6％増（同10.6％増），国庫支出金が168.2％増（同24.7％増）なので[10]，被災3県の歳入総額の増加は，地方交付税と国庫支出金，とりわけ後者の増加に大きく依存していることが分かる。国庫支出金の増加は，災害復旧事業費支出金や東日本大震災復興交付金の増加に大きく依存している。因みに，両補助金の国庫支出金に占める割合は，岩手県の場合：11年度20％，12年度51.7％，宮城県の場合：11年度9.7％，12年度43.4％，福島県の場合：11年度2.7％，12年度17.0％で

22　第Ⅰ部　被災地——現状報告分析

表4　岩手・宮城・福島被災3県の歳入決算内訳（2010-2012年度）

（単位：100万円、％）

都道府県	年度	歳入総額	地方税	地方譲与税	地方交付税	震災復興特別交付税	分担金・負担金	国庫支出金	災害復旧事業費支出金	東日本大震災復興交付金	繰入金	繰越金	地方債	その他
							金　額（100万円）							
岩手県	2010	731,181	114,788	19,439	227,554		3,737	106,094	1,024		26,291	15,903	118,310	99,065
	2011	1,353,208	112,790	19,605	387,770	98,584	5,167	419,780	37,073	46,815	78,523	42,896	102,313	182,434
	2012	1,224,814	121,952	20,018	322,472	90,227	7,097	246,608	72,542	55,308	115,524	102,032	100,760	188,351
宮城県	2010	856,381	237,822	28,938	180,054		14,609	103,971	1,017		23,531	14,939	118,048	124,469
	2011	1,972,490	226,456	30,560	480,791	197,321	4,038	651,134	53,790	9,407	145,850	38,895	140,965	253,801
	2012	1,987,901	257,812	31,486	383,085	204,590	5,014	467,163	83,572	119,192	211,160	168,601	142,976	320,604
福島県	2010	858,468	195,867	28,083	220,292		7,835	124,092	366		33,802	8,725	131,132	108,640
	2011	2,285,664	190,512	28,827	385,319	86,436	4,596	1,122,003	26,948	1,996	123,438	32,062	183,999	214,908
	2012	1,792,391	204,231	29,470	309,030	91,412	4,159	514,977	43,025	45,220	395,308	54,450	120,239	160,527
全都道府県	2010	50,006,112	15,932,318	1,593,264	8,766,466		315,427	6,253,206	58,391		2,317,376	700,395	7,809,867	6,377,793
	2011	52,146,455	15,735,438	1,703,659	9,697,662	486,722	299,580	7,795,642	241,190	58,423	2,384,667	970,018	7,021,238	6,538,551
	2012	50,937,229	16,116,742	1,830,934	9,317,127	444,231	308,910	6,583,116	381,234	226,869	2,232,594	1,161,494	7,173,683	6,212,629
							構　成　比（％）							
岩手県	2010	100.0	15.7	2.7	31.1		0.5	14.5	0.1		3.6	2.2	16.2	13.5
	2011	100.0	8.3	1.4	28.7	7.3	0.4	31.0	2.7	3.5	5.8	3.2	7.6	13.5
	2012	100.0	10.0	1.6	26.3	7.3	0.6	20.1	5.9	4.5	9.4	8.3	8.2	15.4
宮城県	2010	100.0	27.8	3.4	21.0		1.7	12.1	0.1		2.7	1.7	15.0	14.5
	2011	100.0	11.5	1.5	24.3	10.0	0.2	33.0	2.7	0.5	7.4	2.0	7.1	12.9
	2012	100.0	13.0	1.6	19.3	10.3	0.3	23.5	4.2	6.0	10.6	8.5	7.2	16.1
福島県	2010	100.0	22.8	3.3	25.7		0.9	14.5	0.04		3.9	1.0	15.3	12.7
	2011	100.0	8.3	1.3	16.9	3.8	0.2	49.0	1.2	0.1	5.4	1.4	8.1	9.4
	2012	100.0	11.4	1.6	17.2	5.1	0.2	28.7	2.4	2.5	22.1	3.0	6.7	9.0
全都道府県	2010	100.0	31.8	3.2	17.5		0.6	12.5	0.1		4.6	1.4	15.6	12.7
	2011	100.0	30.2	3.3	18.6	0.9	0.6	14.9	0.5	0.1	4.6	1.9	13.5	12.5
	2012	100.0	31.6	3.6	18.3	0.9	0.6	12.9	0.7	0.4	4.4	2.3	14.0	12.2

出所：総務省web「地方財政状況調査関係資料」の「都道府県別決算状況調（歳入内訳）」より作成。

ある。福島県の国庫支出金の増加が顕著なのは，表2に示されるように，福島県をターゲットとした，放射線量低減対策特別緊急事業費補助金や福島再生加速化交付金が国から交付されたからであろう。

なお，11年度から12年度への変化として特徴的なのは，被災3県のいずれにおいても，12年度に積立金等からの繰入金や前年度からの繰越金が大幅に増えていて，逆に地方交付税や国庫支出金が大きく減っている点である。11年度に使い切れないほど国から予算がついて，それが繰入金や繰越金となって12年度に計上され，反面国からの地方交付税や国庫支出金は減らされたのであろう。ただし，注意せねばならないのは，震災復興に直結する復興特別交付金，災害復旧事業支出金，復興交付金は，岩手県の12年度の復興特別交付金を例外として，被災3県で皆増額されている点である。

いずれにせよ，被災3県は，国庫からの補助金や地方交付税に大きく依存する形で震災復興を図ろうとしているのである。それは逆に言えば，被災3県の財政力が弱いからでもある。因みに，被災3県の10年度の財政力指数を見ると，都道府県平均が0.49なのに対し，岩手県0.31，宮城県0.52，福島県0.45となっている[11]。宮城県が全国平均よりわずかに高い程度であり，残る2県は全国平均より低い。これら被災3県の財政力の弱さは，表4の地方税の歳入総額構成比にも示されている。いずれの年度においても全都道府県平均で，地方税は歳入総額構成比で3割水準なのに対し，被災3県ではどうか。10年度で2県が2割台であったが，11，12年度は軒並み1割前後まで下落している。

ここで，表5の復興交付金の交付可能額・交付決定額と復興基金の造成状況を見ておこう。表5の上表において，復興交付金の実施方法として単年度型と基金型とに区分されているが，11年度，12年度とも大半が基金型である。同表において復興交付金交付対象9県のいずれにおいても，交付可能額がそのまま交付決定額となり，さらに基金造成額となっている。11年度と

表5 復興交付金の交付可能額・交付決定額と復興基金の造成状況

(単位:100万円, %)

復興交付金の実施方法別・年度別交付可能額及び交付決定額

区　分	2011年度 道県及び市町村数	交付可能額	交付決定額	2012年度 道県及び市町村数	交付可能額	交付決定額	計 道県及び市町村数	交付可能額	交付決定額
単年度型	1県及び3市町	243	243	3道県及び9市町	492	471	3道県及び12市町	736	715
基金型	4県及び55市町村	250,772	250,640	7県及び87市町村	1,318,614	1,318,746	7県及び88市町村	1,569,386	1,569,386
計	5県及び58市町村	251,016	250,884	8道県及び93市町村	1,319,106	1,319,217	8県及び95市町村	1,570,123	1,570,102

復興交付金（基金型）の県別・年度別基金造成状況

県　名	県及び市町村数	2011年度 交付可能額	交付決定額	基金造成額	2012年度 交付可能額	交付決定額	基金造成額	11,12両年度の基金造成額計	11,12両年度の各県基金造成額の全体に占める割合（%）
青　森	県及び4市町	1,504	1,504	1,504	1,597	1,597	1,597	3,101	0.1
岩　手	県及び13市町村	79,581	79,581	79,453	364,320	364,447	364,447	443,901	28.2
宮　城	県及び22市町	116,231	116,231	116,227	766,462	766,467	766,467	882,694	56.2
福　島	県及び27市町村	50,513	50,513	50,513	149,840	149,840	149,840	200,353	12.7
茨　城	県及び11市町村	2,188	2,188	2,188	27,338	27,338	27,338	29,526	1.8
栃　木	1市	614	614	614	−	−	−	614	0.0
埼　玉	1市	−	−	−	187	187	187	187	0.0
千　葉	県及び8市	138	138	138	7,638	7,638	7,638	7,776	0.4
長　野	県及び1村	−	−	−	1,229	1,229	1,229	1,229	0.0
計	7県及び88市町村	250,772	250,640	250,640	1,318,614	1,318,746	1,318,746	1,569,386	100.0
東北3県	3県及び62市町村	246,326	246,194	246,194	1,280,623	1,280,754	1,280,754	1,526,949	97.2
それ以外の県	4県及び26市町村	4,445	4,445	4,445	37,991	37,991	37,991	42,437	2.7

出所：会計検査院（2012），会計検査院法第30条の3の規定に基づく報告書「東日本大震災からの復興等に対する事業の実施状況等に関する会計検査の結果について」113-114頁より作成。

12年度を合せた各県の基金造成額が9県全体の基金造成額に占める割合を見ると，岩手：28.2％，宮城：56.2％，福島：12.7％で，これら3県で全体の97.1％を占める。なお，注意すべきは，表4に記載されている復興交付金は当該制度の基金造成額から当該年度の歳入として計上されたものだけであり，残った基金造成額は積立金の形で基金化され，次年度以降に繰入金として歳入計上されることである。

表6は，東日本大震災に係る「取崩し型復興基金」の活用状況であるが，この基金は特定被災9県に認められているものの，特別交付税措置額全体の84.2％は，岩手・宮城・福島の3県に集中している。これら被災3県の11，12，13年度を合せた活用累計額は，特別交付税措置額の71.8％にとどまっている。なお，被災3県の11，12，13年度を合せた活用累計額の26.3％が市町村交付金に充てられている。

次に，岩手・宮城・福島被災3県の歳出決算の特徴点を，表7と表8で検討してみよう。表7は，被災3県の目的別決算内訳を示している。被災3県の11年度の歳出総額は5兆2863億円で，10年度が2兆3322億円なので一挙に126.7％増となった。特定被災9県の11年度の歳出総額は11兆6440億円で，10年度と比べると38.2％増（全国では3.9％増）なので[12]，被災3県の11年度の歳出総額の増加がいかに顕著であったかが分かる。

同じく表7で被災3県の11年度の目的別歳出決算内訳を10年度と比べると，総務費が567.8％増，民生費が239.9％増（うち災害救助費が8080.8％増），衛生費が579.7％増，商工費59.8％増，災害復旧費が5275.6％増などとなっている。特定被災9県の11年度の歳出総額の目的別内訳を10年度と比べると，総務費が171.3％増（全国では11.86％減），民生費が69.7％増（同16.8％増）（うち災害救助費が4879.7％増（同3528.2％増）），衛生費が206.2％増（同48.5％増），商工費が34.0％増（同3.4％増），災害復旧費が2570.5％増（同369.8％増）なので[13]，被災3県の総務費，民生費（災害救

表6 東日本大震災に係る「取崩し型復興基金」の活用状況

(単位：100万円)

東日本大震災に係る「取崩し型復興基金」の各県の活用状況

県名	基金名	基金規模	特別交付税措置額	復興基金活用額 11・12年度実績額①	復興基金活用額 13年度当初予算額②	活用累計額 (①+②)	市町村交付金	備考
青森	東日本大震災復興推進基金	8,000	8,000	4,429	1,032	5,461	(4,000)	
岩手	東日本大震災津波復興基金	42,600	42,000	25,311	6,959	32,271	(21,000)	基金規模には寄付金を含む
宮城	東日本大震災復興基金	66,000	66,000	40,968	5,590	46,558	(33,000)	
福島	福島県原子力災害等復興基金	57,000	57,000	32,806	6,780	39,586	(28,500)	
茨城	茨城県東日本大震災復興推進基金	15,733	14,000	9,298	1,621	10,919	(7,000)	基金規模には寄付金を含む
栃木	栃木県東日本大震災市町村復興基金	4,000	4,000	2,520	725	3,245	(2,000)	
千葉	(公財)新潟県中越大震災復興基金	3,000	3,000	2,000	0	2,000	(2,000)	市町村への交付金1,000万円
新潟	東日本大震災復興基金	1,000	1,000	577	273	850	(500)	財団において特別会計設置
長野	長野県栄村復興基金	1,000	1,000	92	500	592	(592)	全額栄村に交付予定
	合　計	198,333	196,000	118,001	23,480	141,482	(98,592)	

復興基金からの市町村交付金の活用状況

県名	交付金事業名	市町村既交付金額	交付活用額 11・12年度実績額①	交付活用額 13年度当初予算額②	交付金累計額 (①+②)	備考
青森	青森県東日本大震災復興推進交付金	4,000	404	726	1,130	活用額には一部寄付金を含む
岩手	東日本大震災津波復興基金市町村交付金	21,000	3,909	3,785	7,694	〃
宮城	東日本大震災復興基金交付金	33,000	4,951	6,261	11,212	
福島	福島県市町村復興支援交付金	28,500	4,475	7,714	12,189	
茨城	市町村復興まちづくり支援事業費交付金	7,000	2,972	1,753	4,725	
栃木	東日本大震災市町村復興基金交付金	2,000	557	580	1,137	
千葉	「がんばろう!千葉」市町村復興事業交付金	2,000	877	502	1,379	市町村への交付金1,000万円
新潟	東日本大震災復興事業交付金	500	210	178	388	
長野	長野県栄村復興交付金	592	92	146	238	
	合　計	98,592	18,447	21,645	40,091	

注：復興基金を活用した市町村への交付金を受けて、市町村が基金を設けるなどした上で復興事業を執行。

出所：復興庁 (2014)「復興の取組と関連諸制度」5月30日、参考資料3-6 東日本大震災に係る「取崩し型復興基金」について②より作成。

第1章　東日本大震災復興財政の特徴と問題点・課題　27

表7　岩手・宮城・福島被災3県の目的別歳出決算内訳（2010-2012年度）

（単位：100万円、％）

都道府県	年度	歳出総額	議会費	総務費	民生費	災害救助費	衛生費	環境衛生費	労働費	農林水産業費	商工費	土木費	警察費	教育費	災害復旧費	農林水産施設	公共土木施設	公債費	その他
岩手県	2010	688,285	1,289	34,613	83,022	2,572	51,037	6,909	13,892	54,078	70,061	66,262	27,903	148,532	1,573	353	1,216	121,291	14,730
	2011	1,251,176	1,363	203,805	212,218	116,151	106,858	28,228	79,867	71,404	108,906	75,973	29,328	152,611	72,819	20,444	11,694	121,535	14,489
	2012	1,111,841	1,311	131,826	120,720	29,679	64,155	10,666	39,071	64,760	127,491	87,248	27,196	148,056	160,568	62,568	15,030	124,713	14,726
宮城県	2010	817,486	1,614	53,820	108,643	2,782	26,507	4,992	13,190	52,473	106,348	71,276	46,953	204,371	1,747	140	1,514	96,571	33,953
	2011	1,803,889	1,773	237,642	465,094	327,759	129,408	50,585	116,457	62,813	177,164	93,026	52,877	238,731	93,053	20,712	49,356	102,407	33,444
	2012	1,827,760	1,665	361,636	364,482	235,410	61,868	20,355	43,388	122,547	274,872	92,459	49,790	217,585	108,142	19,766	72,631	93,562	35,764
福島県	2010	826,406	1,378	59,465	106,598	2,342	28,139	3,743	13,676	53,249	74,868	90,760	44,053	205,232	532	101	431	125,687	22,769
	2011	2,231,215	1,542	546,184	333,178	185,688	482,053	313,572	34,024	70,702	115,398	107,508	43,258	235,889	41,197	7,625	22,767	122,469	97,813
	2012	1,577,312	1,538	248,630	182,236	62,072	263,136	203,260	41,073	98,862	171,331	108,974	44,233	215,667	58,306	19,988	27,077	120,404	22,922
全都道府県	2010	49,059,536	75,216	3,845,169	6,416,097	19,977	1,714,235	302,372	687,478	2,362,630	4,393,436	5,719,055	3,216,548	10,911,539	86,992	26,298	59,658	6,808,552	2,824,589
	2011	50,965,779	82,962	3,390,540	7,491,958	727,576	2,545,915	666,401	889,628	2,366,138	2,964,884	5,413,508	3,217,187	10,982,366	408,709	92,217	223,161	6,828,849	4,383,133
	2012	49,481,842	78,624	3,078,431	7,302,388	345,458	1,918,567	470,989	651,700	2,328,368	4,304,034	5,304,692	3,188,264	10,862,666	606,061	171,221	306,307	7,002,323	2,855,724

構成比（％）

都道府県	年度		議会費	総務費	民生費	災害救助費	衛生費	環境衛生費	労働費	農林水産業費	商工費	土木費	警察費	教育費	災害復旧費	農林水産施設	公共土木施設	公債費	その他
岩手県	2010	100.0	0.2	5.0	12.1	0.4	7.4	1.0	2.0	7.9	10.2	9.6	4.1	21.6	0.2	0.05	0.18	17.6	2.1
	2011	100.0	0.1	16.2	17.0	9.3	8.5	2.3	6.4	5.7	8.7	6.1	2.3	12.2	5.8	1.6	0.9	9.7	1.2
	2012	100.0	0.1	11.9	10.9	2.7	5.8	1.0	3.5	5.8	11.5	7.8	2.4	13.3	14.4	5.6	1.4	11.2	1.3
宮城県	2010	100.0	0.2	6.6	13.3	0.3	3.2	0.6	1.6	6.4	13.0	8.7	5.7	25.0	0.2	0.02	0.2	11.8	4.2
	2011	100.0	0.1	13.2	25.8	18.2	7.2	2.8	6.5	3.5	9.8	5.2	2.9	13.2	5.2	1.1	2.7	5.7	1.9
	2012	100.0	0.1	15.8	11.6	3.9	16.7	12.9	2.6	6.3	10.9	6.9	2.8	13.7	3.7	1.3	1.7	7.6	1.5
福島県	2010	100.0	0.2	7.2	12.9	0.3	3.4	0.5	1.7	6.4	9.1	11.0	5.3	24.8	0.06	0.01	0.05	15.2	2.8
	2011	100.0	0.07	24.5	14.9	8.3	21.6	14.1	1.5	3.2	5.2	4.8	1.9	10.6	1.8	0.3	1.0	5.5	4.4
	2012	100.0	0.1	15.8	11.6	3.9	16.7	12.8	2.6	6.3	10.9	6.9	2.8	13.7	3.7	1.3	1.8	7.6	1.5
全都道府県	2010	100.0	0.2	7.8	13.1	0.04	3.5	0.6	1.4	4.8	9.0	11.7	6.6	22.2	0.2	0.05	0.12	13.9	5.8
	2011	100.0	0.2	6.7	14.7	1.4	5.0	1.3	1.7	4.6	5.8	10.6	6.3	21.5	1.2	0.3	0.6	13.7	5.6
	2012	100.0	0.2	6.2	14.8	0.7	3.9	1.0	1.3	4.7	8.7	10.7	6.4	22.0	1.2	0.3	0.6	14.2	5.8

出所：総務省web「地方財政状況調査関係資料」の「都道府県別決算状況調（目的別歳出内訳）」より作成。

助費),衛生費,災害復旧費の増加が非常に顕著なことがよく分かる。

では,各目的別経費の内容は何なのか[14]。総務費の大宗は総務管理費であるが,総務管理費の大半は財産管理費である。そして財産管理費には,基金の積立金と利子の積立金が計上される。震災復興関連基金への積立金等のため,財産管理費が急増し総務費が急膨張しているのである。民生費は,その9割が災害救助費で,がれき処理,避難所の設置,仮設住宅のリースや仮設住宅の建設等に要する経費である。震災対応でこれらの災害救助費が膨らむことによって,民生費も大幅に増えたのである。衛生費は,放射性物質の除去事業,住民の健康管理に資する事業等に係る基金や地域医療再生臨時特例基金への積立に要する経費などである。原子力災害を受けた福島県では,環境衛生費等に国から特段の財政的措置を受けて,衛生費は膨らんでいる。災害復旧費は,被災した道路,港湾,漁港などの公共土木施設や農林水産施設等の原型復旧に要する経費である。勿論大震災によって破壊されたインフラを大急ぎで復旧させるために,この経費は急増している。商工費は,中小企業等に対する貸付や補助金の交付等に要する経費である。

続いて,表8で岩手・宮城・福島被災3県の性質別歳出決算内訳を10年度と比べると,物件費が244.1％増,普通建設事業費が101.8％増,災害復旧事業費が5275.6％増,積立金が1783.5％増などとなっている。特定被災9県の11年度の歳出総額性質別内訳を10年度と比べると,物件費が65.2％増(全国では12.9％増),普通建設事業費が26.5％増(同0.1％減),災害復旧事業費が2572.4％(同370.1％増),積立金が671.6％増(同86.4％増)なので[15],被災3県の災害復旧事業費と積立金の増加が顕著なことがよく分かる。特に積立金は,11年度には性質別歳入内訳の最大費目になった点が大変注目される。

では,各性質別経費の内容は何なのか。積立金は,財政調整基金,減債基金を含むが,大半は復旧・復興事業等に係る特定目的基金への積立に要する

第1章　東日本大震災復興財政の特徴と問題点・課題　29

表8　岩手・宮城・福島被災3県の性質別歳出決算内訳（2010-2012年度）

（単位：100万円，％）

都道府県	年度	歳出合計	人件費	物件費	補助費等	普通建設事業費	災害復旧事業費	補助事業費	単独事業費	国直轄事業費	公債費	積立金	貸付金	その他
岩手県	2010	688,285	178,740	24,320	127,748	103,957	1,573	1,390	182	1	121,226	20,922	81,439	28,360
	2011	1,251,176	180,464	47,501	194,034	185,569	72,819	51,178	7,707	240	121,446	296,302	120,700	32,341
	2012	1,111,841	179,807	28,448	203,046	125,661	160,568	99,510	16,042	598	124,634	121,850	136,963	30,864
宮城県	2010	817,486	262,173	25,682	167,170	96,052	1,747	1,506	228	13	96,225	34,167	96,644	37,626
	2011	1,803,888	268,613	113,581	382,776	236,322	93,053	68,735	14,884	5,714	102,153	396,826	161,130	49,434
	2012	1,827,760	269,255	197,799	468,925	129,729	108,142	92,547	12,815	2,313	93,246	325,424	200,838	34,402
福島県	2010	826,406	253,894	28,030	157,072	111,207	532	510	22	—	125,411	32,376	83,653	34,231
	2011	2,231,215	272,103	107,409	275,246	206,238	41,197	36,334	4,490	372	122,269	954,259	189,654	62,840
	2012	1,577,312	260,665	83,547	376,073	149,780	58,288	56,277	1,956	55	120,157	354,516	133,490	40,796
全都道府県	2010	49,059,536	14,110,126	1,625,866	11,537,000	6,855,149	86,938	80,275	5,850	806	6,785,130	1,572,315	4,642,042	1,844,670
	2011	50,965,779	14,082,768	1,835,200	11,457,597	6,850,560	408,697	328,344	51,139	11,542	6,808,848	2,931,102	4,576,338	2,014,669
	2012	49,481,842	13,893,593	1,786,977	11,826,037	6,508,899	605,992	496,497	48,786	14,334	6,981,826	1,870,235	4,198,359	1,809,924

構成比（％）

都道府県	年度	歳出合計	人件費	物件費	補助費等	普通建設事業費	災害復旧事業費	補助事業費	単独事業費	国直轄事業費	公債費	積立金	貸付金	その他
岩手県	2010	100.0	26.0	3.5	18.5	15.1	0.2	0.2	0.03	—	17.6	3.0	11.8	4.1
	2011	100.0	14.4	3.8	15.5	14.8	5.8	4.1	0.6	0.02	9.7	23.7	9.6	2.6
	2012	100.0	16.2	2.6	18.3	11.3	14.4	9.0	1.4	0.05	11.2	11.0	12.3	2.8
宮城県	2010	100.0	32.0	3.1	20.4	11.7	0.2	0.2	0.03	—	11.8	4.2	11.8	4.6
	2011	100.0	14.9	6.3	21.2	13.1	5.2	3.8	0.8	0.3	5.7	22.0	8.9	2.7
	2012	100.0	14.7	10.8	25.7	7.1	5.9	5.1	0.7	0.1	5.1	17.8	11.0	1.9
福島県	2010	100.0	30.7	3.4	19.0	13.5	0.1	0.1	0.03	—	15.2	3.9	10.1	4.1
	2011	100.0	12.1	4.8	12.3	9.2	1.8	1.6	0.2	0.02	5.5	42.8	8.5	2.8
	2012	100.0	16.5	5.3	23.8	9.5	3.7	3.6	0.1	0.003	7.6	22.4	8.5	2.6
全都道府県	2010	100.0	28.8	3.3	23.5	14.0	0.2	0.2	0.01	0.002	13.8	3.2	9.5	3.8
	2011	100.0	27.6	3.6	22.4	13.4	0.8	0.6	0.1	0.02	13.4	5.8	9.0	4.0
	2012	100.0	28.1	3.6	23.9	13.2	1.2	1.0	0.1	0.03	14.1	3.8	8.5	3.7

出所：総務省web「地方財政状況調査関係資料」の「都道府県別決算状況調（性質別歳出内訳）」より作成。

経費であり，特別交付税により措置された「取崩し型復興基金」への積立（1960億円）も含んでいる。特定目的基金の積立金は，地方債を含む有価証券形態等での保有も結構あるが，現金・預金形態での保有が比較的多い。普通建設事業費は，仮設住宅の建設や道路・橋梁の新増設等に要する経費である。物件費はがれき処理，避難所の設置，仮設住宅のリース等に要する経費である。

ところで，以上は被災3県の10，11，12年度の歳入・歳出決算を分析したものであるが，『日本経済新聞』は被災3県の13年度の予算集計が出そろったとして，次のような興味深い内容の記事を掲載している[16]。震災復興財政の問題点を浮かび上がらせているのでここに紹介する。

① 被災3県の13年度予算で次年度に繰り越した金額は8578億円で，人手不足などで復興事業が進まず，予算全体の2割を使っていない。繰越額は前の年度と比べると14％減ったが水準はなお高い。各県は公共工事の発注手続きを簡素化するなどの対策を打っているが，一層の工夫が必要だ。

② 13年度の一般会計の繰越額は，岩手県が前の年度に比べて8％減の2193億円，宮城県が11％減の3876億円，福島県が22％減の2509億円だった。

③ 岩手県では，予算全体の繰越額は20％だが，震災対応分に絞ると4割を使い残した。住民合意の遅れなどで，予算計上した工事が発注まで至らない例が多いという。

④ 宮城県では，13年度に一般競争入札を実施した1028件の工事のうち，7.5％が年度内契約をできなかった。12年度から2年間使い切れなかった「事故繰越し」も586億円発生した。被災中小企業向け補助金など公共工事以外の予算活用も遅れている。

⑤ 福島県は，入札不調を受けて，入札参加資格の緩和，発注見通しの早期公表などに取り組んだ。繰越額の減少率は3県で最大となり，県は一定の

成果が出たと見ている。

このように被災3県の震災復興予算に大幅な使い残しが生じているが，住民合意の難航や入札不調の増加によるものとすれば，15年度までの集中復興期間内に使い残し問題が解決されるとは思えず，期間延長の必要が出てくるであろう。期間延長を認めなければ，無理にでも使い切ろうとするために，非常に無駄なことに使われてしまう恐れがある。

(2) 岩手・宮城・福島被災3県の各県13都市の震災復興財政

岩手・宮城・福島被災3県の各県には，それぞれに偶然ながらも13の市がある。これらの被災市にはそれぞれに震災復興財政の特徴があるはずであるが，1つ1つ取り上げて検討することもできないので，各県に13ずつある市の震災復興財政の実態について，各県13の市の財政を合計する形で考察することにしたい。

まず，表9は，岩手・宮城・福島被災3県の各県13都市合計の概況と財務比率を示したものである。13の都市の人口合計は，10年度，11年度，12年度，と減少しているが，宮城県だけは12年度に10年度の水準を回復している。3県とも全国水準より，第1次産業のウエイトが高いが，特に岩手県が10%を超えている。福島県は第2次産業のウエイトが全国水準より高い。生産性の低い産業のウエイトが高いこともあってか，これら被災3県の財政力指数は低く，かつ大震災の影響で低下している。『全国都市財政年報（2012年度決算）』に掲載されている全国789都市を自主財源比率の良い方から悪い方に順に並べると，700番台において悪い順に，岩手県の釜石，陸前高田，宮古，大船渡，八幡平，奥州の6市，宮城県の気仙沼，塩竈，石巻，岩沼，東松島，登米，多賀城の7市，福島県の伊達，田村，喜多方の3市が並ぶ[17]。いかに，財政力の弱い都市が被災3県に集中しているか，非常によく分かる。

32 第Ⅰ部 被災地——現状報告分析

表9 岩手・宮城・福島被災3県の各県13都市合計の概況と財務比率
(2010-2012年度)

(単位:人,%)

被災3県の各県13都市の合計	年度	住民基本台帳登録人口(人)	産業構造 第1次(%)	第2次(%)	第3次(%)	実質収支比率(%)	経常収支比率(%)	公債費負担比率(%)	財政力指数	健全化判断比率 実質公債比率(%)	将来負担比率(%)
岩手県の13都市の合計	2010	1,023,411	12.2	25.7	61.7	3.7	83.9	18.5	0.41	15.0	126.0
	2011	1,021,803	10.8	24.7	64.5	13.1	89.2	15.8	0.40	14.4	105.5
	2012	1,020,007	10.8	24.7	64.5	11.1	88.1	15.5	0.39	14.1	84.8
宮城県の13都市の合計	2010	1,891,258	5.4	21.9	71.4	4.8	89.0	15.8	0.55	11.9	91.0
	2011	1,880,440	4.3	21.2	74.5	11.9	96.3	12.4	0.53	11.9	72.8
	2012	1,896,911	4.3	21.2	74.5	9.8	94.1	15.5	0.39	14.1	84.8
福島県の13都市の合計	2010	1,602,988	7.6	29.4	62.0	5.8	82.7	15.5	0.57	14.0	106.7
	2011	1,568,491	6.3	29.1	64.6	8.8	89.7	13.2	0.55	12.9	88.3
	2012	1,560,666	6.3	29.1	64.6	10.7	86.1	13.0	0.53	11.8	71.8
全国の全ての都市の合計	2010	114,899,396	4.0	25.8	68.2	5.3	85.2	13.4	0.51	11.8	85.8
	2011	114,947,770	3.4	24.9	71.7	5.7	89.6	15.6	0.64	10.8	85.1
	2012	116,763,482	3.4	24.9	71.7	5.4	90.1	15.5	0.62	10.0	78.5

注: 合計,全国計における各種数値は,単純平均である。
岩手県の13都市とは,次の各市のことである。盛岡,宮古,大船渡,花巻,北上,久慈,遠野,一関,陸前高田,釜石,二戸,八幡平,奥州の各市。
宮城県の13都市とは,次の各市のことである。仙台,石巻,塩竈,気仙沼,白石,名取,角田,多賀城,岩沼,登米,栗原,東松島,大崎の各市。
福島県の13都市とは,次の各市のことである。福島,会津若松,郡山,いわき,白河,須賀川,喜多方,相馬,二本松,田村,南相馬,伊達,本宮の各市。
出所: 総務省web「地方財政状況調査関係資料」の「都市別決算状況調(概説)」より作成。

次に,表10で岩手・宮城・福島被災3県の各県13都市の合計歳入決算内訳を見てみよう。被災3県の合計39都市の11年度の歳入総額は2兆7326億円で,10年度に比べると45.7%増となっている。特定被災市町村等である227市町村の11年度の歳入総額は7兆2430億円で,10年度と比べると21.2%増(全国では1.7%増)なので[18],被災3県の合計39都市の歳入総額の増加が非常に顕著であったことが分かる。

被災3県の合計39都市の11年度の歳入総額の内訳を10年度と比べると,地方税が7.4%減,地方交付税が60.4%増,国庫支出金が162.5%増,都道府県支出金が190.9%増となっている。特定被災市町村等である227市町村

第1章　東日本大震災復興財政の特徴と問題点・課題　33

表10　岩手・宮城・福島被災3県の各県13都市の合計歳入決算内訳 (2010-2012年度)
(単位：100万円、%)

被災3県の13都市の合計	年度	歳入総額	地方税	市町村民税(個人・法人)	固定資産税	地方譲与税	地方消費税	地方交付税	震災復興特別交付税	国庫支出金	災害復旧事業費支出金	東日本大震災復興交付金	県支出金	災害復旧事業費支出金 国庫財源を伴うもの	県費のみのもの	繰上金	繰越金	地方債	その他
									金 額 (100万円)										
岩手県の13都市の合計	2010	476,883	114,394	46,248	57,504	6,515	9,925	150,786		59,622	202	11,475	30,533	23	4	2,924	11,253	60,337	30,594
	2011	642,659	111,582	44,834	55,195	6,494	9,872	195,970	27,259	132,313	5,638	19,703	73,755	8,433	171	8,019	17,702	49,012	37,940
	2012	867,706	115,325	50,422	53,260	6,086	9,830	192,294	39,425	295,356	27,758	178,133	86,172	25,192	42	21,903	43,490	66,742	36,508
宮城県の13都市の合計	2010	784,698	265,386	112,837	113,570	7,632	19,481	145,615		202,595	810	14,835	36,418	116	3	15,168	9,545	100,011	82,847
	2011	1,292,276	234,235	99,829	96,569	7,333	19,378	296,222	104,809	346,059	46,191	79,837	140,203	4,725	217	14,348	20,591	107,460	106,447
	2012	1,780,610	253,513	117,778	96,877	7,056	19,383	266,950	116,935	721,777	52,642	446,571	136,533	2,324	77	116,893	51,707	113,772	93,026
福島県の13都市の合計	2010	614,222	200,949	77,469	95,960	7,866	15,182	134,760		75,677	38	12,427	33,624	38	5	16,070	23,487	52,986	53,621
	2011	797,704	189,014	73,716	86,404	7,639	15,072	199,576	46,242	146,056	10,874	47,133	78,578	6,681	174	24,325	25,603	52,290	59,551
	2012	908,400	190,433	83,980	78,607	7,200	15,056	181,797	40,247	189,010	12,512	83,538	139,879	11,180	41	32,743	44,996	50,595	56,691
									構 成 比 (%)										
岩手県の13都市の合計	2010	100.0	24.0	9.7	12.1	1.4	2.1	31.6		12.5	0.04	2.4	6.4	0.005	-	0.6	2.4	12.7	6.4
	2011	100.0	17.4	7.0	8.6	1.0	1.6	30.5	4.2	20.6	0.9	3.1	11.5	1.3	0.03	1.2	2.8	7.6	5.9
	2012	100.0	13.3	5.8	6.1	0.7	1.1	22.1	4.5	34.0	3.2	20.5	9.9	2.9	0.005	2.5	5.0	7.7	4.2
宮城県の13都市の合計	2010	100.0	33.8	14.4	14.5	1.0	2.5	18.6		13.1	0.1	1.9	4.7	0.01	-	1.9	1.2	12.7	10.6
	2011	100.0	18.1	7.7	7.5	0.6	1.5	22.9	8.1	26.8	3.6	6.2	10.8	0.4	0.02	1.1	1.6	8.3	8.2
	2012	100.0	14.2	6.6	5.4	0.4	1.1	15.0	6.6	40.5	3.0	25.1	7.7	0.1	0.004	6.6	2.9	6.4	5.2
福島県の13都市の合計	2010	100.0	32.7	12.6	15.6	1.3	2.5	21.9		12.3	0.006	2.0	5.5	0.006	-	2.6	3.8	8.6	8.7
	2011	100.0	23.7	9.2	10.8	1.0	1.9	25.0	5.8	18.3	1.4	5.9	9.9	0.8	0.02	3.0	3.2	6.6	7.5
	2012	100.0	13.3	8.7	8.7	0.8	1.7	20.8	4.4	20.8	1.4	9.2	15.4	1.2	0.005	3.6	5.0	5.6	6.2

注：岩手県の13都市とは、次の各市のことである。盛岡、宮古、大船渡、花巻、北上、久慈、遠野、一関、陸前高田、釜石、二戸、八幡平、奥州の各市。
宮城県の13都市とは、次の各市のことである。仙台、石巻、塩竈、気仙沼、白石、名取、角田、多賀城、岩沼、登米、栗原、東松島、大崎の各市。
福島県の13都市とは、次の各市のことである。福島、会津若松、郡山、いわき、白河、須賀川、喜多方、二本松、田村、南相馬、伊達、本宮の各市。

出所：総務省web「地方財政状況調査関係資料」の「都市別決算状況調（歳入内訳）」より作成。

の11年度の歳入総額の内訳を10年度と比べると、地方税が2.5%減（全国では0.3%増）、地方交付税が44.3%増（全国では7.4%増）、国庫支出金が60.6%増（同2.3%増）等なので[19]、被災3県の合計39都市の歳入総額の増加が地方交付税、国庫支出金、県支出金の増加に依存していることが分かる。

ただし、ここで注意しなければならないのは、県支出金が純粋な県費ではない（大半が国庫財源を伴うもの）ということである。因みに、11年度において岩手・宮城・福島各県13都市の受け取った県支出金の、それぞれ74.4%、66.6%、66.0%が国庫財源を伴うものである[20]。このことは、被災3県の財政力が弱く、被災自治体は震災復興財源の多くを県ではなく、国に頼らざるを得ないことを意味する。実際被災3県の合計39都市の地方税の落ち込みは特定被災市町村の地方税の落ち込みより激しく、その分国からの地方交付税、国庫支出金、国庫財源を伴う県支出金に大きく依存することになったのである。

なお、11年度から12年度への変化として特徴的なのは、被災3県の合計39都市で国庫支出金が93.2%も伸びていることであり、それを牽引しているのは、東日本大震災復興交付金である。もう1つ被災3県の各県13都市で、積立金からの繰入金や前年度からの繰越金が大幅に増加していることが注目される。11年度に国や県から復旧・復興のために被災自治体に多額の地方交付税、国庫支出金、県支出金が交付されたが、一度に消化できずに、12年度に繰り越されたり、あるいは積立金に基金化された後に、12年度に繰り入れられたりしているのである。

今度は、岩手・宮城・福島被災3県の各県13都市の合計歳出決算の特徴点を、表11と表12で検討してみよう。表11は被災3県の各県13都市の合計歳出決算の目的別内訳を示している。被災3県の合計39都市の11年度の歳出総額は2兆5706億円で、10年度と比べると42.4%増となっている。特定被災市町村等である227市町村の11年度の歳出総額は6兆8282億円で、

第1章　東日本大震災復興財政の特徴と問題点・課題　35

表11　岩手・宮城・福島被災3県の各県13都市の合計歳出決算目的別内訳（2010–2012年度）

（単位：100万円，％）

被災3県の各県13都市の合計	年度	歳出総額	議会費	総務費	民生費	災害救助費	衛生費	労働費	農林水産業費	商工費	土木費	消防費	教育費	災害復旧費	農林水産施設	公共土木施設	公債費	その他
岩手県の13都市の合計	2010	460,506	3,116	62,554	126,555	828	34,169	4,109	20,322	15,957	58,982	17,231	50,043	663	110	487	66,744	61
	2011	599,149	4,205	97,527	196,183	64,184	36,710	6,119	22,926	17,807	55,340	22,103	50,555	24,396	9,939	7,309	65,169	109
	2012	816,646	3,659	229,844	199,806	64,777	35,505	8,868	30,015	17,218	111,385	20,483	51,899	43,516	26,025	7,673	64,239	569
宮城県の13都市の合計	2010	757,061	4,000	84,666	224,774	3,646	61,323	4,843	19,291	33,172	91,352	28,193	81,557	1,919	133	1,617	108,243	13,728
	2011	1,220,575	5,384	216,235	434,829	209,450	73,620	10,135	18,680	40,857	80,392	31,636	79,251	94,923	3,623	28,908	107,857	26,776
	2012	1,649,364	4,767	621,116	416,574	180,866	64,615	10,843	25,454	36,252	135,126	27,271	80,917	83,739	2,582	27,171	110,232	32,458
福島県の13都市の合計	2010	587,278	4,315	88,925	176,402	1,270	45,811	4,333	16,747	28,607	61,801	19,407	68,184	757	165	531	71,825	164
	2011	750,950	5,546	157,896	234,135	55,860	49,216	5,117	17,830	30,272	59,409	20,887	63,216	37,095	3,768	12,982	70,085	246
	2012	862,202	4,991	186,476	298,238	120,050	51,671	5,603	22,402	27,971	69,160	21,785	65,164	39,942	4,673	8,979	68,163	636

構成比（％）

岩手県の13都市の合計	2010	100.0	0.7	13.6	27.5	0.2	7.4	0.9	4.4	3.5	12.80	3.7	10.9	0.1	0.02	0.1	14.5	0.01
	2011	100.0	0.7	16.3	32.7	10.7	6.1	1.0	3.8	3.0	9.2	3.7	8.4	4.1	1.7	1.2	10.9	0.02
	2012	100.0	0.4	28.1	24.5	7.9	4.3	1.1	3.7	2.1	13.6	2.5	6.4	5.3	3.2	0.9	7.9	0.1
宮城県の13都市の合計	2010	100.0	0.5	11.2	29.7	0.5	8.1	0.6	2.5	4.4	12.1	3.7	10.8	0.3	0.02	0.2	14.3	1.8
	2011	100.0	0.4	17.7	35.6	17.2	6.0	0.8	1.5	3.3	6.6	2.6	6.5	7.8	0.3	2.4	8.8	2.2
	2012	100.0	0.3	37.7	25.2	11.0	3.9	0.7	1.5	2.2	8.2	1.7	4.9	5.1	0.2	1.6	6.7	2.0
福島県の13都市の合計	2010	100.0	0.7	15.1	30.0	0.2	7.8	0.7	2.9	5.0	10.5	3.3	11.6	0.1	0.03	0.1	12.2	0.03
	2011	100.0	0.7	21.0	31.1	7.4	6.6	0.7	2.4	4.0	7.9	2.8	8.4	4.9	0.5	1.7	9.3	0.03
	2012	100.0	0.6	21.6	34.6	13.9	6.0	0.6	2.6	3.2	8.0	2.5	7.6	4.6	0.5	1.0	7.9	0.07

注：岩手県の13都市とは，次の各市のことである。盛岡，宮古，大船渡，花巻，北上，久慈，遠野，一関，陸前高田，釜石，二戸，八幡平，奥州の各市。
宮城県の13都市とは，次の各市のことである。仙台，石巻，塩竈，気仙沼，白石，名取，角田，多賀城，岩沼，登米，栗原，東松島，大崎の各市。
福島県の13都市とは，次の各市のことである。福島，会津若松，郡山，いわき，白河，須賀川，喜多方，相馬，二本松，田村，南相馬，伊達，本宮の各市。

出所：総務省web「地方財政状況調査関係資料」の「都市別決算状況調（目的別歳出内訳）」より作成。

10年度と比べると19.2％増(全国では1.5％増)なので[21]，被災3県の合計39都市の歳出総額の増加が顕著であったことが分かる。

　被災3県の合計39都市の11年度の歳出総額目的別内訳を10年度と比べると，総務費が99.7％増，民生費が63.9％増(うち災害救済費が5636.3％増)，衛生費が12.9％増，災害復旧費が4584.5％増，商工費が14.4％増などとなっている。特定被災市町村等である227市町村の11年度の目的別歳出を10年度と比べると，総務費が38.7％増(全国では3.1％減)，民生費が29.6％増(同6.5％増)(うち災害救助費が4340.8％増(同2565.6％増))，衛生費が6.9％増(同4.4％増)，災害復旧費が3230.2％増(同342.8％増)，商工費が8.9％増(同0.1％増)なので[22]，被災3県の合計39都市の災害救助費及び災害復旧費の増加がいかに顕著であったかがよく分かる。

　歳出総額目的別内訳の11年度から12年度への変化として特徴的なのは，被災3県のいずれの13都市においても総務費の増加が顕著なことである。総務費の増加は，震災復興関連積立金が増え，それが総務管理費として計上されているためである。

　続いて，表12で被災3県の合計39都市の11年度の歳出総額性質別内訳を10年度と比べると，物件費が98.5％増，普通建設事業費が11.4％減，災害復旧事業費が4584.5％増，積立金が393.7％増となっている。特定被災市町村等である227市町村の11年度の歳出総額性質別内訳を見ると，積立金が197.4％増(全国では7.8％増)，普通建設事業費が9.6％減(同11.6％減)，物件費が40.1％増(同8.6％増)，災害復旧事業費が3230.6％増(同342.8％増)なので[23]，被災3県の39都市の災害復旧事業費と積立金の増加が顕著なことがよく分かる。

　歳出総額性質別内訳の11年度から12年度への変化として特徴的なのは，被災3県のいずれの13都市においても積立金がさらに大きく増加し，岩手県や宮城県の合計歳出内訳の中では，最大の費目となっている点である。

第1章　東日本大震災復興財政の特徴と問題点・課題　37

表12　岩手・宮城・福島被災3県の各県13都市の合計歳出決算性質別内訳（2010-2012年度）

(単位：100万円、%)

被災3県の各県13都市の合計	年度	歳出総額	人件費	物件費	維持補修費	扶助費	補助費等	普通建設事業費	補助事業費	単独事業費	国直轄事業費負担金	災害復旧事業費	補助事業費	単独事業費	公債費	積立金	貸付金	繰出金	その他
岩手県の13都市の合計	2010	460,506	75,704	54,698	4,963	75,140	55,561	58,943	21,150	35,320	—	663	360	303	66,740	18,047	6,536	41,748	1,813
	2011	599,149	76,734	112,487	4,898	88,935	54,608	66,822	29,132	35,682	—	24,396	19,339	5,056	65,162	52,304	6,814	44,630	1,359
	2012	816,646	74,328	117,259	5,090	81,145	65,775	86,708	50,142	33,217	1,583	43,156	39,863	3,290	64,238	226,379	5,816	44,859	310
宮城県の13都市の合計	2010	757,061	133,969	91,840	11,456	129,437	55,587	86,342	30,040	52,052	2,447	1,919	1,453	463	108,065	16,828	27,374	66,251	5,546
	2011	1,220,575	132,789	116,612	12,070	164,971	121,164	73,721	34,067	72,635	1,623	94,293	72,635	21,192	107,689	157,544	56,017	71,139	10,313
	2012	1,649,364	128,286	196,734	12,152	136,603	172,207	120,226	77,699	39,850	1,490	83,693	66,732	16,865	110,054	556,650	40,100	77,918	13,251
福島県の13都市の合計	2010	587,278	94,289	75,064	9,453	102,906	54,041	70,214	27,045	41,269	—	757	104	653	71,825	26,578	17,462	61,218	3,471
	2011	750,950	103,890	110,776	8,355	123,725	57,890	50,464	22,113	27,645	—	37,095	25,463	11,542	76,082	93,542	23,733	68,331	3,067
	2012	862,202	95,004	178,094	10,265	124,843	58,923	70,789	38,482	31,576	—	39,942	29,844	10,067	68,162	129,113	18,845	64,141	4,081

構　成　比（%）

	年度	歳出総額	人件費	物件費	維持補修費	扶助費	補助費等	普通建設事業費	補助事業費	単独事業費	国直轄事業費負担金	災害復旧事業費	補助事業費	単独事業費	公債費	積立金	貸付金	繰出金	その他
岩手県の13都市の合計	2010	100.0	16.4	11.9	1.1	16.3	12.1	12.8	4.6	7.6	—	0.14	0.1	0.1	14.5	3.9	1.4	9.1	0.4
	2011	100.0	12.8	18.8	0.8	14.8	9.1	11.2	4.9	6.0	—	4.1	3.2	0.8	10.9	8.7	1.1	7.4	0.2
	2012	100.0	9.1	14.4	0.6	9.9	8.1	10.6	6.1	4.1	0.2	5.3	4.9	0.4	7.9	27.7	0.7	5.5	0.04
宮城県の13都市の合計	2010	100.0	17.7	12.1	1.5	17.1	10.0	11.4	4.0	6.9	0.3	0.3	0.2	0.1	14.3	2.2	3.6	8.8	0.7
	2011	100.0	10.9	17.7	1.0	13.5	9.9	6.0	2.8	3.0	0.1	7.8	6.0	1.7	8.8	12.9	4.6	5.8	0.8
	2012	100.0	7.8	11.9	0.7	8.3	10.4	7.3	4.7	2.4	0.1	5.1	4.0	1.0	6.7	33.7	2.4	4.7	0.8
福島県の13都市の合計	2010	100.0	16.1	12.8	1.6	17.5	9.2	12.0	4.6	7.0	—	0.1	0.02	0.1	12.2	4.5	3.0	10.4	0.6
	2011	100.0	13.8	14.8	1.1	16.5	7.7	6.7	2.9	3.7	—	4.9	3.4	1.5	9.3	12.5	3.2	9.1	0.4
	2012	100.0	11.0	20.7	1.2	14.5	6.8	8.2	4.5	3.7	—	4.6	3.5	1.2	7.9	15.0	2.2	7.4	0.5

注：岩手県の13都市とは、次の各市のことである。盛岡、宮古、大船渡、花巻、北上、久慈、遠野、一関、陸前高田、釜石、二戸、八幡平、奥州の各市。
宮城県の13都市とは、次の各市のことである。仙台、石巻、塩竈、気仙沼、白石、名取、角田、多賀城、岩沼、登米、栗原、東松島、大崎の各市。
福島県の13都市とは、次の各市のことである。福島、会津若松、郡山、いわき、白河、須賀川、喜多方、二本松、田村、南相馬、伊達、本宮の各市。
出所：総務省 web「地方財政状況関係資料」の「都市別決算調査（性質別歳出内訳）」より作成。

このことと関わる,『朝日新聞』の興味深い記事がある。『朝日新聞』は,「復興に特化した分を含め,3県と各市町村の基金の総額を集計したところ,10年度は9400億円だったが,12年度は約3兆9000億円だった。2年間で2兆9600億円も積み上った計算だ。[24)]」と報じている。被災3県とその自治体は,この巨額の積立金を残り3年間の集中復興期間内に使い切れるのだろうかとの疑問が湧いてくる。

　もう1つ問題がある。復興事業の遅れで予算の執行は進まず積立金は膨れ上がっているが,その積立金を預かっている被災地の地方銀行が国債保有を急速に増やしている問題である。『朝日新聞』の報じるところによれば,被災3県の自治体の多額の復興予算が口座のある地方銀行に振り込まれているばかりでなく,被災者が受け取った保険金や義援金,東京電力福島第一原発の事故の賠償金といった個人のお金も流れ込み,被災地8行の預金残高は11年3月期の約14.8兆円から,13年3月期には約19.8兆円に膨らんだ。被災3県の地方銀行は,預けられた巨額の資金をどう運用しているのか。同紙は,地方銀行が大量の国債を購入・保有しているのだという。具体的数値を挙げて,次のように説明している。岩手,宮城,福島県の地銀8行の13年度3月期の国債残高は計3.7兆円で,震災直後の11年3月期の2.1兆円から約76%増えた。地銀全体では,約15%増,メガバンク3グループの傘下主力行では約8%増にそれぞれとどまっていて,被災地の地銀の増加率が目立っている。地銀には国債を大量に持つリスクは高まっているのである[25)]。

　以下の第3節では,岩手県における県と自治体の震災復興財政の実情を知るために行ったヒヤリングの要点を述べる。

3. 岩手県・自治体震災復興財政ヒヤリングの要点

2013年8月20日に岩手県庁において，岩手県・自治体の震災復興財政の状況について，聞き取り調査を行った。ここでは，下記 (1)(2)(3) の質問事項について，受けた説明と資料から得られた知見の要点を紹介する。

(1) 岩手県の震災復興計画と震災復興財政について

国の復興政策・復興基本計画と復興予算を受けて行った，岩手県庁と被災自治体の復興事業に関し，その全体構造と県の予算措置について質問し，次の①〜④の回答を得た。

① 岩手県東日本大震災復興計画に掲げた「いのちを守り海と大地と共にふるさと岩手・三陸の創造」を目指し，3つの原則（〔1〕安全の確保〔2〕暮らしの再建〔3〕なりわいの再生）の下，10分野で各種の取組みを推進している。

② 全体計画は11年度から18年度までの8年間で，それを3期に分けて復興の達成を目指すが，第1期（11〜13年度）の中間年である12年度には，本格的復興に向けた基盤づくりに集中して施策を実行した。

③ 11年3月から13年7月までの政府全体の予算措置は23兆6468億円であるが，岩手県の予算措置は1兆7876億円である。

④ 岩手県の復興基本計画は3期8年間とされているが，その総額及び各期の配分についての予算措置見積りは出されていない。

(2) 岩手県及び自治体の震災復興財政の特徴と問題点

岩手県における復興財政措置について，その特徴と問題点，被災自治体への財源保障と財政自主権保障はどこまで進んでいるのか，また被災自治体財

政の現状について質問し，次の①〜⑤の回答を得た。

① 復興のため国が12年度予算に計上した約9兆7000億円のうち，35.2％に当たる約3兆4000億円が使い残しとなったと報じられているが，これはあくまで国サイドの問題把握であって，地方では復興計画の策定のための合意形成の困難や資材，人材の不足から事業の進捗が遅れているという問題なのである。

② 復興予算支出の大半は，公共事業費に充てられている。大型の復興公共事業は，地元の建設業者が引き受けるのは無理で，ゼネコンが引き受けることになり，地元の建設業者はその下請けを行っている。こうしたこともあって，公共事業の需要の多くは県外に流れている。

③ 山田町，大槌町，釜石市，大船渡市，陸前高田市といった三陸沿岸の被災自治体の予算規模の増加額が非常に大きい。それは復興交付金基金等からの繰入金や復旧・復興事業に対する国庫支出金によるものである。

④ 東日本大震災の復興財源措置として，災害復興事業についての国庫補助率の嵩上げ，取崩し型基金への特別交付税措置，震災復興特別交付税による措置，復興交付金制度の創設等が行われているが，岩手県内の被災自治体の各種復興事業について，どのような財源の裏づけで実施されているのか，現在進行形であるだけに，十分整理できていない。

⑤ 被災自治体は，固定資産税，住民税等が大きく落ち込み，財政力指数は著しく低下しているが，国からの地方交付税等の措置があるので，財政状態が悪化しているわけではない。

(3) 岩手県における震災復興事業の進捗状況と問題点・課題

災害廃棄物処理事業，被災者の生活再建支援事業，産業再建支援事業等がどの程度進捗しているのか，また今後の問題点・課題は何かについて質問し，次の①〜⑬の回答を得た。

① 生活環境に支障を及ぼす災害廃棄物は11年7月までに概ね移動を完了した。沿岸市町村の災害廃棄物（がれき）処理率（がれき推計量に対する処理量の割合（％））は，13年6月30日現在55％である。14年3月末までの処理完了を目指し，他の都道府県（東京，静岡，秋田，青森，埼玉，大阪等）の協力も得ながら広域処理をする予定である。
② まちづくり（面的整備）事業について，工事着工地区は，13年7月31日現在都市再生区画整理事業：5地区，津波復興拠点整備事業：1地区，防災集団移転促進事業：16地区，漁業集落防災機能強化事業：13地区である。ただし，造成が完了した地区は，漁業集落防災機能事業で3地区あるだけである。
③ 三陸地域の復興を支える，復興道路の整備状況は，393km計画があり，そのうちすでに110kmが供用済み（28.0％）で，249kmが事業進行中（63.4％）である。
④ JR山田線の宮古・釜石間，JR大船渡線の盛・気仙沼間は，鉄道復旧の目途が立っていない。
⑤ 応急仮設住宅等への入居状況を見ると，13年6月30日現在全入居者数5万3617人の内訳は，県内応急仮設住宅：52.4％，県内のみなし仮設住宅：16.3％，県内住宅28.2％，県外住宅3.2％となっている。また応急仮設住宅の入居率は，完成戸数が1万3984戸で，入居済戸数が1万2405戸なので88.7％である。
⑥ 公営住宅（県営及び市町村営）約5600戸を，災害復興公営住宅及び一般公営住宅として供給する計画である。13年7月31日現在の災害復興公営住宅の進捗状況は，建設予定戸数6086戸のうち工事中が909戸（14.9％），工事完成133戸（2.2％）と大変低い水準にある。
⑦ 保健・医療・福祉提供体制の再構築に関し，医療提供施設数は，13年6月30日現在，仮設診療所を除くと79.1％，仮設診療所を含めると90.8％

となっている。

⑧ 教育環境の整備・充実に関し，沿岸部公立学校の復旧率は，13年6月30日現在69.7％となっている。

⑨ 水産業の再生に関し，13年6月30日現在，新規登録漁船数（補助事業分）の復旧・整備達成率は83.3％で，養殖施設の整備台数の復旧・整備達成率は85.5％である。水揚状況については，水揚量の復旧率が66.6％，水揚金額の復旧率が70.8％である。主要4港の製氷・冷蔵能力復旧率は次の通りである。冷蔵：77.0％，冷凍：80.2％，製氷：107.9％，貯氷：99.3％である。

⑩ 商工業の再生に関し，13年7月までの取組状況は次の通りである。岩手県産業復興センターの相談受付件数441件，岩手県産業復興機構による債権買取等支援決定件数120件，東日本大震災事業者再生支援機構による債権買取等支援決定件数66件である。また，中小企業等復旧・復興支援事業（グループ補助金）の活用状況ついては，11年度，12年度合せて95グループ1159事業者に対し752億円が交付決定されている。

⑪ 「復興に関する意識調査」等によると，多くの県民が復旧・復興の進捗について停滞感を感じている状況にある。復興を加速化させるためには，〔1〕マンパワーの不足，〔2〕財源不足・財源自由度の問題，〔3〕用地取得制度に係る問題の解決が重要である。〔1〕に関しては，復興まちづくりのための住民との合意形成や関係機関との調整，用地交渉等に支障が生じているので，復興本格化のために更なるマンパワーが必要である。〔2〕に関しては，被災地からのニーズへの対応力不足，人材活用への支援不足，事業実施に係る経費の増嵩への対応不足が生じている。復興交付金は，対象事業が5省40事業の基幹事業及び関連の効果促進事業に限定されており，県や市町村の復興計画に掲げられた全ての事業が対象となっていない。また，12年度補正予算で，津波被災地域における住民の定着促進のための

震災復興特別交付税が追加措置されたが，中小事業者の再建支援などで，復興基金の早期枯渇が懸念されている。〔3〕に関しては，所有者不明や相続未処理などの課題を有する事業用地を円滑に取得するため，不明所有者に代わり市町村が管理・処分できるなどの特例措置や，土地収用における事業認定手続きの迅速化が必要とされる。

⑫ 多くの住民の復旧・復興の遅れに対する不備を早く解消する必要がある。また政府の方も復興を急ごうとしている中，県の役割と国・県・被災自治体との一層の連携が求められている。国の復興局に職員は50名，3ヶ所の支所に各10名の職員がいる。事前に県が事業を立ち上げ，事業ごとに国・県・被災市町村が協議して事業計画を推進する形になっている。

⑬ 被災地の復興を急ぐ必要はあるが，被災地はもともと震災前から経済・人口が低下・減少してきている所なので，完全に元に戻るのは難しい。

おわりに

結論として，以下の点を指摘しておこう。

(1) 東日本大震災発生から3年以上が経過したが，有り余るほどの震災復興予算を付けているにも関わらず，政治的・行政的対応の拙さと被災自治体の職員不足，連携不足，民間の人手不足・資材不足，入札不調等によって，大震災と原発事故からの復旧・復興は，全体的に遅れており，しかも復興格差が広がっている。

(2) 予算の執行率の低さとなって現れている。復旧・復興が特に遅れている分野は，災害公営住宅の整備，防災集団移転，津波浸水地域の嵩上げ，雇用の確保，除染，汚染水処理，被災事務所の復旧などである。

(3) 復興のテンポが遅いとはいえ，岩手県と宮城県は大震災から丸3年で，

住まいの復興に時間がかかる見通しながら，それなりに復旧・復興は進んできている。しかし，福島県は大震災だけでなく，原子力災害からの復興・再生を目指しており，オリンピックの日本開催もあって，政府も福島の復興・再生の加速化を打ち出し，復興予算も厚くしているが，除染，汚染水処理，廃炉問題を抱えているだけに，復興・再生の見通しは全く立っていない。

(4) 有り余るほどの復興予算が付いているが，復旧・復興は公共事業が中心になっており，資材・人手・用地等の確保，復興交付税の使い勝手の悪さがネックになって，予算の執行率が悪く，流用問題や過払い問題，復興関連基金の塩漬け問題が発生している。こうした多額の復興予算が被災自治体に流れ込み，被災自治体はそれを地元の地方銀行の口座に振り込んでいるが，復興事業が遅れているために，地方銀行における被災自治体の預金残高は減らず，地方銀行は膨らんだ預金残高で安全資産の国債を買っている。もし，長期金利が上昇すれば，地方銀行は国債下落のリスクを抱えることになる。

(5) 被災地の復興を急ぐ必要があるが，被災地はもともと大震災前から経済・人口が低下・減少してきている所である。完全に元に戻るのが傾向的に困難化してきているのに，元に戻すために復旧・復興に限定して有り余る予算付けを行っているようなところがあり，果たして予算対象分野だけ元に戻しても，経済や人は元に戻りさらに発展するのか，根本的な問題がある。復興事業が切れた時，自立してやっていけるのか，被災自治体は非常に乏しい自主財源で復興関連施設の維持・補修をせねばならず，財政的苦境に落ちるのではないかと懸念される。震災前の現状を回復するための単純なインフラ整備や経済・生活復興だけでなく，将来にわたって地域経済が成り立ち，人口が増加するような抜本的な中・長期の政策も打ち出していかないと明るい未来は見えてこない。そのような政策と予算付けが必要である。

最後に，「原子力災害からの復興」に関わる財政問題について，本章では詳しく検討する余裕がなかったが，幾つかの大きな問題点についてだけ言及

しておこう[26]。

① 原子力損害賠償に関する問題点

東京電力福島第一原子力発電所事故は，被災者の強制避難，放射能汚染，大量の汚染水，風評被害，経済活動の停滞等計り知れない程の被害を広範囲にもたらした。国は，原子力災害賠償の第一義的責任を東京電力に負わせた。14年5月2日までに東京電力が支払った賠償総額は，約3兆7701億円（本賠償：3兆6199億円，仮払い：1502億円）に上る。

国は原子力損害賠償支援機構法を成立させて，東京電力が原子力発電所事故の賠償金を被災者に支払えるように，原子力損害賠償機構に公的資金（交付公債）を投入したり，原子力損害賠償支援機構から東電に1兆円出資（東電を実質国有化）したりすることで，支援してきた。しかし，東電は公的管理下で徹底したリストラを求められ，長期間に亘って特別負担金を払って国からの支援金を返済しなければならない。他の原発で事故が起きた場合に備える相互扶助の仕組みとしてこの機構が位置付けられているために，東電以外の電力会社も特別負担金を払わねばならない。このような原子力損害賠償支援機構スキームには，東電は破綻処理を免れ，負担は税ないし電気料金の値上げの形で国民に転嫁され，株主と債権者は応分の負担をしていないという批判がある。東電は，日本電源から電気供給が止まっているにも関わらず，契約の関係から維持費相当分を日本電源に払い続け，電気料金に転嫁している問題もある。

11年8月5日に紛争審議会が事故被害補償の中間指針を決定し，補償対象となる被害の範囲をA～Hに区分したが，その区域の外側における住民への補償が殆どないという批判がある。また，放射能汚染の除去が補償対象となっていないという問題もある。さらに，原子力損害賠償紛争解決センターに対しても，紛争の事案の背景調査を担う調査官が少なく，本人の主張の整理に時間がかかり，また東電の先延ばしもあって，平均審査期間が3カ

月より遅れ，また仲介が完了していない件数も多くなっているという批判がある。それでもこれまで約1万2000件の紛争が持ち込まれ7割が和解に至っている。しかし，全町避難が続く福島県浪江町の住人1万5000人が賠償額の25万円増額を求めていた件で，仲介役の原子力損害賠償紛争解決センターが示した5万円増の和解案を浪江町の住民が受け入れたのに，東電は拒否した。

13年12月21日に政府は5兆円まで無利子で東電を資金支援するが，福島第一原発の事故処理に関する費用を東電全てに負担させる従来の仕組みを転換した。すなわち，政府は，賠償や除染等の費用総額を9兆円と見積もり，東電に対する無利子での資金援助の上限を5兆円から9兆円に引き上げた。そして，賠償・除染の費用9兆円を東電が全て負担するのではなく，そのうち1兆円は国が負担することに方針転換した。賠償や除染費の大半は東電が電気料金で回収する。中間貯蔵の整備費は，電気料金に含まれる電源開発促進税で3年かけて返し，14年度は約350億円を見込んでいる。追加の除染費に対しては，直接税金を投じる。国民負担を和らげるために，除染費に東電株の売却益を投入する。ただ，こうした政府の東電支援の方針転換は，除染や復興の遅れへの批判に応えて福島復興を加速化しようとするものに違いないが，負担を税ないし電気料金の値上げの形で，国民に転嫁することを一層進めることになるものと予想される。

② 除染と中間貯蔵施設の問題点

除染実施実態について述べると，本格除染を開始した自治体はわずかで，大半の自治体はこれからである。内閣府の計算によると予算化された除染費用は，1兆3000億円で，今後数兆円になる見通しである。

除染で出た汚染土壌を30年間保管する中間貯蔵施設に関しては，あと2年足らずで一部でも完成させると国は明言しているが，その工程には遅れが目立ち始めている。国と福島県が協議を始めてから3年，ようやく14年9

月1日に福島県と大熊，双葉の2町は国の中間貯蔵施設建設の受け入れを表明した。国は福島県の受け入れを促すために，住民の生活再建や県の復興対策に3010億円の交付金を約束した。国は用地の全面国有化を断念し，地上権設定よる賃借も認めることになったが，地権者は約3000人おり，用地交渉に相当時間がかかる見込みである。さらに，最終処分場は全く見通しが立っていない。

③ 廃炉・汚染水対策の問題点

廃炉に向けての約1700億円規模の国費投入は，すでに決定されている。東電は，すでに14年4月に廃炉部門を分社化して，「福島第一廃炉推進センター」を立ち上げている。

汚染水対策として，原子力建屋に流れ込む地下水の問題を解決するために，国は320億円を投じて，「凍土遮水壁」の建設を始めた。これが汚染水対策の切り札になるかどうかはまだ分からない。

原子力損害賠償支援機構を原子力損害・賠償廃炉支援機構に改組するための原子力損害賠償支援機構法の一部を改正する法律が14年5月14日に成立し，政府は8月18日に原子力損害・賠償廃炉支援機構を発足させ，この新機構が東電に廃炉や汚染水対策を指導する体制に変わった。新体制への移行で廃炉作業と汚染水対策における国の関与は増えるので，すでに決まっている約1700億円の廃炉費，除染費を上回る国費投入の必要性が出てくる可能性が大である。

いずれにせよ，福島県の賠償，除染，汚染水処理，廃炉，そして住民帰還等が終わらない限り，原子力災害からの復興は終わらない。原子力災害からの復興が終わらない限り，大震災からの復興も終わらない。国策として原発を推進した以上，原子力災害からの完全復興の責任は国が負わねばならない。原子力災害からの福島復興はもはや東電任せではできず，国が責任を果たすべき段階に来ていることは，政府も自覚しているはずである。しかし，政府

の「責任の取り方」に懸念されることが起こっている。13年12月に安倍政権は，原発避難者約8万人の全員帰還をあきらめ，帰還困難区域の住民を中心に「移住」を推進する政策に切り替えた。つまり，帰還する住民をあてにしていたら，原発周辺の地域はいつになっても復興できないので，福島沿岸部を廃炉技術の研究開発拠点にするために，除染や廃炉の作業を行う労働者や技術者を集め，彼らと帰還した住民とで新たな街づくりをしようというものである。福島県沿岸部ではこういった作業が急ピッチで進んでいるが，住民不在の復興になりかねないとの懸念が生まれている。

今後は，原子力災害からの福島復興に対する政府の責任の取り方が問題になってくるわけであり，国が関与を強めることによって生じる財政的負担をできるだけ国民に転嫁しないようにすることと，福島の復興が住民不在で進められないように，政府の責任の取り方をウオッチしていかねばならない。

1) 冨田（2012），34頁。
2) 本荘（2012），43頁。
3) 原田（2012），16-17頁。
4) 地方財務協会（2014），359-370頁。
5) 地方財務協会（2014），370頁。
6) 復興庁（2014b），67-71頁。
7) 会計検査院（2013）；『朝日新聞』2013年11月1日付朝刊；『日本経済新聞』2013年11月1日付朝刊。
8) 復興庁（2013）；復興庁（2014a）。
9) 総務省編（2013），XIV頁。
10) 総務省編（2013），XIV頁。
11) 数値は総務省web「地方財政状況調査関係資料」の「平成22年度地方公共団体の主要財政指標一覧」の中の「全都道府県の主要財政指標」による。
12) 総務省編（2013），XIV頁。
13) 総務省編（2013），XIV頁。
14) 総務省編（2013），126-127頁。
15) 総務省編（2013），XIV頁。

16) 『日本経済新聞』2014年6月25日付朝刊.
17) 日本経済新聞デジタルメディア (2013), 477-482頁.
18) 総務省編 (2013), XV頁.
19) 総務省編 (2013), XV頁.
20) 11年度に岩手・宮城・福島各県13都市が受け取った県支出金のうち, 国庫財源を伴うものの割合は, 総務省web「地方財政状況調査関係資料」の「都道府県別決算状況調 (歳入内訳)」より算出.
21) 総務省編 (2013), XV頁.
22) 総務省編 (2013), XV頁.
23) 総務省編 (2013), XV頁.
24) 『朝日新聞』2014年3月10日朝刊.
25) 『朝日新聞』2013年9月21日朝刊.
26) 以下の叙述においては, 『朝日新聞』, 『日本経済新聞』の原子力災害からの復興に関する記事を参照した.

参考文献

池上岳彦 (2013)「東日本大震災復興をめぐる地方財政制度」(『地方財政』8月号, 第52巻第8号)

泉水健宏 (2014)「東日本大震災からの復興の現状と課題―国土交通分野を中心とした状況―」(『立法と調査』No. 353)

伊藤元重 (2011)「復興財源を考える」(『NIRA政策レビュー』No. 52)

井上博夫 (2014)「大震災と『分権型・参加型福祉国家』」持田信樹・今井勝人編著『ソブリン危機と福祉国家財政』東京大学出版会

遠藤典子 (2013)『原子力損害賠償制度の研究―東京電力福島原発事故からの考察―』岩波書店

大石夏樹 (2013)「不断の検証が求められる復興予算―2年目を迎えた東日本大震災復興特別会計―」(『立法と調査』No. 341)

岡圭佑・黄田和宏・常峰健司・寺田昇平 (2011)「あいまいさ残す原発賠償―処理費次第で行き詰まり―」(『金融研究レポート』9月30日) 公益社団法人日本経済研究センター

岡田知弘・自治体問題研究所編 (2013)『震災復興と自治体』自治体研究社

会計検査院 (2013)「東日本大震災からの復興等に対する事業の実施状況等に関する会計検査の結果についての報告書」10月

川瀬憲子 (2012)「東日本大震災後の復旧・復興と自治体財政―宮城県内自治体の事

例を中心に―」(『静岡大学経済研究』16巻4号)
川瀬憲子 (2012)「東日本大震災後の復旧・復興と自治体財政―宮城県石巻市を事例に」(『経済論集』190号)愛知大学経済学会
経済セミナー編集部 (2011)『復興と希望の経済学』日本評論社
小池拓自 (2011)「平成23年度第1次補正予算と今後の課題」(『調査と情報』第711号)
小池拓自・依田紀久・加藤慶一 (2011)「平成23年度第3次補正予算と今後の課題―東日本大震災からの復興予算―」(『調査と情報』第729号)
公共選択学会編 (2013)『公共選択』第59巻特集Ⅱ：震災復興, 木鐸社
小西砂千夫 (2011)「東日本大震災からの早期復旧に向けての補正予算（第1次）と地方への財政支援の考え方」(『地方財務』第684号)
崎山建樹 (2012)「18兆円に達した東日本大震災の復旧・復興経費―求められる震災からの復旧・復興と財政規律の維持―」(『立法と調査』No. 329)
笹野 健 (2014)「石巻市における復興の現状と課題」『地方自治』3月号, 第796号.
佐藤主光・小黒一正 (2011)『震災復興』日本評論社
佐藤主光・宮崎 毅 (2012)「政府間リスク分担と東日本大震災の復興財政」(『フィナンシャル・レビュー』通巻108号)
澤井 勝 (2012)「2012年度地方財政計画の特徴とこれからの課題：震災復興, 税制改革と地方財源確保, 地域主権改革の推進の3本柱」(『自治総研』2月号, 通巻400号)
塩崎賢明 (2012)「復興予算は被災地のために」(『世界』12月号, 第837号)
関口 浩 (2012)「地域発展の経済政策―東日本大震災と復興特区―」安田信之助編著『地域発展の経済政策―日本経済再生へむけて―』創成社
関口 浩 (2014)「東日本大震災の復旧・復興及び原子力関連予算, 文教関係予算」(『生活経済政策』2月号, No. 205)
総務省編 (2013)『平成25年版（平成23年度決算）地方財政白書』
田中利幸 (2014)「東日本大震災からの復興における今後の方向性」(『立法と調査』No. 353)
田中信孝 (2012)「震災復興と財政問題」(『自治総研』1月号, 通巻399号)
地方財務協会 (2014)『地方財政要覧―平成25年12月―』一般財団法人地方財務協会
冨田俊基 (2012)「震災復興の財政学」(『中央評論』第278号)
日本計画行政学会編 (2012)『計画行政』第35巻2号：東日本大震災からの復興と計画行政の役割, 5月15日

日本経済新聞デジタルメディア（2013）『全国都市財政年報（全国789都市・23特別区　2012年度決算）』，日本経済新聞出版社
日本財政法学会編（2013）『東日本大震災後の財源調達と法の諸相』全国会計職員協会
日本租税理論学会編（2013）『大震災と税制』法律文化社
日本地方財政学会編（2012）『地方分権の10年と沖縄，震災復興』Ⅲシンポジウム「地震・原発災害からの復興と地方自治」勁草書房
日本地方財政学会編（2013）『大都市制度・震災復興と地方財政』シンポジウムⅠ「東日本大震災・原発災害からの復興」勁草書房
日本地方財政学会編（2014）『政令指定都市・震災復興都市財政の現状と課題』シンポジウムⅡ「東日本大震災・原発災害と市町村財政」勁草書房
日本都市センター（2012）『過去の大規模災害と海外事例からみる東日本大震災と都市財政』
原田　泰（2012）『震災復興　欺瞞の構図』新潮新書
復興庁（2013）『東日本大震災からの復興の状況に関する報告』11月12日（閣議決定）
復興庁（2014a）『復興の現状』（平成26年5月30日）
復興庁（2014b）『復興の取組と関連諸制度』（平成26年5月30日）
筆谷　勇（2012）「東日本大震災復旧・復興財源に関しての基本的考え方」（『LEC会計大学院紀要』第10号）
本荘雄一（2012）「東日本大震災における被害額と国の財政支援」（『都市政策』第146号）
本荘雄一（2013）「東日本大震災からの復興状況」（『都市政策』第150号）
三角政勝（2014）「4年目を迎えた復興予算を振り返る―予算措置の経緯と財政制度の変更を伴う対応について―」（『立法と調査』No. 353）
宮入興一（2013）「東日本大震災をめぐる復興・予算事業と税財政問題」（『年報・中部の経済と社会　2012年度版』）
森信茂樹（2011）「復興財源を考える」（『NIRA政策レビュー』No. 52）
除本理史（2013）『原発賠償を問う』岩波ブックレットNo. 866
横山純一（2014）「石巻市における東日本大震災からの復旧・復興と財政」（『自治総研』1月号，通巻423号）

第 2 章
被災地岩手の現状と課題

齋 藤 俊 明

はじめに

　2011年3月11日午後2時46分に発生した東日本大震災津波から4年が経過しようとしている。1896年と1933年の津波，1960年のチリ地震津波を経験し，津波に対して鋭敏な感度を持っていると思われていた岩手県三陸沿岸の人々にとっても被害は甚大なものであった。過去の記憶を固守してきたことによって被害を最小限に食い止めることができた地域もあるが，大方の地域においては，事態は記憶をはるかに凌駕するものとなった。

　政府は，東日本大震災復興構想会議を立ち上げ，2011年6月に提言をまとめた。「つなぐ」，「共生」，「希望」，「いのち」といった言葉が多用されているが，その内容は，経済発展の過程で翻弄されてきた被災地の思いを十分考慮しているとは思えないものである。特に，「新しい地域のかたち」，「くらしとしごとの再生」において提示されている復興計画は，地域の特性を考慮しない，机上で策定された対症療法にとどまっている。

　復興構想会議の提言を受け，岩手県でも，県をはじめ，被災市町村において，復興計画が策定された。しかし，状況の把握が十分できないままに，短期間での策定を求められたため，やむをえないことではあるが，復興計画は

いずれも，想像を絶する惨状を前にしてたじろいでいるかのように，10年後，20年後，あるいは50年後の地域の将来の展望をしたものというよりは，ここでも，対症療法にとどまっている。

いずれにせよ，岩手県及び被災市町村は，過去の津波とは比較にならないほどの被害に対して，弛むことのない努力を重ね，復旧・復興に取り組んできた。復興計画は，復旧期の3年をすぎ，本格復興の段階に入っている。しかし，計画の進捗状況を振り返ってみると，地域の将来的展望という点で，また事態の深刻さという点で，現在進められているさまざまな事業が十分かつ適切なものであるのかについては依然として疑問が残る。

東日本大震災津波によって引き起こされた大災害は，経済発展の後背にあって地方がかかえてきたさまざまな問題，すなわち過疎化，高齢化，産業の停滞，財政問題といった問題だけでなく，伏在していて見えなかった問題までも一瞬のうちに明るみにだしたように思われる。適切に処理されていると思われていた課題，一定程度の満足感を得られているサービスまでもが，実は，根本的解決の展望の見えない，根の深い問題をかかえていることを明らかにしているように思われる。

このような認識に立つとき，議論の方向性はさまざまであるが，本章の目的は，問題の根の深さ，広がりとともに，現在の取り組みの何が問題なのかを指摘することによって，新たな解決策を構想するための視点を提示することである。特に，人口減少は，地域共同体の消滅もふくめて，復興計画の実施に深刻な影響を及ぼす問題である。以下では，人口減少に注目しながら被災地岩手の現状と課題について分析，検討する。

1. 被害状況

(1) 地震と津波

　2011年3月11日午後2時46分，三陸沖・牡鹿半島の東南東約130km付近を震央地としてマグニチュード9.0の「東北地方太平洋沖地震」が発生した。地震の震源域は，岩手県沖から茨城県沖までの広範囲に及んだ。地震にともなって発生した巨大な津波は，地震発生から30〜50分後に，太平洋沿岸地域に押し寄せた。岩手県では，釜石市両石湾において最大浸水高18.3m，大船渡市三陸町綾里南側湾口で最大遡上高40.1mを記録した。

　岩手県は，過去の被害をふまえ，確認された最大の津波の高さを基準として防潮堤等の整備を行い，2010年度には，整備率が約73％になっていた。しかし，延長約25kmにおよぶ整備済の防潮堤の約2割にあたる約5kmが全壊した。リアス式の湾が多い沿岸南部では，想定震源の正面に面していたため，津波高そのものが大きかった。陸前高田市，釜石市鵜住居地区，大槌町，山田町，宮古市田老地区では，壊滅的な被害となった[1]。

(2) 被　　害

1) 人的被害・建物被害・避難者

　東日本大震災津波によって，太平洋沿岸地域は壊滅的な被害を受けた。浸水面積は，合計で，561km²におよんだ。宮城県は327km²，福島県は112km²，岩手県は58km²であった。宮城県は，仙台平野を中心に県全体の面積の16％が浸水した。岩手県は，浸水高は大きかったが，平地が少ないために，浸水面積は少なかった。また，岩手県をふくめ，各地で，地盤沈下や液状化現象も発生した。

　人的被害は，岩手県では，死者が4673人，行方不明者が1132人，負傷者

が213人であった。死者が最も多かったのは，陸前高田市の1556人で，人口割合は7.6％であった。住宅等の建物の被害は，全壊が1万9107戸，半壊が6599戸，一部損壊1万8601戸であった。非住家の被害も4368戸におよび，陸前高田市役所，大槌町役場，高田病院，山田病院のほかにも，数多くの公共施設が大きな被害を受けた。

岩手県の避難者の数は，2011年3月13日には約5万4000人であったが，2011年12月には4万3953人，2013年12月には4万1626人，2014年3月には3万4494人と減少していった。2011年10月に，すべての避難所が閉鎖された。代わって，応急仮設住宅が1万3984戸建設されたが，2014年5月31日現在，入居者数は2万4987人である。公営住宅等の建設が進むにつれて，応急仮設住宅の解体がはじまり，空き室も増加している[2]。

2) 産　　業

産業の総被害額は約6633億円であった。内訳は，農業関係が688億円，林業関係が296億円，水産・漁港関係が5649億円であった。工業（製造業）は890億円，商業（小売・卸売業）は445億円，観光業は326億円であった。被害の大きかった水産・漁港関係は全体の85％を占め，水産施設等が365億円，漁船が338億円，漁具が155億円，養殖施設が130億円，水産物が131億円，漁港関係が4527億円であった。

水産・漁港関係の被害のうち漁港関係が全体の80％を占めているが，漁港施設は，111漁港のうち108漁港で防波堤や岸壁の倒壊，損壊，地盤沈下などの被害を受けた。2007年から2009年の3年間の平均の岩手県の海面漁業・養殖業生産額が430億円であることからすると，水産・漁港関係の被害額は13倍である。計画では，2015年に，約8割の回復が想定され，漁港災害復旧事業には347億円が投入されることになっている。

3）公共土木施設

　公共土木施設の被害は，地形によって被害に差があるが，岩手県全体で2752カ所，被害額は2573億円であった。特に，防潮堤や水門などの海岸施設の被害が大きく，被害額は1289億円であった。次いで，港湾施設が44億円，下水道施設が306億円，道路施設が252億円であった。防潮堤（国土交通省所管）は，整備済延長25 kmのうち5割を超える約14 kmにおいて被害が発生し，約2割にあたる5 kmが全壊した。

　宮古市田老地区は，過去に何度も津波被害を受けていたことから，1934年から防潮堤の建設が行われてきた。1958年には，延長1350 mの第一防潮堤が完成した。その後，チリ地震津波対策事業として第二防潮堤，第三防潮堤が建設され，1978年までに，第一防潮堤をふくめ，総延長2433 mの防潮堤が完成していた。しかし，津波痕跡高16.3 mの津波によって第二防潮堤が破壊され，第一，第三防潮堤を越えて津波が市街地に押し寄せた。

　陸前高田市の高田松原海岸の防潮堤は，T.P（東京湾の平均海面）5.5 mの高さで整備されていたが，第一線堤，第二線堤をはじめとして，河川水門，河川堤防，離岸堤，海岸防災林などの海岸保全施設は壊滅的な被害を受けた。広田湾の津波痕跡高は18.3 mであった。道路の被害延長は50 kmにおよび，橋梁も23カ所で被害を受けた。海岸から遠くない平坦な地域に広がる高田地区は壊滅的な被害を被った。

4）公共施設

　公共施設についても，陸前高田市は壊滅的な被害を受けた。市庁舎をはじめ，市街地にあった中央公民館，市民会館，図書館，博物館，体育館等は全壊した。医療衛生施設では，診療所が全壊，ごみ焼却場，火葬場，最終処分場が半壊であった。消防本部・消防署庁をはじめとする消防・防災施設等もほぼ全壊した。小中幼稚園等は，全壊6，半壊4，一部損壊11であった。岩

手県の施設では,病院,高校等が全壊した。

大槌町においても公共施設は壊滅状態であった。役場庁舎,消防施設,学校,公民館や図書館等の社会教育施設,保育所や福祉会館等の社会福祉施設など,被害額は約617億円にのぼっている。大船渡市,釜石市,山田町,宮古市,野田村においても同様に公共施設の被害は甚大であった。また,岩手県の施設も,警察署,病院,高校,水産技術センターなど,多くの施設が全壊,半壊等の被害を受けた。

2. 岩手県の復興計画

(1) 復興計画の策定

2011年3月11日の東日本大震災津波の発災から1カ月後の4月11日に,「東日本大震災津波からの復興に向けた基本方針」が決定された。「基本方針」は,復興に向けて,緊急に取り組む内容,復興ビジョン及び復興計画の策定など,岩手県として取り組む基本的な方針を明らかにしたものである。復興ビジョン及び復興計画の策定は,同日に設置,開催された,岩手県東日本大震災津波復興委員会において検討された。

その後,岩手県東日本大震災津波復興委員会及び2つの専門委員会が断続的に開催され,復興基本計画(案)が策定された。復興基本計画(案)は,市町村との意見交換会に付され,住民説明会に付され,発災から5カ月後の,8月11日に,県議会において「岩手県東日本大震災津波復興計画」が承認され,「岩手県東日本大震災津波復興計画　復興基本計画」及び「岩手県東日本大震災津波復興計画　復興実施計画」が決定された[3]。

復興基本計画の期間は2011年から2018年までの8年間で,第1期(基盤復興期間)が2013年度まで,第2期(本格復興期間)が2016年度,第3期

(更なる展開への連結期間)が2018年度とされ,復興の目指す姿を「いのちを守り　海と大地と共に生きる　ふるさと岩手・三陸の創造」として＜「安全」の確保＞,＜「暮らし」の再建＞,＜「なりわい」の再生＞の3原則において基本計画及び実施計画が策定された。まちづくりの考え方は,津波対策を基本とするものであった。

3原則は,＜「安全」の確保＞―「防災のまちづくり」,「交通ネットワーク」,＜「暮らし」の再建＞―「生活・雇用」,「保健・医療・福祉」,「教育・文化」,「地域コミュニティ」,「市町村行政機能」,＜「なりわい」の再生＞―「水産業・農林業」,「商工業」,「観光」という10分野によって構成され,分野ごとに基本的な考え方,方向性,概要が示され,さらに緊急,短期,中期,長期の視点から具体的な取り組みが提示されている。

また,復興計画の推進にあたっては,緊急,短期,中期,長期のマネジメントサイクルにおいて実施及び進捗状況を明らかにするために,「いわて復興インデックス」による状況の把握や,復興に関する「県民意識調査」,復興感に関するパネル調査(「いわて復興ウォッチャー調査」)などを実施することとした。結果は,「岩手県東日本大震災津波復興計画の取組状況等に関する報告書(いわて復興レポート)」として公表された。

(2) 復興計画の進捗状況と課題

第1期(基盤復興期間)の取り組みは2013年度で終了した。第1期においては,緊急的な取り組みを重点的に推進することによって,第2期の本格的な復興に向けた基盤構築のための施策が展開された。2014年5月に復興局が発表した「復興実施計画(第1期)の施策体系・事業に基づく進捗状況」によれば,第1期末目標に対する進捗状況は,進捗率が80％を超えるものは605の指標のうち482指標,79.7％であった[4]。

目標を達成した主な事業は,災害廃棄物緊急処理支援事業,三陸鉄道災害

復旧事業，被災住宅改修支援事業，被災地医療確保対策事業，学校施設災害復旧事業，漁業用施設災害復旧事業などである。災害復興公営住宅等整備事業などの目標を達成していない事業については，要因として，「復興まちづくり計画との調整等」，「関係機関等（国，市町村，住民，事業主体等）との協議」，「用地確保」，「事業主体の人手不足」などが指摘されている。

　＜「安全」の確保＞には，防災のまちづくり，交通ネットワークにかかわる事業がふくまれる。都市再生区画整理事業や防災集団移転促進事業は順調に実施されているが，防潮堤など海岸保全施設の復旧・整備や，港湾機能の復旧には遅れがでている。遅れの主な要因として，復興まちづくり計画との調整や関係機関などとの協議に時間を要したことが指摘されている。復興事業の推進にあたっての最大の課題は，行政による用地取得であった。

　＜「暮らし」の再建＞には，生活・雇用，保健・医療・福祉，教育・文化，地域コミュニティ，市町村行政機能にかかわる事業がふくまれる。応急仮設住宅の整備，学校の復旧，医療施設や老人福祉施設の復旧は順調に進んだが，災害公営住宅の完成は1割にとどまっている。児童福祉施設，社会教育施設等の復旧事業は遅れている。これらの分野においても，復興まちづくり計画との調整や用地確保が遅れの要因になっている。

　＜「なりわい」の再生＞には，水産業・農林業，商工業，観光にかかわる事業がふくまれる。漁船や漁協等が所有する市場などの共同利用施設の整備が目標値を上回り，水揚量は回復傾向にある。水揚量で約64％，水揚金額で約87％回復している。他方で，被災事業所も一部再開をふくめ，約8割が事業を再開しているが，商店街の仮設から本設への移転は進んでいない。要因として，事業実施主体の人手不足が指摘されている。

　遅れの要因として指摘されているのは，いずれの分野においても，「復興まちづくり計画との調整等」，「関係機関等（国，市町村，住民，事業主体等）との協議」，「用地確保」，「事業主体の人手不足」などである。岩手県は，こ

のような状況をふまえ，2013年6月26日付で，「東日本大震災津波からの復興の加速化に向けた岩手県からの提案・要望書」を政府に提出した[5]。

「東日本大震災津波からの復興の加速化に向けた岩手県からの提案・要望書」においては，「復興の加速化のための最重要項目」，「復興の加速化のための重要項目」，「新しい東北の創造に向けた重要事項」について合計43項目をあげている。特に，復興事業が遅れる要因となっている土地収用について，「事業用地の円滑な確保に向けた特例措置」として，「土地収用手続の迅速化」と「所有者不明土地等の特例措置」が要望された。

(3) 復旧・復興に関する県民の意識の推移

岩手県は，復興計画の実施及び進捗状況に関する県民の意識を把握するために「岩手県の東日本大震災津波からの復興に関する意識調査」と，復興に対する地域住民の実感を施策に反映させるために，被災地域に居住している者，就労している者を対象として復興感に関するパネル調査（いわて復興ウォッチャー調査）を実施している。前者は，毎年2月上旬に，後者は，毎年四半期ごとに実施されている。

「岩手県の東日本大震災津波からの復興に関する意識調査」は，県内居住の20歳以上の男女5000人を対象に実施された。項目は，生活全般の満足度，全般的な復旧・復興の実感，施策別の復旧・復興の重要度・実感等であった。有効回収率は，2012年が71.8％，2013年が68.8％，2014年が68.9％であった。以下では，3回の調査における＜生活全般の満足度＞，＜お住まいの市町村の復旧・復興の実感＞に対する沿岸部の回答を取り上げる[6]。

＜生活全般の満足度＞は，3回の調査では，「満足できる状態にある」「やや満足できる状態にある」の合計は，26.3％，25.0％，30.3％と増加している。「やや不満な状態にある」「不満な状態にある」の合計は43.9％，40.8％，33.7％と減少している。「どちらともいえない」は，全体では，26.0％，

30.8%, 32.2% である。沿岸北部では, 30.4%, 36.9%, 32.5% であるが, 沿岸南部では, 24.2%, 28.3%, 32.1% と増加している。増加の原因は不明である。

＜お住まいの市町村の復旧・復興の実感＞は, 3回の調査では,「進んでいると感じる」「やや進んでいると感じる」の合計は, 22.1%, 20.2%, 24.1% である。沿岸北部では, 30.2%, 31.1%, 42.9% と増加しているが, 沿岸南部では, 18.8%, 15.7%, 16.5% である。「やや遅れていると感じる」「遅れていると感じる」の合計は 53.7%, 57.5%, 51.6% である。沿岸北部では 36.8%, 38.6%, 25.6%, 沿岸南部では 60.6%, 65.1%, 62.3% である。

＜生活全般の満足度＞,＜お住まいの市町村の復旧・復興の実感＞に対する回答から, 3年という短い期間ではあるが, 沿岸北部と沿岸南部において, 住民の満足度, 復旧・復興の実感について意識に差があるということである。しかも, 被害の大きさと復旧・復興事業の進捗度の差, 特に, 2013年から2014年にかけての短い期間における進捗度の差がそのまま意識の差となって現れているように思われる。

(4) 第2期（本格復興期間）復興実施計画

第1期（基盤復興期間）の取り組みの進捗状況と課題の総括を受け, 第2期（本格復興期間）の復興実施計画が策定された。策定にあたって, 岩手県は, 意識調査等から復興の実感が得られていないことなどを確認している。理由として, 防潮堤の整備, 災害公営住宅の建設などの遅れ, 応急仮設住宅での生活の長期化, 復興まちづくりと合わせた商店街の再建が本格的に進んでいないことなどが背景にあることを指摘している[7]。

第2期（本格復興期間）の復興実施計画においては,「参画」（若者・女性をはじめとした地域住民の幅広い参画により復興の取組を促進）・「つながり」（多様な主体が連携して活動する相乗効果により復興を加速）・「持続性」（地

域資源の発掘・活用など地域社会の持続性を目指した取組を推進）を視点としてかかげ，復興に向けた3つの原則にもとづく取り組みと三陸創造プロジェクトを計画の柱とした。

具体的取り組みとしては，市町村の復興まちづくりと連携しながら，防潮堤などの海岸保全施設，医療施設，学校施設等の早期復旧・整備，恒久的住宅と宅地の確保，産地魚市場を核とした流通・加工体制の構築，商店街の再建などが再確認されている。また，地域共同体の再生や，地域資源を活用した産業振興などを推進することによって持続可能な地域社会の構築をはかることが指摘されている。

しかし，他方で，岩手県は，復興に向けた3つの原則にもとづく取り組みと三陸創造プロジェクトを柱とする第2期（本格復興期間）の復興実施計画の推進にあたって，3つの課題の解決が不可避であること，解決されなければ復興を計画どおりに推進することは困難であることを指摘している。3つの課題というのは，2013年6月26日付で，岩手県が政府に提出した提案・要望において最重要事項として提示した課題である。

第1は，被災地復興のための人材の確保である。すなわち，復興まちづくりや災害公営住宅の建設等の事業を担う技術者，用地取得業務を担う人材，被災者の健康を守る保健活動などの事業を担う人材，その他各分野において専門的知識を有する人材の確保である。方策として，再任用職員や任期付職員の採用，職員派遣の要請，民間企業等の人材の受入れ，民間との連携などによる多様な人材の確保が指摘されている。

第2は，復興財源の確保と自由度の高い財源措置である。「集中復興期間」（2011年度〜2015年度）以降の財源見通しが明らかにされていないこと，復興交付金の対象事業がかぎられているために地方単独事業の負担が増えていることから，岩手県は，被災地の財政需要の変化等を的確にとらえるためには，地方単独事業をふくむ地方負担分に対する財源措置の充実と確保，取

崩し型復興基金積み増し措置の拡充などを求めている。

　第3は，事業用地の円滑かつ迅速な確保である。岩手県は，「土地収用手続の迅速化」と「所有者不明土地等の特例措置」を要望していたが，改正復興特区法が成立, 施行されている。復興事業用地の権利者調査の対象件数は，2014年3月現在で，5308件である。約3割について相続未処理，多数共有等の懸案事項が存在する。岩手県は，円滑な運用のための指針を国に要望するとともに，積極的な活用と市町村への周知・支援を約束している。

　第2期（本格復興期間）の復興実施計画が，復旧ではなく復興を目指すものであることは理解できる。しかし，持続可能な地域社会の構築など長期的な視点に立ってはいるものの，実は，人口減少が十分に考慮されていない。人口減少は，復興実施計画の全体にかかわるという点で，大きな問題となることが予想される。また，地域共同体の再生という点では，現状についての検討が不十分なままに取り組みが提案されている。

3. 産業の現状と課題

(1) 産業の復旧・復興状況

　産業被害の内訳は，前述のように，農業関係が688億円，林業関係が296億円，水産・漁港関係が5649億円であった。製造業は890億円，商業は445億円，観光業は326億円であった。岩手県は，2012年2月から半年ごとに，被災12市町村の商工会議所及び商工会の会員等で被災した事業所の復興状況について調査を実施しているが，2012年2月1日時点での建物被害は全壊・半壊が84%，設備等被害は全壊・半壊が82%であった[8]。

　被災事業所数は，2012年には3150から2519に減少し，2013年には2419となり，2014年には2335となっている。有効回答数だけでみると，2年間

に，25％以上の事業所が移転か廃業したことになる。特に，市街地や漁港周辺が大きな被害を受けた市町村はさらに高くなっている。野田村は34％，宮古市は47％，山田町は32％，大槌町は39％，釜石市は28％，大船渡市は33％，陸前高田市は46％となっている。

産業分類別の再開状況に関する回答によれば，2012年2月時点で廃業と回答したのは，建設業が1.8％，水産加工業が6.7％，製造業が8.0％，卸売・小売業が10.8％，その他が8.8％であった。2013年2月時点では，建設業が3.3％，水産加工業が5.9％，製造業が11.7％，卸売・小売業が15.9％，その他が12.9％であった。2014年2月時点では，建設業が，水産加工業が13.8％，製造業が14.8％，卸売・小売業が16.6％，その他が18.9％であった。

事業所がかかえている課題も少しずつ変化している。2012年2月には，「施設整備資金の不足」が38.1％，「売上の減少や利益率の低下」が33.2％，「運転資金の不足」が30.0％であった。2014年2月には，「売上の減少や利益率の低下」が42.6％，「雇用・労働力の確保が困難」が30.8％であった。産業分類別では，建設業，水産加工業では「雇用・労働力の確保が困難」が，それ以外では「売上・利益率の低下」が課題となっている。

被災12市町村における商工業の復旧，復興状況は以上のようなものであるが，事業所数，従業者数とも，過去10数年にわたって，すべての市町村で減少が続いていた。こうした状況を前にして改めて注目しなければならないのは，被災12市町村の産業構造である。第2次産業，第3次産業の占める割合は，2005年の産業別就業人口が平均で85％，2007年の産業別純総生産が平均で92％である。第1次産業の産業別純総生産の平均は8％である。

第1次産業，特に漁業の担い手は，高齢化，後継者不足によってさらに減少していくように思われるが，被災事業所の減少傾向からして，第2次産業，第3次産業においても状況は同じであろう。被災12市町村の中心市街地の復旧・復興状況からすると，地域経済は，今後，ますます，縮小していくよ

うに思われる。以下においては，被災市町村の産業の特徴となっている水産業と商業を取り上げる。

(2) 水　産　業

　漁業及び養殖業の生産量は，震災以前から，資源の減少，高齢化，後継者不足などによって低迷していた。生産量は，1998年から20万トン前後で推移していた。水産加工業は，漁業や養殖業よりも生産額が大きく，地域の基幹産業として地域経済の発展に貢献してきた。しかし，事業所数は，1990年からの20年間で約38%減少していた。水産加工品の生産量も大幅に落ち込んでいた。冷凍食品は最盛期の3分の1まで落ち込んでいた[9]。

　東日本大震災津波は，低迷をつづける水産業に甚大な被害をもたらした。漁港，養殖施設，魚市場，冷凍冷蔵施設，水産加工場などが損壊しただけでなく，漁船や定置網，保管していた多くの在庫が流出するなど，壊滅的な被害を受けた。岩手県の試算によると，2014年4月末で，水産業・漁港被害は5649億円にのぼっている。漁港が4527億円，漁船が338億円，水産施設等が366億円となっている。

　漁港は，防波堤の倒壊，漁港岸壁の崩壊，地盤沈下等々によって，111漁港のうち108漁港が被害を受けた。漁船は，総隻数の91.5%にあたる1万3271隻が被害を受け，被害額は約338億円であった。養殖関係では，施設と水産物の合計被害額は約263億円にのぼった。保管施設や荷捌き施設などの共同利用施設，水産加工施設なども壊滅的な被害を受けた。2011年の生産量は，前年比で，漁業が41%，養殖業が91%の減少となった。

　水産庁は，復興構想会議の提言を受け，「水産復興マスタープラン」において水産業の復旧・復興の方向性を明らかにするとともに，基盤施設である漁港の整備を最優先事項として位置づけた。岩手県は，復興計画において，漁業協同組合を核とした漁業・養殖業の構築，産地魚市場を核とした流通・

加工体制の整備，漁港等の整備を3つの柱として確認したうえで，漁港や漁船，養殖施設などの漁業施設の復旧に取り組んできた。

　復旧状況は，2014年4月末時点で，漁船は被災漁船数1万3271隻のうち48％にあたる6332隻が新規登録している。養殖施設は2万5841台のうち67％にあたる1万7329台が復旧している。流通・加工関連施設は着工施設数133カ所に対して117カ所が竣工している。漁港施設等は県が管理する31漁港のすべてが潮位にかかわらず陸揚げ可能な状態に復旧している。岸壁等の復旧延長29.5kmのうち44.4％にあたる13.1kmが復旧している。

　水産加工業の再開にあたってはグループ補助金が大いに貢献した。2014年2月時点での事業の再開状況は70％を超えているが，建物や設備の復旧は44.8％にとどまっている。「被災前よりもよい／同じ程度」という回答は17.2％，「震災前よりも減少」という回答は63％であった。課題としては，「雇用の確保」，「売上・利益率の低下」があげられている。「雇用の確保」については，特に，女性労働者の確保が深刻な問題となっている。

　水産加工業者がかかえる課題解決に向けた新たな取り組みとして，作業効率の向上のために，宮古市重茂地区の重茂漁業協同組合をはじめとして，トヨタ自動車の生産方式である「カイゼン」を取り入れる動きが広がっている。水産物の消費拡大のために「ファストフィッシュ」の商品開発に取り組み，選定された事業者も現れている。また，岩手県は，第2期の復興実施計画に水産業の6次産業化を目指す取り組みを組み込んでいる。

　岩手県は，復興計画にもとづいて，水産業を成長産業にするために多くの事業を実施している。復旧事業の進捗率は80％を超えているが，担い手の確保・育成事業は遅れている。この間にも，水産加工業者の廃業は徐々に増えている。漁業者の高齢化，後継者不足は予想以上に進んでいる。現状では，莫大な資金を投下して復旧・復興事業を完了させても，数年後には，事態はさらに深刻なものとなっているように思われる。

(3) 商　　業

　被災市町村の産業別就業人口に占める第3次産業の割合は48～63%で，増加傾向にある。産業別の純生産額は，宮古市の場合，2009年度は，第1次産業が58億円，第2次産業が187億円，第3次産業が954億円であった。過去4年間で，第1次産業が8%，第2次産業が37%，第3次産業が11%減少している。他の市町村も同様の傾向にあった。東日本大震災津波はまさにこのような状態にあった沿岸市町村を襲った[10]。

　第3次産業とはいっても，多岐にわたっているため，ここでは，岩手県及びその他の統計資料にもとづいて，小売・卸売業をはじめ，飲食業，サービス業などの第3次産業を包含して商業ととらえる。陸前高田市をはじめとして，中心市街地が大きな被害を受けただけでなく，商業の復興はまちづくりの大きな課題である土地収用や区画整理事業と密接に結びついている。土地収用や区画整理事業の遅れにともなってまちづくりが遅れている。

　岩手県の事業所数は，2009年と2012年を比較すると，9.1%が減少した。従業員数は，6.1%減少した。大きな被害を受けた市町村では，事業所数，従業員数とも大幅に減少した。事業所数の減少は，釜石市が592，大船渡市が581，陸前高田市が574，大槌町が558，山田町が521となっている。減少率は，大槌町が72.5%，山田町が60%，陸前高田市が46.6%，野田村が34%，釜石市が25.3%，大船渡市が21.9%となっている。

　被災事業者は，このような状況のなかで事業の再開に取り組んできた。産業分類別の再開状況に関する調査によれば，2012年2月時点で廃業と回答したのは，卸売・小売業では10.8%であった。2013年2月時点では，15.9%，2014年2月時点では，16.6%であった。それに対して，2012年2月時点で，再開済，一部再開済と回答したのは，567事業所のうち73%であった。「ほぼ震災前の状態に復旧」と回答したのは，27.2%であった。

　2012年2月1日現在と2011年3月1日の業績（売上等）の比較では，「震

災前よりもよい」は 12.5％,「同じ程度」は 15.9％,「1/4 程度減少」は 18.3％,「半分程度減少」は 16.8％,「3/4 程度減少」は 12.5％ であった。課題としては,「売上の減少や利益率の低下」が 56.7％,「取引先数の減少」が 38.2％ であった。事業を再開したものの,取引先事業所の減少や仮設住宅への避難などが背景にあるものと考えられる。

　そうしたなか,釜石市には,2014 年 4 月に,イオンタウン釜石が開店した。これは,大型商業施設の誘致を核として中心市街地の復興を目指す釜石市の方針にもとづくものである。陸前高田市では,周辺部に仮設商店街が展開されているが,7 月に,イオンスーパーセンター陸前高田店が開店した。両市の間に位置する大船渡市は,仮設商店街「おおふなと夢商店街」の活動を牽引役に地元商業者による中心市街地の活性化を目指している。

　土地収用や区画整理事業の遅れにともなって地元商業者の対応が遅れているところに,釜石市,大船渡市,陸前高田市という,自動車で 1 時間圏内に大型店 2 店が進出するという状況にあっては,釜石市のような構想であっても,大型店と地元商店の機能分担による共存は難しい。両市の間に位置する大船渡市は,差別化とはいっても,埋没してしまう可能性があり,危機感はさらに強い。

　被災地の商業は,「売上の減少や利益率の低下」,「取引先数の減少」のなかで厳しい経営を強いられているが,震災以前から,人口減少,購買力の流出と低下による商圏の縮小が大きな問題であった。そうしたなか,大型店が進出してくるという状況は,この地域における商業の展望をますます困難にしている。復興まちづくり計画に期待したいところであるが,さまざまな条件を考えると,前途は多難といわざるをえない。

4. 復興の課題

　東日本大震災津波は，あらゆる分野に大きな被害をもたらしただけでなく，伏在していた数多くの問題が複雑に絡み合いながら一挙に明るみにでてきた。しかも，それらの問題は，復旧・復興において，さまざまな形で障害となって立ちはだかっている。問題のなかには，津波の記憶に起因するものもあれば，高齢社会や生活の豊かさに起因するものもある。以下では，人口減少，復興まちづくり，地域共同体，雇用について検討する。

(1) 人口減少

　日本の人口は，今後，長期の減少過程に入り，2026年に1億2000万人を下回った後も減少を続け，1億人を割って2048年には9913万人となり，2060年には8674万人になると推計されている。高齢化率は上昇を続け，2035年に33.4％で3人に1人となる。2042年以降は高齢者人口が減少に転じても高齢化率は上昇を続け，2060年には39.9％に達して，国民の約2.5人に1人が65歳以上の高齢者となる社会が到来する。

　社会保障・人口問題研究所の推計にもとづいて日本創成会議が行った試算が公表された。特に，2040年の若年女性の減少率が波紋を呼んでいる。それによれば，被災市町村では，普代村が75％，田野畑村が72.7％，野田村が71.1％，岩泉町が70.3％であり，その他も60％を超えている。大槌町は，68.9％であったが，これに呼応して，人口問題対策本部を，岩手県は人口対策本部を立ち上げた[11]。

　大槌町は，2014年3月に復興計画を改定したさいに，社会保障・人口問題研究所の推計をもとに，冒頭に，現在約1万2000人の人口が2040年には最悪で8131人に減少するという推計を掲載する予定であった。しかし，「町

民が悲観的になる」などと内部で異論が相次ぎ見送られ，将来の人口推計については，参考資料として，結局，若年層の定住促進の推進の重要性を指摘するにとどめた。

　社会保障・人口問題研究所は，震災の影響は短期的なものであり，2020年には流出した人口がもどってくると見ているが，他方で，社会保障・人口問題研究所の推計を楽観的と指摘する研究者もいる。前述のように，震災後，産業別人口，事業所数，従業員数が3年の間に激減していることからすると，大槌町にかぎらず，被災した市町村にとって人口減少は地域の存亡がかかった極めて深刻な問題である。

　人口減少については震災の当初から指摘されていた。集落の集約・再編による効率化については不断に指摘されてきた。しかし，三方が山に囲まれた沿岸被災地ではまとまった用地を確保できず，市街地から離れた高台や小規模団地の分散開発を進めるしかないのが現状である。集落の集約・再編ですら不可能に近い。このような状況にあっては，将来，次々と限界集落が生じる可能性がある。

　人口減少や高齢化は被災地共通の課題であるが，事態が加速しているにもかかわらず，行政だけでなく住民も事態に直面しようとしていないように思われる。もちろん，消滅の可能性を見据えた復興計画を作成している市町村は皆無である。当然といえば当然であるが，高台への移転，災害公営住宅への入居がはじまるという状況にあって，そして復興の最中に，被災市町村は消滅の危機に直面させられることになる。

(2) 復興まちづくり

　日本創成会議の試算は，被災地にかぎらず，全国的に波紋を呼んでいるが，被災した市町村にとっては，人口減少は復興まちづくりと直結している。宮城県山元町は，「復興推進計画」において，「人口減少，少子高齢化などを踏

まえ、若者からお年寄りまですべての世代が便利で快適に暮らせるようなコンパクトシティーを目指し、防災集団移転先を3つの新市街地に集約する」と宣言した[12]。しかし、移転希望者は3分の2にとどまっている。

　岩手県では、山田町、大槌町、大船渡市などで、駅を拠点として商業施設や公共施設を集約する計画である。釜石市は、イオンタウン釜石を核に、周辺に地元商店向けのテナントや公共施設のほか、災害公営住宅の建設を計画している。しかし、多くは、山元町のような大胆な集約計画ではなく、市街地と市街地から離れた高台や分散した小規模団地というまちづくりである。山田町では、高台と市街地を結ぶ公共交通の整備が指摘されている[13]。

　復興に向けたまちづくりが徐々に動きだすなか、他方では、事業の加速をはばむ制度的課題もしだいに浮き彫りになった。その多くは既存の法制度を復興事業に当てはめたために生じた課題であった。特に、まちづくりの大前提である大型防潮堤再建に向けての土地収用については、改正復興特区法の施行を受け、ようやく、任意買収と土地収用を同時に進めることで期間短縮をはかることができるようになった[14]。

　事業の遅れとともに、また事業の進展とともに、まちづくりに対する住民の判断もまた揺れ動いている。土地区画整理事業について、大船渡市では、「総論」賛成、「各論」反対ということで、「換地」、「仮換地」をめぐって住民説明会が紛糾する事態が生じた。地権者の不満は、土地の形状や道路や公園の位置、「減歩」の割合といった個人の利害のからんだ問題から、事業の進め方など市の姿勢に対するものまでさまざまである[15]。

　行政主導に対する批判は絶えないが、すでに道路や公園の位置などの大枠は決まり、街並みや建物の設計など、住民に身近な計画が明らかになりつつある。「まちづくりの主体は住民である」とはいっても、被害の大きかった地域は住民の分散が顕著で、自治会等の住民組織の活動も鈍く、意見集約や合意形成の基盤となる地域共同体そのものが危機に瀕している。行政主導で

進んでいるのが実態である。

　また，人口減少の問題もからんで，防潮堤等の大規模事業の見直しだけでなく，復興事業で造られた道路，下水道，建物，公営住宅が一斉に老朽化すると見られる30年後には膨大な経費がかかることが試算され，復興まちづくりそれ自体に疑問を呈する声まであがっている。沿岸被災地は，将来にむけて大きな岐路に立たされている。30年後，50年後における消滅の危機をふまえた復興計画の見直し，まちづくりの見直しが必要であろう。

(3) 地域共同体

　災害公営住宅の建設が着々と進んでいるが，この間，事業の先行きが見えないため，自力再建に切り替え，安全な高台などに移り住む人が相次いだ。防災集団移転促進事業によって地域全体で高台移転を目指していた地区でも，地区外に移転する人が続出した。供給予定の宅地区画数だけでなく，災害公営住宅の整備戸数も減少している。住民の意向は揺れ動いているが，それは，同時に，地域共同体の崩壊を意味していた。

　田野畑村の羅賀地区では，被災世帯の多くは高台の仮設住宅に移転した。羅賀自治会の加入世帯数は約160世帯から約85世帯に減少した。当初から，地域共同体の維持が課題となっていた。田野畑村は，羅賀地区の集落再建について，高台1カ所と既存集落に近い2カ所を案とした。新集落については，基幹道路整備や集会施設を設けるなど地域共同体に配慮したまちづくりを目指すこととなった[16]。

　田野畑村の羅賀地区と類似の地域は他にも多数存在する。いずれにおいても，地域共同体の維持どころか，離散による崩壊が大きな課題となっている。そうしたなか，震災から1年後に開催されたシンポジウムでは，津波で失われた伝統芸能の復興の重要性とともに復興に向けた課題が指摘された[17]。被災地では，犠牲者の冥福を祈るとともに，地域を支えてきた伝統芸能の復活

を目指して多くの取り組みが行われている。

　三陸沿岸には，虎舞，鹿踊り，神楽，その他の伝統芸能が数多く伝えられている。虎舞は，「虎は一日にして千里いって，千里帰る」という諺から，虎の習性に託して，漁師が無事漁から帰ることを祈願して踊ったものが沿岸漁民の間に広がっていったと言われている。三陸では伝統芸能が生きる糧になっていた。しかし，高台移転が進むにつれて離散による地域共同体の崩壊の危機は現実のものとなりつつある。

　伝統芸能は「ふるさと」としての地域共同体を記憶のなかから呼び戻すにあたって大きな役割を果たすが，「ふるさと」の風景は一変してしまっている。しかも，後継者不足も指摘されている。ここにも，少子高齢化が大きな影を落としている。伝統芸能を地域共同体再建の梃子として期待するのは少々安易であるが，伝統芸能が地域共同体において果たしてきた役割を再検討することによって，地域共同体の本質が見えてくる。

　地域共同体の崩壊は，被災地にかぎったことではなく，日本中いたるところで起きている。それは，ある意味では，必然なのかもしれないが，人口減少が加速していくなかでは，地域共同体が伝統的に果たしてきた役割が再認識されてしかるべきである。その意味でも，伝統芸能は，地域共同体の維持に必要な社会関係資本の諸要素をつなぎあわせてきたものが何かを明らかにするための梃子になりうる。

（4）雇　　用

　岩手日報社が県内の主要企業100社を対象に行った2015年4月の新卒採用意向調査によれば，復興需要に支えられた回復傾向を反映して，採用意欲は旺盛である。しかし，高校卒業予定の就職希望者のうち，現時点での地元希望者は半数以下である。岩手県労働局によると，2014年4月の県内有効求人倍率は1.11倍であるが，正社員の有効求人倍率は0.49倍，新規求人に

占める正社員の割合は 36.6% である[18]。

　沿岸部の有効求人倍率は，2013年12月時点で1.54倍であり，その後も高水準で推移している。岩手県が人材の育成と確保に力を入れている沿岸部の介護関係職の有効求人倍率は，2013年12月末現在で，久慈市が1.33倍，宮古市が1.96倍，釜石市が2.65倍，大船渡市が1.40倍となっており，各地域とも人手不足状態が続いている。求人の増加は今後も続くと思われるが，将来にわたって雇用環境が改善したとは言い切れない。

　2014年2月時点の調査によれば，8月以降の雇用予定者数は0人が78.6%，1～4人が16.9%で，前年の8月時点と比較すると0人が若干増えている。雇用予定事業所数では，建設業は0人が60.7%，1～4人が35.6%，水産加工業は0人が39.4%，1～4人が33.3%，卸売・小売業は0人が83.1%，1～4人が13.6%である。いずれにおいても，0人が大半を占めている。事業所数は，廃業もふくめ，2419から2335に減少している[19]。

　被災事業所が指摘している課題としては，「売上の減少や利益率の低下」，「雇用・労働力の確保が困難」がいずれの業種においても高い比率を占めており，事業の再開が進むにつれて高くなっている。他方で，イオンタウン釜石は，従業員約620人のうち約430人を地元採用した。陸前高田市に開店したイオンスーパーセンターは地元から約120人を採用した[20]。他方で，卸売・小売業の雇用予定者数0人が83.1%というのは皮肉である。

　岩手県は，被災地における雇用の維持・創出を行うためにさまざまな事業を展開している。しかし，現状では，例えば，緊急雇用創出事業は，事業目的からも明らかなように，短期的雇用の下支えをするにすぎない。緊急雇用創出事業を活用して開設されたコールセンターが閉鎖され，従業員が解雇されるという事態が生じていることからすると，こうした事業は雇用について何を目指していたのかという疑念にとらわれる。

　被災地は，第1次産業の割合が高い地域と見られているが，第1次産業の

割合は，高いところで26%程度であり，むしろ，第3次産業が半分以上を占めている。第1次産業においては6次産業化が期待されているが，持続的な雇用創出のためには，産業間の相互連関をふまえたうえで戦略的な産業政策を立案するとともに，人材育成をはかる必要がある。しかし，それでも，人口減少と就業者の高齢化を考えると事態は深刻である。

おわりに

　菅政権は，2011年3月30日に，東日本大震災で被災した市町村の合併をうながす特別立法の検討に入った。庁舎の流失など壊滅的な被害を受けた自治体や，福島第一原発の事故で避難指示区域になった自治体の行政機能を回復するには，合併の推進が不可欠と判断したことによるものであった。議論はその後立ち消えとなったが，日本創成会議の将来人口推計によって，被災市町村にかぎらず，市町村合併が再び議論の俎上にのぼりつつある。

　そうしたなか，2014年4月下旬，大槌町では，兵庫県宝塚市からの応援職員が自ら命を絶った。行財政改革の一環として職員を2005年度171人から2010年度137人に，5年で2割近く削減した。その翌年，東日本大震災津波が襲い，136人のうち，町長や課長級7人をふくめ40人が犠牲となった。大槌町だけでなく，三陸沿岸市町村では貴重な人材を多数失った。東日本大震災津波は，行財政改革で職員が削減されたところを直撃した。

　日本創成会議の将来人口推計に直ちに反応したのは大槌町長であるが，大槌町は，5月28日付で，20年後のまちを展望し，土地利用，施設整備について都市計画区域内のまちづくりの方針を明らかにした「町都市計画マスタープラン」の素案を示した。震災からの復興と人口減少，市街地空洞化などの課題をふまえたものであるが，都市計画であるため，財政，産業，雇用，

少子化などの対策については言及がない。

　大槌町の問題意識は当然であるが，被災市町村にとっては，日本創成会議の将来人口推計はあまりにも残酷である。人口減少，事業所の減少等にともなって，被災市町村の財政が厳しさを増していくなか，財源の確保は不可欠であるが，国は「集中復興期間」後の予算措置について明示していない。このような状況のなかで，大槌町にかぎらず，東日本大震災津波からの復旧・復興はどのような経過をたどるのだろうか。

　地方分権改革において推進された行財政改革以降，被災市町村においては，ガラス細工のように微妙なところで保たれていた行財政体制の均衡が津波によって押しつぶされてしまった。復旧・復興は推進されているが，伏在していたさまざまな問題の実態はとらえられていない。むしろ，復旧・復興事業に隠れてますます見えなくなっている。人口減少を軸にすえて，伏在しているさまざまな問題を明るみにだして再検討する必要がある。

1) 東日本大震災津波に関する基本的情報，地震と津波の概要，被害の概要他についての情報は，岩手県『岩手県東日本大震災津波の記録』(2014年3月) を参照した。
2) 岩手県復興局生活再建課「応急仮設住宅（建設分）供与及び入居状況（平成26年5月31日現在）」(岩手県ホームページ)。岩手県ホームページからの引用は以下のアドレスによる (http://www.pref.iwate.jp/)。
3) 岩手県「岩手県東日本大震災津波復興計画　復興基本計画」(岩手県ホームページ)。
4) 岩手県「復興実施計画（第1期）の施策体系・事業に基づく進捗状況（確定版）」(岩手県ホームページ)。
5) 岩手県「東日本大震災津波からの復興の加速化に向けた岩手県からの提案・要望書」(岩手県ホームページ)。
6) 岩手県「岩手県の東日本大震災津波からの復興に関する意識調査」(岩手県ホームページ)。沿岸北部は，洋野町，久慈市，野田村，普代村，田野畑村，岩泉町の6市町村，沿岸南部は，宮古市，山田町，大槌町，釜石市，大船渡市，

78　第Ⅰ部　被災地——現状報告分析

　　陸前高田市の6市町である。被害の点では南部のほうがはるかに甚大であった。
7）岩手県「東日本大震災津波復興実施計画（第2期）」（岩手県ホームページ）。なお，岩手県は，第2期（本格復興期間）の復興実施計画の実施にあたって，3つの課題について，2014年6月26日付で，「東日本大震災津波からの復興の加速化に向けた岩手県からの提案・要望書」を提出した。内容は，3つの課題に対応するもので，「復興の加速化のための最重要項目」，「復興の加速化が必要な重要項目」，「新しい東北の創造に向けた重要事項」について43項目をあげている。
8）岩手県「被災事業所復興状況調査　結果報告」（岩手県ホームページ）。
9）岩手県の水産業の現状については以下を参照。佐藤政宏（2013）「新たな発展を目指し動き出す本県水産業〜成長産業としての期待の高まり〜」（『岩手経済研究』2013年4月号）岩手経済研究所，4-17頁。
10）岩手県の水産業の現状については以下を参照。畠山稔（2013）「沿岸被災地商業の課題と展望」（『岩手経済研究』2013年12月号）岩手経済研究所，4-17頁。
11）日本創成会議関連の情報については，『岩手日報』の記事（2014年5月9日，14日，6月1日，7日，16日）を参照。
12）宮城県山元町「山元町復興推進計画」（山元町ホームページ）（http://www.town.yamamoto.miyagi.jp）。
13）「分散する高台移転地　まちと結ぶ交通必要」『岩手日報』2014年1月25日。
14）「土地収用認める裁決　釜石・片岸防潮堤再建」『岩手日報』2014年6月6日。
15）「仮換地案の見直しせず　大船渡駅周辺，地権者に説明」『岩手日報』2014年5月20日。
16）「地域の連帯に不安感」『岩手日報』2011年12月15日。田野畑村の取り組みについては「住宅再建・まちづくりの復興事業に係る目標（住まいの復興工程表）について」は，田野畑村ホームページ（http://www.vill.tanohata.iwate.jp/）を参照。
17）「被災地の舞，復興の力に　盛岡で伝統芸能シンポ」『岩手日報』2012年3月25日。
18）「来春採用，30社増やす　県内100社アンケート」『岩手日報』2014年6月6日。
19）岩手県「被災事業所復興状況調査　結果報告」（岩手県ホームページ）。
20）「大型店の被災地進出　問われるまちの魅力」『岩手日報』2014年3月1日，「地元雇用120人，7月19日開店　イオンSuC陸前高田店」『岩手日報』2014年6月17日。釜石市の中心市街地東部地区の復興プロジェクトについては，「フロントプロジェクト1　〜新たな商業空間の整備〜」を参照。

第 3 章
東日本大震災が雇用と生産額に及ぼした影響
東北重被災地域とその他日本の相互依存

長谷川　聰哲

はじめに

　2011年3月11日に発生した東日本大震災は，主に東北の3県（岩手県，宮城県，福島県）を中心に深刻な災害をもたらした。この地域を東北6県から区別して，本分析では震災が東北重被災地域にもたらした経済的な影響を雇用と生産高に限定し，地域間産業連関表とその枠組みの視点から「重被災地域」と「その他日本」との間の産業活動における相互依存関係を分析する。本章では，この東日本大震災が与えた影響の規模がどれほどのものであったか，そして3年間で復興がどの程度進んできたかを検討することにする。

1. 重被災地域の就業構造の変化

　東日本大震災は，地域の住民の生活の基盤としての働く場を失わせることになった。2011年3月11日の災害からの復旧活動の成果は，その年の最終（第4）四半期にすでに表れている。当該地域の災害による直接的な就業機

会の喪失だけではなく，日本の他地域に及ぼした影響も，入手可能なデータをもとに産業別に比較することにした。

　日本の都道府県別の就業者のデータ（総務省統計局「労働力調査参考資料」）から，震災地域とその他地域にどのように就業者が分布しているかを示したものが図1である。データの期間2009年から2013年までについての5年間の各年次の数値で，年次の数値は四半期データの平均値を示したものである。

　2011年の第1四半期から第3四半期についての統計は，ここで注目する東北重被災地域については，補完推計の形で公表されていることから，2011年3月11日震災の影響を正確に測定するために，震災を挟んで第4四半期のデータにより比較することにした。2011年第4四半期データの公表値にはすでに震災から半年を経過している中で，初期の被害からの回復が織り込まれていることを認識する必要がある。

　図1で示したデータを，全国の合計値を東北重被災地域とその他日本の2地域からなるものとして表したのが表1である。東北重被災地域において，就業者は震災前の直近2010年第4四半期の水準から3万6000人減少し，その他日本でも9万8000人減少，当初1年間について日本全国を合計すると13万4000人の就業者が減少した。就業者の減少は2012年の第4四半期（6280万人）にまで及び，全国で2010年第4四半期水準（6301万人）と比べて，21万人の就業機会が失われたことになる。2013年度になると，統計が公表された直近値の2013年第3四半期の平均値で2010年第4四半期と比べて，東北重被災地域は4万人の就業機会が増加し，また，その他日本では43万人の増加と合わせると，日本全国で震災前の就業者数を47万人の就業機会が創出されたことが分かる。

　日本全国の就業者を「東北重被災地域」と「その他日本」の2地域に分割した産業別就業者について，震災を挟んでどのように変化したかを見たのが以下の図2，3，及び表2，3である。就業者が震災後，図2及び表2で示さ

第3章　東日本大震災が雇用と生産額に及ぼした影響　81

図1　日本の地域別就業者（四半期平均）

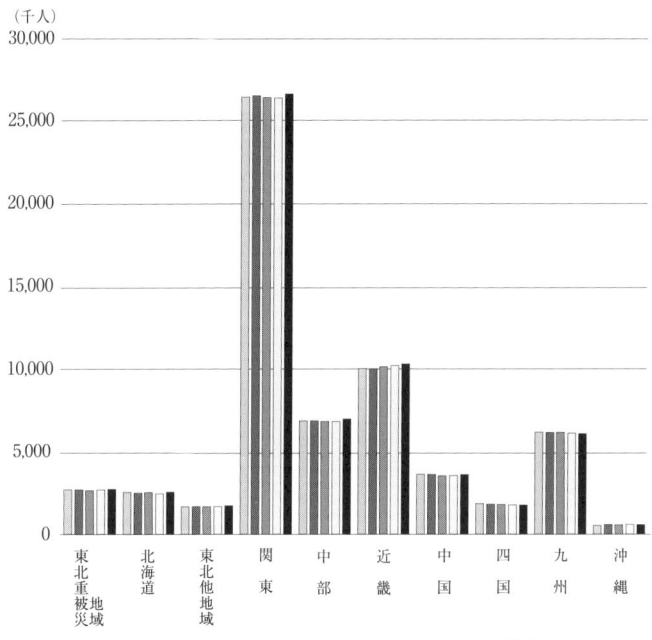

出所：総務省統計局「労働力調査参考資料」の都道府県別就業者4半期統計をもとに，筆者が東北地域を東北重被災地域（岩手県，宮城県，福島県）とその他東北地域に二分割して10地域表に加工した。なお，東北重被災地域の2011年Ⅰ期，Ⅱ期，Ⅲ期は，補完推計値である。

表1　東日本大震災が日本の就業者に与えた影響（四半期平均）

(単位：千人)

	東北重被災地域	前期増減	その他の日本	前期増減	全　国	前期増減
2009 Ⅳ	2747		60194		62941	
2010 Ⅳ	2736	－11	60274	80	63010	69
2011 Ⅳ	2700	－36	60176	－98	62876	－134
2012 Ⅳ	2725	25	60075	－101	62800	－76
2013 Ⅲ	2776	50	60705	630	63481	681

出所：前図と同じデータをもとに，本表は筆者により再計算し作成された。

82　第Ⅰ部　被災地——現状報告分析

図2　重被災地域を除く日本の産業別就業者（四半期平均）

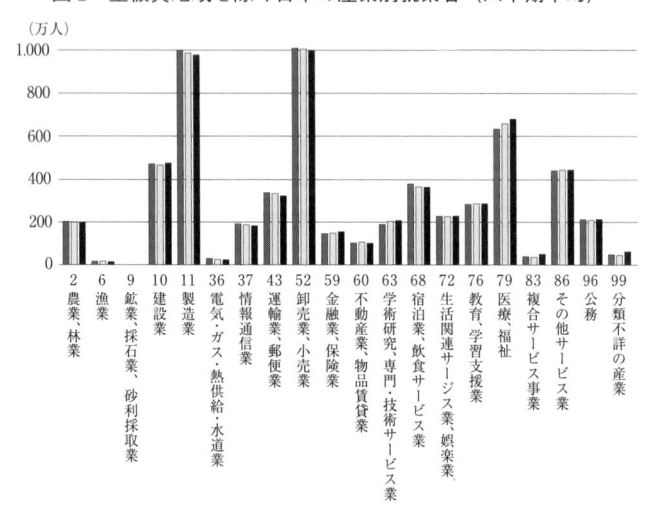

就業者総数 2010 Ⅳ　就業者総数 2011 Ⅳ　就業者総数 2012 Ⅳ

出所：総務省統計局データをもとに筆者が作成した。

表2　重被災地域を除く日本の産業別就業者

（単位：万人）

全国（岩手県,宮城県及び福島県を除く）	就業者総数 2010Ⅳ	2011Ⅳ	2012Ⅳ	自営業主 2010Ⅳ	2011Ⅳ	2012Ⅳ	雇用者他 2010Ⅳ	2011Ⅳ	2012Ⅳ
2　農業, 林業	206	201	200	149	152	150	57	49	50
6　漁業	19	19	17	12	13	11	6	6	6
9　鉱業, 採石業, 砂利採取業	3	3	2	0	0	0	3	3	2
10　建設業	472	467	476	86	83	85	386	383	392
11　製造業	1,003	987	979	49	49	48	954	938	932
36　電気・ガス・熱供給・水道業	32	28	26	0	0	0	32	28	26
37　情報通信業	192	189	183	8	9	8	185	180	175
43　運輸業, 郵便業	339	333	322	13	13	14	326	320	308
52　卸売業, 小売業	1,007	1,005	999	106	100	94	901	904	905
59　金融業, 保険業	148	150	156	5	4	4	143	146	152
60　不動産業, 物品賃貸業	105	107	102	11	15	13	94	92	88
63　学術研究,専門・技術サービス業	191	207	211	45	46	48	146	161	163
68　宿泊業, 飲食サービス業	376	368	367	65	62	60	311	305	308
72　生活関連サービス業, 娯楽業	227	228	228	51	55	53	176	173	175
76　教育, 学習支援業	284	289	286	27	25	26	257	264	260
79　医療, 福祉	633	660	681	34	33	28	600	627	652
83　複合サービス事業	42	39	52	0	0	0	41	39	52
86　その他サービス業	440	444	447	42	39	44	398	405	403
96　公務	212	209	214	0	0	0	212	209	204
99　分類不詳の産業	49	49	64	3	3	4	47	46	61
1　全　産　業	5,982	5,982	6,010	706	703	688	5,276	5,279	5,322

出所：総務省統計局データをもとに筆者が作成した。

れたように「その他日本」において減少した産業を挙げると，農業，林業，漁業，鉱業，製造業，電気・ガス・熱供給・水道業，情報通信業，運輸業，郵便業，卸売業，小売業，不動産業，物品賃貸業，宿泊業，飲食サービス業となる。これに対して，増加が著しかった部門は，建設業，金融業，保険業，学術研究，医療，福祉，複合サービス事業，その他サービス，N.E.C.（分類不詳）であった。ただし，「自営業主」と「雇用者他（分類不詳を含む）」に分けて観察すると，増減が必ずしも同じ方向に変化していないことに注目する必要がある。

重被災地域3県の就業者は，図3及び表3で示されたように，2010年に262万人強であったのが2012年には270万人強にと8万人近くの増加が記録されている。その他日本ではこの期間に28万人の増加で，全国規模で35万人の就業機会が創出されている。重被災地域の就業者の減少は，「農業，林業，漁業」に著しく，2万3000人近くの減少である。同期間のその他日本においても8万人の減少があり，全国合わせて10万3000人規模の減少となっている。重被災地域の就業機会で5000人強の減少がみられたのが，「運輸業，郵便業」，「卸売業，小売業」のそれぞれの部門であった。その他日本でも前者が17万人，後者が8万人の減少があった。これらに加えて，「金融業，保険業」で，「生活関連サービス業，娯楽業」において，それぞれ2800人，3600人の減少となっているが，その他日本では8万人，1万人の増加があり，非対称的な動きが観察される。これに反して重被災地域で就業者が増加した部門には，「建設業」の4万2000人強，「医療，福祉」の1万7000人弱，「サービス業」の1万2000人弱，及び「分類不能の産業」の7万9000人強のような就業者規模が増加する部門は注目されるべきであろう。これらの部門のうち，その他日本において「医療，福祉」部門では48万人という大きな規模での就業拡大が生じていることも注目に値する。その他日本では，「学術研究，専門・技術サービス業」，「複合サービス事業」，「公務」，及び

84　第Ⅰ部　被災地――現状報告分析

図3　重被災地3県の産業別就業者

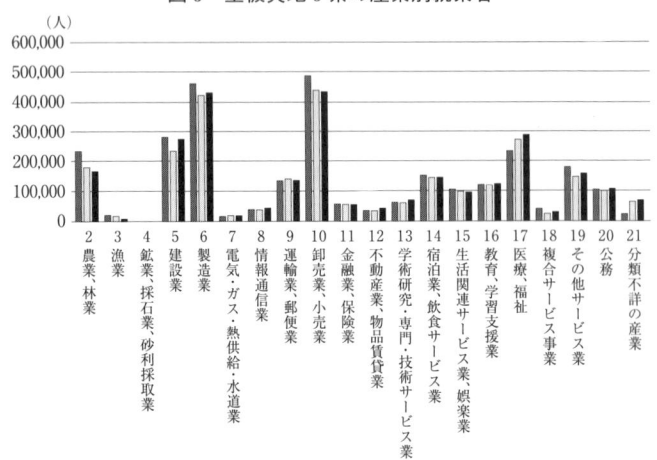

(グラフ：2005就業者総数、2010就業者総数、2012就業者総数)

出所：図2，表2と同じ。

表3　重被災3県の産業別就業者

(単位：人，%)

		2005 就業者総数	2010 就業者総数	2012 就業者総数	2005 構成比	2010 構成比	2012 構成比
2	農業，林業	236,342	183,263	168,600	8.4	7.0	6.2
3	漁業	21,281	17,387	9,200	0.8	0.7	0.3
4	鉱業，採石業，砂利採取業	2,098	1,391	1,300	0.1	0.1	0.0
5	建設業	283,345	233,816	276,100	10.1	8.9	10.2
6	製造業	462,751	424,899	431,100	16.5	16.2	15.9
7	電気・ガス・熱供給・水道業	16,977	17,850	19,000	0.6	0.7	0.7
8	情報通信業	38,973	37,661	43,600	1.4	1.4	1.6
9	運輸業，郵便業	137,823	143,442	138,000	4.9	5.5	5.1
10	卸売業，小売業	486,917	440,523	435,000	17.3	16.8	16.1
11	金融業，保険業	56,995	55,866	53,100	2.0	2.1	2.0
12	不動産業，物品賃貸業	34,362	34,965	41,500	1.2	1.3	1.5
13	学術研究，専門・技術サービス業	60,909	60,476	69,100	2.2	2.3	2.6
14	宿泊業，飲食サービス業	154,624	147,154	145,800	5.5	5.6	5.4
15	生活関連サービス業，娯楽業	104,564	97,580	94,000	3.7	3.7	3.5
16	教育，学習支援業	122,955	119,356	123,100	4.4	4.5	4.6
17	医療，福祉	235,515	273,525	290,300	8.4	10.4	10.7
18	複合サービス事業	40,150	24,657	28,600	1.4	0.9	1.1
19	サービス業	182,078	148,370	160,000	6.5	5.7	5.9
20	公務	104,633	99,014	107,200	3.7	3.8	4.0
21	分類不詳の産業	23,755	63,855	69,800	0.8	2.4	2.6
1	総数	2,807,047	2,625,050	2,704,300	100.0	100.0	100.0

出所：図2，表2と同じ。

「部門不明」で，それぞれ 20 万人，10 万人，15 万人，及び 28 万人に見られる増大は，その他日本における総じてサービス部門での就業機会が増えていたことに留意すべきである。

こうした東日本大震災を挟んで起こった就業機会の増減は，震災により直接的にもたらされた雇用機会の喪失とそれを補完して生じた他部門，他地域での就業の増大があったことは確かであろう。しかしながら，産業構造の変化，製造業にとりわけ生じてきた海外への生産拠点のシフトがもたらした空洞化，長期に亘るトレンド的な産業の成長・衰退も実際の就業者の増減を推し進めていること，加えて，震災の被害からの救済としての公的措置の促進効果が就業機会や生産の拡張をもたらしてきたことも，2012 年に実現した数値を 2010 年と比較する場合に，混在した要素からもたらされた結果であったことを看過するべきではない。これらの相乗効果が，2012 年に日本全国として震災直前の 2010 年次よりも 36 万人近くの就業者の増大をもたらすことになったのである。

2. 東日本大震災が及ぼした生産活動への影響

東日本大震災の生産額への影響を知るための産業別，及びマクロ経済活動の成果に関するデータは，いまだ十分に入手することは限られている。製造業に限って言及すれば，就業者と同じ基準で 2 地域に区分してまとめた出荷額は以下の表 4 のとおりである。この生産変化に関するデータをもとに，就業者の産業区分と割合から，重被災地域とその他日本の産業ごとの変化について推計することも可能である。

全産業の中での製造業に限定してはいるが，工業生産統計は経済活動の変化を知る重要な指標の 1 つである。2010 年の出荷額と比較して，重被災地 3

表4 東日本大震災前後の製造業出荷額の変化

(従業者10人以上の事業所,単位:百万円,%)

	製造業計 2010	前年比	製造業計 2011	前年比	製造業計 2012	前年比	2010年比
全国計	278,811,026	8.0	284,968,753	2.2	277,277,484	-2.7	-0.55
重被災3県	10,337,257		9,000,103	-12.9	9,779,387	8.7	5.40
その他日本	268,473,766		275,968,651	2.8	267,498,095	-3.1	-0.36
東北全県	15,751,834		14,254,167	-9.5	14,480,432	1.69	8.07
その他東北	5,414,577		5,254,064	-3.0	4,701,045	-10.5	13.18

出所:経済産業省(2013),「平成24年工業統計速報」をもとに筆者が作成した。

県のレベルは2011年に12.9%の減少を記録した。2012年には2010年の水準と比べて,5.4%を下回った水準まで回復したことが分かる。

全国レベルでの製造業出荷額の動きは,2011年の前期比は2.2%の増加が観測されたが,2012年は2010年比で0.55%の落ち込みを経験している。これらの回復の方向への変化に反して,「その他東北」(東北全6県から重被災3県を除く青森,秋田,山形)の2011年の前年比は,-3.0%であったが,2012年における前々年比は-13.18%に落ち込んでいる。重被災地での震災前の水準に比した製造業出荷が-5.40%水準であるのに比べて,その他東北地域3県の落ち込みが-13.18%と低いままであるのは,震災後の政策措置が重被災地域に傾斜的に講じられてきた半面,重被災地域の1.5倍の規模をもつ「その他東北」地域が置き去りにされてきたことは否めない。

重被災地域3県の総生産額が,2011年にどう変化したかを観測するために,県民経済計算の3県を合計して求め,図示したのが次の図4である。大きな落ち込みは水産業(-43.8%),製造業(-19.4%),電気・ガス・水道業(-49.9%),運輸業(-19.1%)などである。こうしたダメージを残した部門がみられる半面で,鉱業(+7.9%),建設業(+47.2%),民間非営利サービス業(+9.3%)などで,震災の発生した年であるにもかかわらず,大きく生産額を伸ばした部門も観察できる。これらのプラスの部門は,まさに震災復興に対する政策措置と密接にかかわって活動したことによるものと考えられる。

第3章 東日本大震災が雇用と生産額に及ぼした影響 87

図4 重被災3県の総生産額

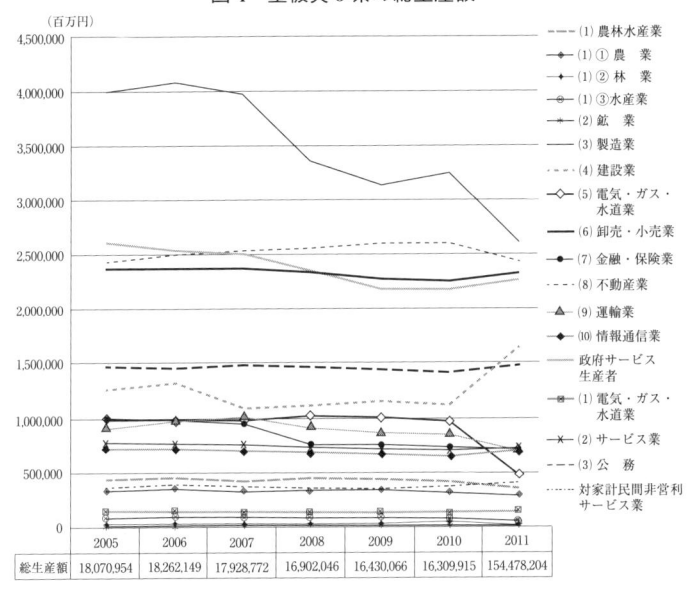

(百万円)

凡例:
- (1) 農林水産業
- (1)① 農業
- (1)② 林業
- (1)③ 水産業
- (2) 鉱業
- (3) 製造業
- (4) 建設業
- (5) 電気・ガス・水道業
- (6) 卸売・小売業
- (7) 金融・保険業
- (8) 不動産業
- (9) 運輸業
- (10) 情報通信業
- 政府サービス生産者
- (1) 電気・ガス・水道業
- (2) サービス業
- (3) 公務
- 対家計民間非営利サービス業

	2005	2006	2007	2008	2009	2010	2011
総生産額	18,070,954	18,262,149	17,928,772	16,902,046	16,430,066	16,309,915	154,478,204

出所:岩手県,宮城県,福島県のそれぞれの県民経済計算をもとに,筆者が3県の合計値を計算し,作成したものである。

図5 重被災3県内総生産額

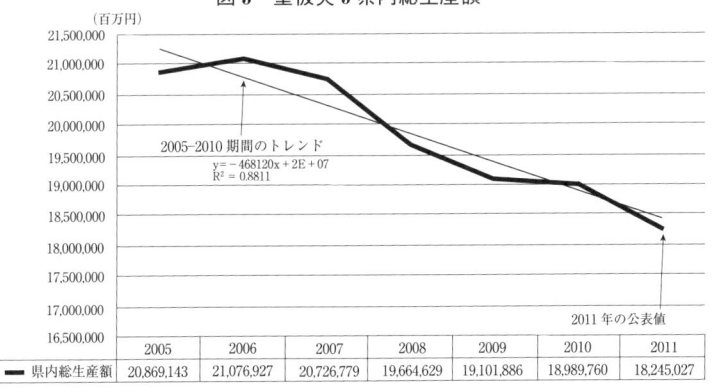

(百万円)

2005-2010期間のトレンド
$y = -468120x + 2E+07$
$R^2 = 0.8811$

2011年の公表値

	2005	2006	2007	2008	2009	2010	2011
県内総生産額	20,869,143	21,076,927	20,726,779	19,664,629	19,101,886	18,989,760	18,245,027

注:複合災害は重被災3県の生産活動の長期下降トレンドの傾斜角を引き下げた。
出所:重被災3県の県民経済計算をもとに筆者が作成した。

2005年からの重被災3県の産業別の推移を足し上げ，マクロとしての県内総生産額の水準をプロットしたのが図5である。2010年からの1年間で，重被災3県の総生産額は，18兆9897億円から18兆2450億円にマイナス3.9%の減少に直面した。この7447億円の総生産額の減少の内の3分の2がこれまでの趨勢的な下落に相当する金額で，3分の1が複合災害により惹き起された損失にあたる。ただし，その災害によりもたらされた損失額には，同年の緊急救済にかかわる措置により，年末までに軽減された部分も反映されているので，災害のもたらした生産額の損失はこれよりも大きいものと言えよう。

地域経済や国民経済の産業構造は，その生産額，出荷額の変化から観察することが重要であるものの，その経済活動はその当該地域に限定してとらえられるべきではない。ある産業の供給は，それが当該地域で最終需要として購入されるだけにとどまらず，他の産業の投入財として購入されるという内生的な需要を観察することが重要である。そして，情報や輸送技術が進んだ今日の経済活動では，こうした他の産業において調達・投入される財貨・サービスは，当該地域と共に，地域や国境を超えて移出入や輸出入されてサプライ・ネットワークが形成されている。このような重層的な産業構造を分析するには，産業連関表による分析が極めて有益である。ただし，産業連関表の公表は，一般のマクロ経済統計や，国勢調査による個別産業の推計値の公表と比べて直近のデータは活用できず，今日の段階では，整合的な被害地を束ねて産業構造をとらえることができるのは2005年産業連関表である。すでに観察したように，2005年以降の産業の個別変動は，就業構造や生産構造にかなりのバラつきがあり，2005年を基準に分析し，2011年以降の変化を推計することは，かなりの推計上の誤差を覚悟しなければならない。短期的な外生的なショックについての分析は，構造を所与のものとして進めることは許されよう。長期的な予測を伴う分析では，生産技術の変化を内包す

第3章 東日本大震災が雇用と生産額に及ぼした影響　89

図6　日本の産業別生産額（2005年）

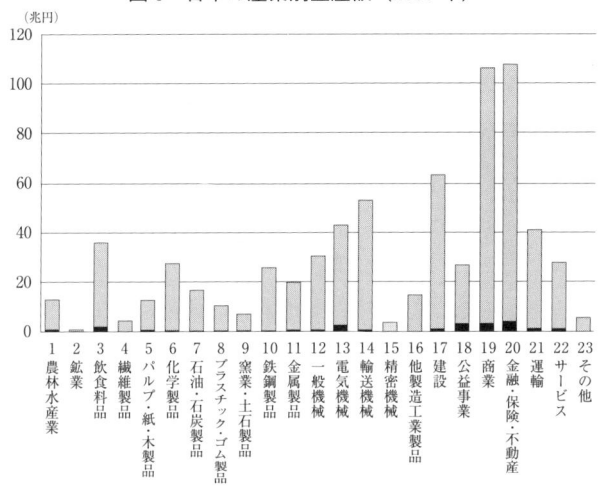

（兆円）

■ 重被災3県域内生産額　□ 他日本域内生産額

注：サービス部門のみ 単位10分の1で表示した。

図7　重被災3県の生産額（2005年）

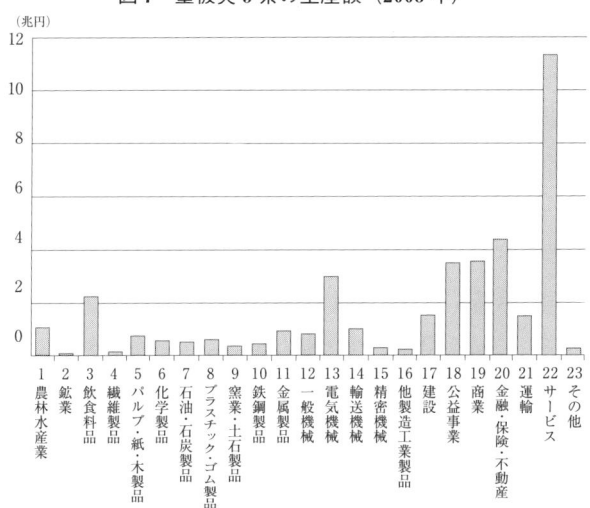

（兆円）

1 農林水産業　2 鉱業　3 飲食料品　4 繊維製品　5 パルプ・紙・木製品　6 化学製品　7 石油・石炭製品　8 プラスチック・ゴム製品　9 窯業・土石製品　10 鉄鋼製品　11 金属製品　12 一般機械　13 電気機械　14 輸送機械　15 精密機械　16 他製造工業製品　17 建設　18 公益事業　19 商業　20 金融・保険・不動産　21 運輸　22 サービス　23 その他

出所：図6, 図7ともに，全国の産業連関表と県別産業連関表により筆者が作成した。

る動学的な産業連関型のマクロ経済モデルを構築する必要がある。

図6では国民経済レベルでの産業連関表の中で，重被災3県の生産高とその他日本の生産高の割合を産業別に比較できるように図示したものである。農林水産業，飲食料品，電気機械，建設，公益事業，商業，金融・保険・不動産，運輸業，及びサービスの分野で，重被災3県における一定のウエイトを観察できる。また，図7では，重被災3県の生産額だけを足し上げた産業別の規模を示している。重被災3県の経済では，サービス，金融・保険・不動産，商業，公益事業，電気機械，飲食料品，建設，及び農林水産業が規模の大きい産業で並べた順位になっている。

3. 重被災3県の対外地域との相互依存

今日の産業活動は，その付加価値を生み出す生産工程が地域内に完結することはなくなっている。輸送費，制度的な規制緩和などが進んできた過程で，地域・国民経済を超えて，サプライ・チェーンを広域に展開するようになってきた。生産には外部（国内，国外）地域のサプライヤーからアウトソーシングされ，それがまた，外部地域に流通していくという相互依存の関係が築かれている。

生産と需要のギャップを補完する移出入，輸出入を二次的平面で産業別に地域経済，国民経済について鳥瞰できる分析アプローチが，W. レオンチェフ博士（1986）により開発されたものが，ここで利用するスカイライン・チャートである。横軸に産業別のシェアをとり，縦軸に生産に対する需要の過不足を自給率100％からの差異による相対比率で表示し，産業別に並んだ形状を地平線に並んだ都市のビル群に擬えてスカイラインと呼ばれている[1]。

地域間，国家間の地理的相互依存や，産業間の相互依存の構造を分析するために，どのように商品・サービスのバリュー・チェーン（価値連鎖）が形成されているかを，ミクロ・データの観点から分析する必要性が高まっている。近年の貿易論における研究において，こうした経済的な行動を推し進める要因に強く関心がもたれてきた[2]。震災被害が，被災地域を超えてどのようにその他の地域（及び外国の経済）と相互に関わり，影響を受けたかは，こうした生産ネットワークの視点から一層の分析がなされる必要がある。スカイライン・チャートの分析も，付加価値貿易の分析も，整備された地域間，国際間の整合的な産業連関表を利用することが不可欠である。そこで本章の目的のため利用してきたのが，日本国内の地域間産業連関表である。しかしながら，整備された産業連関表の公表にはかなりの時間を要することから，直近時点を対象とする分析には多くの困難を伴う。

図8及び図9は，国民経済レベルの産業連関表，東北経済，県民経済レベルの産業連関表を整理し，わが国の経済を「重被災地域三県」（図8）と「その他日本」（図9）の2地域に纏めた上で描いたスカイライン・チャートである。スカイライン・チャートの横軸は生産額の産業別シェアを，縦軸は地域内での自給率からの対外地域への依存の高さを，相対的に示したものである。重被災地域3県にとっての外部地域への移出・輸出の高い産業として，電気機械，商業，飲食料品，公益事業，輸送，金属製品，一般機械，パルプ・紙・木製品，プラスチック・ゴム製品，農林水産業がある一方で，移入・輸入産業としては，商業，サービス，電気機械，飲食料品が目立つ。

図10と図11では，重被災地域3県の移出・輸出額（図10）と移入・輸入（図11）を産業別に規模としての外部依存の大きさを見たものである。重被災地域の外国への輸出産業には，電気機械，輸送機械，商業，一般機械，化学製品，金属製品，運輸があり，輸入産業には鉱業，電気機械，飲食料品，繊維製品，金属製品，他製造工業製品，農林水産業があることが分かる。

92 第Ⅰ部 被災地——現状報告分析

図8 重被災3県の産業のスカイライン・チャート

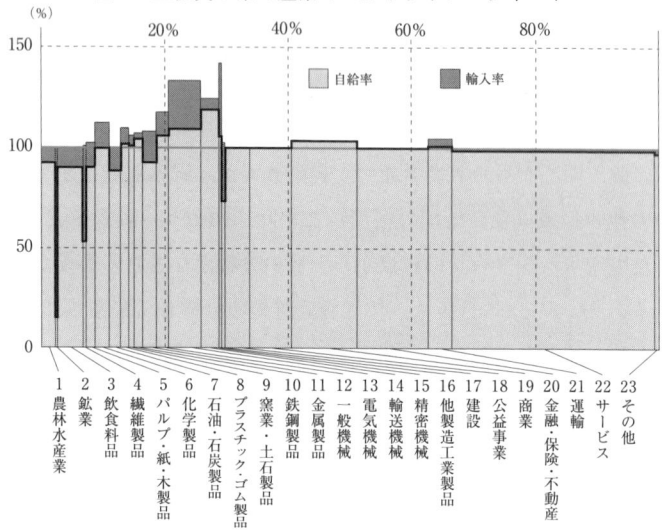

図9 その他日本の産業のスカイライン・チャート

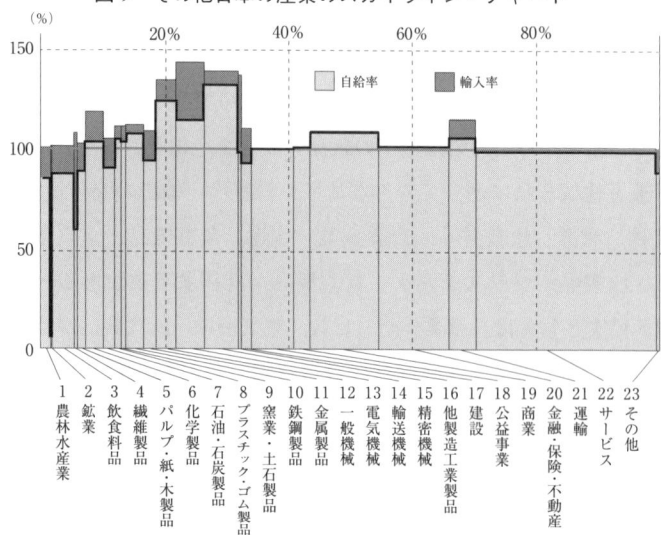

出所：図8，図9ともに，産業連関表（参考文献）をもとに筆者が作成した。

第3章　東日本大震災が雇用と生産額に及ぼした影響　93

図10　重被災3県の移出・輸出

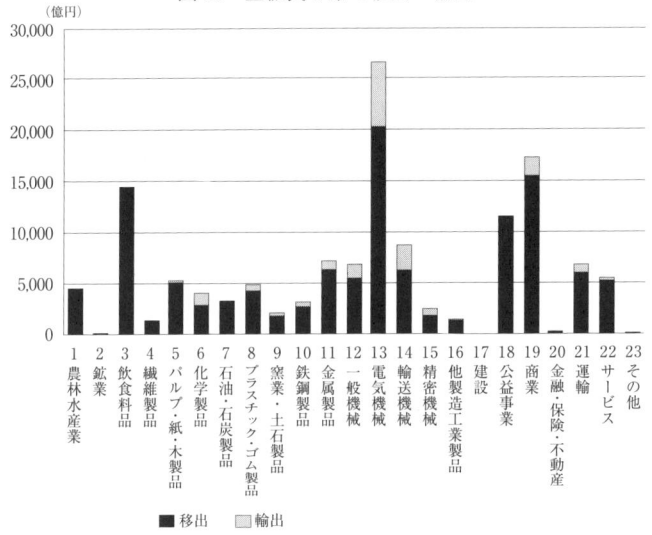

図11　重被災3県の移入・輸入

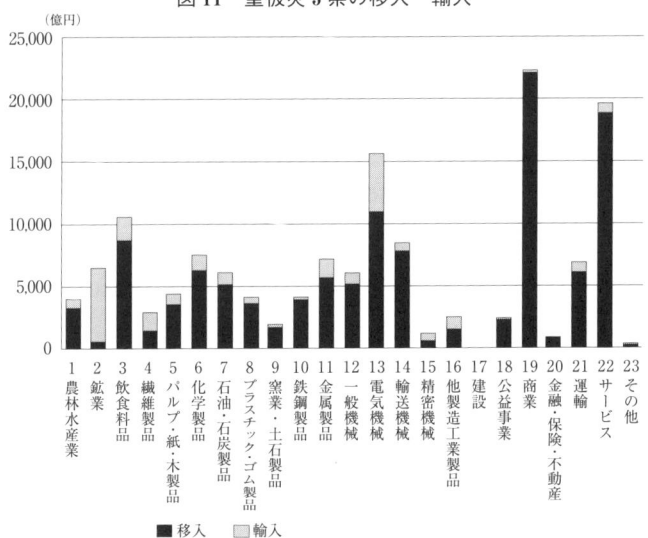

出所：図10，図11ともに，産業連関表（参考文献）をもとに筆者が作成した。

おわりに

　阪神大震災の被害は，都市型の災害としてその地域内での産業活動とそれに対応する雇用に大きな影響をもたらした．もちろん，その地域を超えた内外の経済活動にも大きな影響を及ぼした．これに対して，東日本大震災は，地震，津波，そして原子力発電所の崩壊に伴う複合型の災害であった．人口密集地の前者と比べて，東日本大震災の重被害地域での雇用と生産活動は，東北地方という人口集約度の低い地域での災害であった．しかしながら，今日の産業活動の特徴として，地域を超えたサプライ・チェーンが展開されていることにより，その影響は海を越えて遠くは欧州や米国の生産活動にまで及ぶほどのものであった．

　災害後の3年の期間の中で，少なくとも雇用と生産額に限って検証した場合，復興に向けた支援の政策などによりかなりの水準までの復旧が実現したことが分かる．しかしながら，この重被害地域の災害以前から進んできた高齢化，生産年齢人口の減少という構造的な経済的凋落のスピードはさらに加速しているように思われる．この地域での産業構造を復旧という視点からだけではなく，思い切った転換を進めるビジョンを導入することがない限りは，若い世代の就労機会を増やすことにはならないのではなかろうか．

　本分析による検証のもう1つの指摘した点は，災害後の政策的な措置が重被災3県に集中した一方で，東北地方のこの重被災地以外の県（その他東北地域）における被害からの復興は重被災地域と比べてかなりの遅れが生じているという点である．この点で，東北地域全体を視野に入れての震災からの復興ビジョンと政策措置の導入が必要と思われる．

1) スカイライン・チャートの説明は，宇多賢治郎（2011）を参照されたい。本章における作図は，宇多のプログラムを利用した。
2) Escaith and Inomata（2011）は，様々な産業活動の中での国内及び海外との間での生産ネットワークを産業単位で相互依存関係を「付加価値貿易」の視点から分析する必要を強調している。

参 考 文 献

岩手県『平成17年（2005年） 岩手県産業連関表』ウェブページにおける平成17年表および21年表

岩手県・宮城県・福島県『県民経済計算』各県のウェブページにおける各年次公表値

宇多賢治郎（2011）「「Rayスカイラインチャート作成ツール（2.0j版）」の作成」（『経済統計研究』第38巻第4号）経済産業統計協会

経済産業省『平成17年地域間産業連関表』ウェブページにおける平成17年表

総務省『平成17年（2005年）産業連関表』ウェブページにおける平成17年表

総務省統計局「労働力調査参考資料」ウェブページにおける各年次公表値

(財)東北活性化研究センター『平成17年東北地域県間産業連関表』同センターウェブページ

福島県『平成17年（2005年） 福島県産業連関表』ウェブページにおける平成17年表

宮城県『平成17年（2005年） 宮城県産業連関表』ウェブページにおける平成17年表

Escaith, H. and Inomata, S.（2011），*Trade patterns and global value chains in East Asia: From trade in goods to trade in tasks*, WTO & IDE-JETRO.（ユーベル・エスカット・猪俣哲史編著『東アジアの貿易構造と国際価値連鎖』（2011）世界貿易機関・アジア経済研究所）

Leontief, W.（1986），*Input-Output Economics*, 2nd edition, Oxford University.（邦訳・新飯田宏訳『産業連関分析』（1969）第4章「発展の構造」岩波書店）

第 4 章

大震災被災者に対する法律援助システム
東日本大震災被災者援助特例法を中心として

武 山 眞 行

はじめに

東日本大震災においては，これに対応するための各省庁や地方自治体の所管事項にかかわる様々な法律が多数立法された。これらのうちかなりのものは，次の大震災や津波に際しての立法にあたり，たたき台として有益な先例となろう[1]。

震災では多くの被災者の上に，流失不動産に対する補償金，被災土地の境界再確認，二重ローン，企業被災に伴う失業や雇用，賃金不払，原発事故による被害の損害賠償請求，死亡又は行方不明者との関係で相続関係，遺児の扶養，避難生活のストレスから来る DV や離婚などの家族関係の破壊等々，様々な法律問題が生じている。

このことは，素人の手にあまる煩雑な行政手続・司法手続の問題が大量に生起していることにつながる。また，それほど複雑でない問題に対しても法律の知識がないためどのようにしてよいか困却している人々が発生している（見舞金・補償金の問題，住宅問題等々）。さらには，被災して財産や職業を失って弁護士や司法書士に相談したり事案を依頼する費用がない人々が多数

生じている（→ 法律扶助制度の必要）。

　ところで，大震災でなされる様々な立法に関しては，阪神・淡路の震災の経験があるが，東日本大震災の場合は，阪神・淡路に比べ規模が極めて大きかっただけでなく，阪神・淡路が文字通り震災であったのに対し，東日本大震災——現地でこの「震災」という名称に不満が出ているように——むしろ津波による災害と原発事故による災害が中心であった。それゆえ，立法に際しても，阪神・淡路の経験がストレートには役立たなかったことが指摘されている。今後，南海大地震をはじめ，各地域おける大地震や津波が予想されているだけに，東日本大震災の場合における諸立法を検討しておくことは，いずれ来ることが予想されている災害への法律学的準備の意味ももつであろう。

　そこで，この章では，3・11の東日本大震災に際しての様々な立法と被災者への諸援助の中から，法テラスの「東日本大震災法律援助事業」を取り上げ，その根拠法である震災特例法を検討することによって，大規模災害時における法律援助の態勢を考えてみようとするものである。

1. 東日本大震災被災者援助特例法

　この章で取り上げようとするのは，**「東日本大震災の被災者に対する援助のための日本司法支援センターの業務の特例に関する法律」**（平成24年3月29日　法律第6号　略称 → 東日本大震災被災者援助特例法）である[2]。内容は，「日本司法支援センター」（法テラス）の業務範囲を拡張する特別法であり3年間の限時立法である。この法律は，平成24年（2012年）3月29日に公布され，同年4月1日に発効した（平成24年政令第78号）。そして，法律の施行の日から起算して3年を経過した日に失効するとされている（附則3条1項）から，平成27年（2015年）3月31日に，その効力を失う。た

だし，この法律の失効前に法テラスが東日本大震災法律援助事業の実施にかかわる援助の申込みを受けた事案については，失効後もこの法律の規定は効力を有する（附則3条2項）。

　3年間の限時立法とされたのは，資力要件に関して3年ぐらいである程度のメドがついてくるから，一般の法律援助に戻ってもよいであろうとの判断である。

2. 前提の制度（法テラス）

　東日本大震災被災者援助特例法の前提となっている制度は，日本司法支援センターである。「日本司法支援センター」は法テラス[3]と通称され，「総合法律支援法」（平成16年6月2日　法律第74号）に基づき，政府が設立した法務省所管の法人である。法テラスは，2006年（平成18年）10月2日から業務を開始しており，主たる事務所は東京都に置かれ，資本金は日本国政府が全額出資している。運営については，法務省などの行政機関のみならず，最高裁判所をはじめとする司法機関，日本弁護士連合会，日本司法書士会連合会などの法律専門職の職能団体も運営に携わる仕組みになっている。役職員はみなし公務員となる。事務所は，全国の都道府県庁所在地と函館市・旭川市・釧路市の計50ヵ所に地方事務所，地方事務所の支部を計11ヵ所，出張所を計11ヵ所，地方事務所支部出張所を1ヵ所，地域事務所を計35ヵ所設置している。

　法テラスの目的は，総合法律支援に関する事業を迅速かつ適切に行うこととされている（同法第14条）。具体的には，民事・刑事を問わず，裁判制度の利用をより容易にし，弁護士のサービスをより身近に受けられるようにするための支援を全国的に展開している。

常勤の専任の弁護士もいるが，3・11の問題については，個々の弁護士や弁護士法人と法テラスが契約をむすび，「東日本大震災法律援助契約弁護士」として仕事をしてもらっている。ちなみに，各地の弁護士会が独自にも被災地へ無料の出張法律相談をたびたび実施している。

法テラスの業務には次の5つがある。① **情報提供業務**——法的トラブルの解決に役立つ法制度の情報提供を行う。また，一般国民は，全国各地の事務所で，支援センターの専門職員に法的トラブルについて相談することができる。② **民事法律扶助業務**——資力の乏しい国民に対して，弁護士や司法書士に支払う裁判代理費用や書類作成費用の立て替えを行う。③ **国選弁護制度，国選付添人，国選被害者参加弁護士関連**——捜査段階での被疑者弁護から，起訴後の被告人弁護まで，刑事手続の各段階を通じて，一貫した刑事弁護体制を整備する。少年保護手続における国選付添人，被害者参加制度における国選被害者参加弁護士の選任手続も取り扱う。④ **犯罪被害者支援業務**——被害者支援に通じた弁護士や専門機関の紹介や情報提供を行う。⑤ **司法過疎対策**——司法過疎地域（法律専門職の少ない地域）での法律サービスを行う。弁護士過疎地への弁護士派遣のあっせんを行っている。3・11被災地へは，各県の弁護士会と契約して出張法律相談を実施している。

なお，業務の評価については，日本司法支援センター評価委員会によって，毎年度，「日本司法支援センター年度業務実績評価に関する評価」が行われている。

3. 東日本大震災被災者援助特例法の制定背景

「はじめに」で紹介したように，東日本大震災によって多くの被災者が，住居を失い，職業を失い，肉親を失い，等々の惨害から生じる諸問題，例え

ば，住宅ローンが残っているにもかかわらず津波の被害を受け（→ ローンは残る），さらに再建のために再度借りることによって生じる二重ローン，相続問題（→ 相続人・被相続人の遺体が見つからず行方不明状態），不動産の登記関係の不整備の顕在化，原発事故による被害の損害賠償請求，先行きの見えないストレスからＤＶや離婚問題，等々の様々な法的問題に直面している。

日本司法支援センターが2012年11月から12月の期間に，宮城県及び福島県の5市町村の仮設住宅居住の被災者に対して行った調査報告書によれば[4]，震災発生時から調査実施時までの間（約8ヵ月）に，何らかの法的問題を経験したと回答したのは，回答者全体の約4割にあたる39.5％にもなる。これを，同センターが2008年に実施した市民の法的ニーズに関する調査（『法律扶助へのニーズ及び利用状況に関する調査報告書』2008年）の結果が過去5年間に何らかの法律問題を経験した回答比率が25.2％であるのと比較すれば14ポイント以上高い数値となっており，しかも両者の比較にあたり5ヵ年と8ヵ月という時間的長さの違いを考慮に入れるならば，39.5％という数値は大震災によって突然に集中的に突起した法的事象であることを推知することができる。

ところが他方で，多くの被災者たちは，自分がかかえる問題にどのように対処すればよいのか，その法的手段を知らない（例えば，官公庁や東京電力に提出する書類程度ですらそれを書けないか困難を感じる人も多い）。

そもそも，大規模災害の発生後には当然様々な法的諸問題が生じ，法的需要の増大があり，法律援助の強い必要が生じることも，阪神・淡路大震災にも見られた現象であった。ちなみに，阪神・淡路大震災の際には，近畿地方の弁護士会が中心となって，面接相談の無料化，地震電話110番の開設，地震特別相談所の開設等の様々な支援活動が実施された[5]。

東日本大震災においては，被災地の仙台弁護士会[6]をはじめ，福島県弁

護士会，岩手弁護士会が同様な活動を行ったが，その過程で法律援助の立法を関係各方面に何度もはたらきかけて議員立法の形で成立させた法律がこの「東日本大震災被災者援助特例法」である[7]。成立のときすでに，3・11の震災・津波・原発事故から1年がたっていた。

4. この法律の内容

　この法律を要言すれば，東日本大震災の被災者が，法律相談，書類作成及び裁判その他の法による紛争の解決のための手続等々について弁護士・司法書士等のサービスを円滑に利用することができるよう，「総合法律支援法」（平成16年 法律第74号）第13条に規定する日本司法支援センターの業務に関し，東日本大震災の被災者に対する援助のための特例を定めたものである（1条）。具体的内容は以下のごとくである。

(1) この法律の適用対象たる被災者の定義
　この法律援助の対象となる者は，東日本大震災の被災者であることが要件であるが，逆に被災者であればすべての被災者が利用可能である（同法3条1項3号柱書き参照）。
　この法律の適用において「東日本大震災」とは，「平成23年3月11日に発生した東北地方太平洋沖地震及びこれに伴う原子力発電所の事故による災害」をいうとされ（同法2条1項），東京電力の福島第一原子力発電所事故による災害も含められている。「被災者」とは，「東日本大震災に際し災害救助法（昭和22年法律第118号）が適用された同法第2条に規定する市町村の区域において住所，居所，営業所又は事務所を有していた国民又は我が国に住所を有し適法に在留する者」をいうとされ（同法2条2項），適法に在

留するという条件付きで在留外国人もこの法律の対象とされる。
　なお，法人についてはこの法律の検討段階では一定規模以下の法人も含めることも検討されていたが，資本金・従業員数などの形式的な基準によって対象法人を適切に絞り込めないことから，法人については被災者に含めないことにされた[8]。

(2) 被災者であれば，その資力にかかわりなく利用できる

　「総合法律支援法」に基づいて法テラスが行っている一般の無料法律相談や弁護士・司法書士の費用等の立て替えの事業（民事法律扶助）では，収入や資産が一定額の基準以下であることが利用資格の条件である。逆に言えば総合法律支援法ではある程度の資力があると支援適用がなくなるが，この特例支援事業ではこのような資力要件はなく，被災者でありさえすれば支援対象者となる（東日本大震災被災者援助特例法　3条1号）。

(3) 援助の対象となる事柄は東日本大震災に起因していること

　① 無料法律相談については，刑事事件以外の法律問題について広く利用できる。② 裁判等の各種法的手続の代理や書類作成を弁護士・司法書士等に依頼する費用については，法テラスの立て替えが行われ，その場合問題が震災に起因するものであることが利用の条件になる。震災起因の問題でない場合は一般の民事法律援助となり，「総合法律支援法」の対象として資力の条件の制限や返済開始時期の問題がでてくる。逆に言えば，震災起因の問題であればこの特例法の対象として特典の対象になる。

(4) 東日本大震災に特有の法的手続にも幅広く対応している

　法テラスが行っている従来の一般の民事法律扶助業務では，弁護士・司法書士が代理受任や書類作成をするのは，主として民事事件・家事事件・行政

事件に関する裁判所の手続に限られていたが，この東日本大震災法律援助事業では，この震災の特徴にかんがみより幅広い範囲の法的手続について対応できるようにしてある。

例えば，原発事故による被害について損害賠償をする場合，(株)東京電力が指定する請求書の提出や「原子力損害賠償紛争解決センター」などのＡＤＲ（裁判外紛争処理）機関の利用などのように，通常の民事裁判手続以外に新たな法的手続が設けられているが，この法律ではこれらＡＤＲ手続をも利用可能にする道を開いている。

また，被災地域では，生活保護費の受給問題，不動産登記をめぐる問題，税の減免措置，各種廃業や各種許認可など行政上の決定に対する「行政不服審査」の手続が増加することが想定され，一般の民事法律扶助業務では対応が難しかったこれら行政手続をもカバーできるようにしてある。

(5) 弁護士・司法書士費用の返済開始時期への配慮

法テラスの通常の民事法律扶助業務では，弁護士・司法書士に事件の受任が決定すると，原則としてまだ事件が解決していなくとも，その時点から弁護士・司法書士費用の返済（月額5000円〜10000円）が始まる。しかし，被災地における雇用情勢が厳しい折から被災者が安定的な収入を得ることが困難な状況にあることから，この大震災特例支援事業では，費用の返済は受任の時からではなく，事件が終了した段階から開始される仕組みになっている。

図　日本司法支援センターの業務の特例措置の概要

東日本大震災法律援助事業の創設

東日本大震災の被災者が裁判その他の法による紛争の解決のための手続及び弁護士等のサービスを円滑に利用することができるよう，日本司法支援センター（いわゆる法テラス）が，総合法律支援法に規定する業務のほか，東日本大震災の被災者について東日本大震災法律援助事業※行う。

※「東日本大震災法律援助事業」
＝東日本大震災に際し災害救助法が適用された市町村の区域（東京都の区域を除く）に平成23年3月11日において住所，居所，営業所又は事務所を有していた者の東日本大震災に起因する紛争について，その者の資力の状況にかかわらず訴訟代理，書類作成，法律相談等に係る援助を行う業務

＜援助の内容＞
①訴訟代理援助：訴訟等の代理人となる弁護士等への報酬・実費の立替え等
②書類作成援助：訴訟等に必要な書類の作成を弁護士等に依頼した場合の報酬・実費の立替え等
③法律相談援助：弁護士等による無料の法律相談の実施（ただし無料は3回まで）

＜民事法律扶助事業からの要件緩和等＞

資力要件の撤廃

東日本大震災法律援助事業においては，援助を受ける被災者の資力の状況を問わないものとする。← 一般の民事法律援助事業では一定の資力制限あり。

援助対象の拡大

民事裁判等手続（裁判所における民事事件・家事事件・行政事件に関する手続）に加え，裁判外紛争解決手続（いわゆるＡＤＲ）・行政不服申立手続の準備・追行（民事裁判等手続に先立つ和解の交渉を含む。）を援助の対象とする。

立替金の償還・支払の一定期間の猶予

援助を受ける被災者に係る民事裁判等手続その他の手続の準備・追行がされている間，立替金の償還・支払を猶予するものとする。すなわち，事案が終了してから償還してよい。

出所：『時の法令』第1908号37頁より一部修正。

おわりに——評価と検討

① 地元の利用者からのアトランダムのヒヤリングでは評価がよい。とくに無料相談の制度はこの相談により解決の光がみえた思いがしたという声すら聞かれる。日本司法支援センター評価委員会による，毎年度の「日本司法支援センター年度業務実績評価に関する評価」では，利用者数・活動件数ともにめざましい。

② この法律の成立が遅すぎたという批判が地元では聞かれる。つまり，一番必要な時期にこの救援システムがなかった。いずれ起こり得る大規模災害に対しては，この法律を先例ケースにして検討を加え，たとえばあらかじめ恒久法を作っておいて，実際の適用を例えば政令で適用地域指定を行うことによって，この法律による措置をすみやかに発動させる等の制度の迅速な作動の方法を工夫する必要があろう。

③ 法律援助システムの従事者として，弁護士・司法書士の他に，行政機関や東京電力への提出書類の作成については，行政書士も加える何らかの方途を検討すべきではなかろうか。被災地の現場では，行政機関に提出すべき書類を自分で書けないで困っている人が意外と多い。被災者が必要としている法的援助はもう少し範囲が広い。

1) 災害法（災害に関する法律）は数え方にもよるが，現行法で災害に言及している法律は 1,150 以上あり，主要な法律だけでも 100 を超える（津久井進『大災害と法』岩波新書 2012 年）。明治以降でみてみると，災害法は，津波，地震，大火，台風，戦災，火山噴火，等々の災害のたびにパッチ・ワーク的に事後的対応の法律として作られてきた。しかし，次第に一定の災害事態を想定した恒久法の方向に進んでいる。

第 4 章　大震災被災者に対する法律援助システム　107

2) この東日本大震災被災者援助特例法の解説に関しては，「東日本大震災の被災者に対する援助のための日本司法支援センターの業務の特例に関する法律」（『法令解説資料総覧』第 370 号），「東日本大震災の被災者に対する法的支援のための法テラスの業務の特別措置」（『時の法令』第 1908 号），「東日本大震災の被災者に対する援助のための日本司法支援センターの業務の特例に関する法律」（『自由と正義』第 63 巻 10 号）参照．
3) 法テラスの通称は，「法で社会を明るく照らす」「陽当たりの良いテラスのように皆様が安心できる場所にする」という思いを込めたという．
4) 日本司法支援センター『東日本大震災の被災者等への法的支援に関する調査』（平成 25 年 3 月）．この調査は，日本司法支援センターが，被災者の法的ニーズの実情を正確に把握するとともに，その結果を今後の施策につなげることを目的として，東京大学社会科学研究所教授佐藤岩夫氏の指導と協力のもとに，具体的な実施作業は株式会社日本リサーチセンターに委託して実施したものである．調査対象地域は，地域の特性ごとに被災者の法的ニーズにどのような違いがあるかを検証できるように，宮城県仙台市，南三陸町，女川町，福島県二本松市，相馬市を選定して調査が行われた．この調査とその結果分析は，東日本大震災における被災者の法的ニーズを総合的・系統的に明らかにした調査としては日本で最初の試みと評価できる．
5) 阪神・淡路大震災に際しての法律相談における被災者救援活動については，坂本秀文「阪神・淡路大震災における法律相談」（『ジュリスト』第 1070 号）参照．
6) 東日本大震災直後からの仙台弁護士会のリーガル・サービスについては，坂田宏「仙台弁護士会の災害支援活動に見る大震災後のリーガル・サービス」（『法律時報』第 84 巻 6 号）参照．なお，宮城県内における 1 万 7000 件余りの震災法律相談活動の分析結果として，小山治・岡本正「宮城県における東日本大震災に関するリーガル・ニーズの実態——市町村単位の分析」（一）（二完）（『自治研究』第 88 巻第 11 号・12 号）がある．
7) この法律案は，平成 24 年 3 月 16 日，衆議院法務委員会において，黒岩宇洋議員外 3 名から，民主党・無所属クラブ・自由民主党・無所属の会及び公明党の三会派共同提案により，同委員会提出の法律案として決定すべしとの提案がなされ，これを全会一致で議決し，以後，同日本会議，22 日に参議院法務委員会，翌 23 日にそれぞれ全会一致で可決され，同月 29 日に公布された．
8) 「東日本大震災の被災者に対する援助のための日本司法支援センターの業務の特例に関する法律」（『法令解説資料総覧』第 370 号）25 頁．

第 5 章
日 本 心 象
中国人の表象・記憶する 3・11

深 町 英 夫

はじめに

①

これは，中国で最も利用者の多いポータルサイトの1つ，騰訊（Tencent）のニュースサイトである騰訊新聞が，2013年4月23日に掲載した特集記事，「中国と日本 地震災害後の異なる様相」（編集担当は陳若氷）の表紙頁である[1]。「似た災難，異なる態度」と題し，以下のように記してある。

2011年3月11日，日本の東北地方の沿海でマグニチュード9の大地震が発生し，地震は数十メートルに達する高さの津波を惹き起こした。2013年4月20日，四川省蘆山でマグニチュード7の地震が発生し，こ

れは同地区で 2008 年の汶川でマグニチュード 8 の大地震が発生して以来,再び強い地震に見舞われたものである。同じく大地震でありながら,両国の震災後のさまざまな様相を対比してみると,日本が地震多発国として,政府から国民にいたるまで突然に訪れる災害に直面しても,よりいっそう落ち着いた秩序ある対応を示していることが判る。

東日本大震災は,中国人の日本イメージに大きな影響を与え,また往々にして自他の比較を中国人に促したようだ。

中国における東日本大震災の報道については,文俊・宮崎（2012）や雷紫（2013）があり,また横内・阿古・柴田・南出・加藤（2012）が,米英仏中の 4 か国における報道を比較している。これらはいずれも統計的手法・定量的分析を用いた,きわめて手堅い実証研究である。だが,それゆえにこそ中国の世論が東日本大震災を通じて日本をどのように認識したのか,その内容に関してはやや隔靴掻痒の感あるを免れない。

そこで本章では,あえて恣意的・主観的な議論となる危険を承知の上で,冒頭に紹介した特集記事およびそれに対する読者の反応を中心に,この課題をめぐる初歩的な分析・検討を試みたい。

1. 衝撃・混乱・流言── 3・11 直後の報道

地震・津波・原発という複合災害は,中国人にも大きな衝撃を与えた。中でも日本に在住する中国人留学生は,なかば当事者であったとも言える。震災の発生から約 1 か月を経て,新年度に入った 4 月 20 日には,「4000 名を超える留学生が余震や放射能を恐れて日本を離れる」という記事が配信された。すなわち,

外国人留学生の人数が比較的多い，71の日本の大学に行なった調査の結果によると，東日本大震災後の余震および福島の原発放射能漏洩事件を恐れて日本を離れた外国人留学生は，すでに4000名を超える。影響を受けている大学は，日本の東北地方の被災地に位置する大学だけでなく，さらに東京地区の大学や，さらには西日本の大学をも含み，私立大学の経営はより深刻な影響を受けている[2]。

このように大規模な自然災害の際にはなかば不可避な現象として，関連報道には若干の混乱も見られた。4月18日に，「日本経済界 東京北部M5.9地震で大阪遷都強く促す」という記事が配信された。

これ〔4月16日の余震〕により日本の地震学者や社会各界は，担心東京一帯に巨大地震が発生する可能性を懸念している。関西の重要な商都である大阪の経済界は態度を表明し，リスクを分散すべく大阪に遷都し，日本の首都の政治的・経済的地位を保持できるようにすることを，政府に強く促している[3]。

この時は確かに巨大地震が首都を見舞う危険が懸念されたが，実際に遷都が喫緊の課題として受け止められたわけではなく，これは海外の報道にしばしば見られる，力点や重要度のズレの事例かもしれない。

これに対して中国国内では，日本の東日本大震災をめぐってさまざまな流言飛語，よりいっそうの混乱が生じた。すなわち，「原発事故による放射能の人体への影響を防ぐために，ヨード添加塩を摂取する必要がある」とか，「海水が放射能で汚染されて塩が取れなくなる」といった噂が主にSNSを通じて広まり，特に沿岸部の江蘇省・浙江省・広東省等では都市から農村に至るまで，人々が争って食塩（特にヨード添加塩）を買い占めるという現象が

生じたのである[4]。
　さらに，これを自嘲的に皮肉った次のような対聯（2句1組のめでたい文句や言葉遊び）が，やはりインターネット上で人口に膾炙した。

　　上聯：日本係大核民族（日本は大核民族だ―「大核」と「大和」が同音）
　　下聯：中国乃塩荒子孫（中国は塩不足の子孫だ―「塩荒（塩不足）」と「炎黄（中国人の祖先とされる古代の炎帝・黄帝）」が同音）
　　横批（こころ）：有碘意思（ヨードの意味がある：「有点意思（少し面白い）」と同音）

　　上聯：日本人在核輻射中等待碘塩（日本人は放射能の中でヨード塩を待つ）
　　下聯：中国人在搶碘塩中等待輻射（中国人はヨード塩を奪い合いつつ放射能を待つ）
　　横批：無塩以対（与えるべき塩がない：「無言以対（言うべき言葉がない）」と同音）[5]

　隣国で発生した自然災害をめぐって，このように奇妙な現象が生じた中国社会では，それと対照的な日本人の姿に注目が集まるようになった。

2.「秩序ある日本人」イメージ

　ここでは本章冒頭で紹介した騰訊の特集記事，「中国と日本 地震災害後の

第 5 章　日 本 心 象　113

異なる様相」の内容を精査していこう。これは 23 枚の写真と，それぞれに付された説明文から成る。以下，冒頭に掲げた 1 枚（①：下記の⑧と⑨を並べたもの）を除く 22 枚の写真と説明文を，3 つの範疇に分けて整理し，これに考察を加えていく。

（1）当局の救難体制

②

③

②「大地震の際には往々にして地上の交通が遮断され，黄金の 72 時間には空中からの救援がとりわけ重要となる。写真：2011 年 3 月 12 日に日本の宮城県南三陸町で，人々はヘリコプターが離着陸するための標識を現地の小学校運動場に描いた。」

③「汶川大地震の際には被災地の多くの道路が土石流で遮断され，救援車両がすぐには入れず，多くの場所が震災の中で『孤島』となった。今回の蘆山地震では，山がちな西南地区の地上交通が自然災害に直面した際の脆弱性が，再び露呈された。写真：4 月 21 日に蘆山県龍門郷では，救援のヘリコプターが適切な着陸地点を見つけられず，河原に着陸せざるをえなかった。」

④「日本の大地震では，自衛隊・消防・警察・病院等の緊急事態部門が，いずれもヘリコプターを派遣して地震の救援に参加させるが，それにはさまざまな専門の救援ヘリコプターが含まれ，専門の救出道具や空中医療装備等を配備している。左の写真：2011 年 3 月 12 日に宮城県気仙沼市でヘリコプターが震災後に生存者を救出している。右の写真：3 月 12 日に札幌市の消

114　第Ⅰ部　被災地——現状報告分析

④　　　　　　　　　　　　　　　⑤

防ヘリコプターが屋上に残された老人を救出している。」

⑤「蘆山地震の際に空中救援の主力は依然として，陸軍航空部隊のMi-17およびMi-171ヘリコプターであった。中国が災害救援の際に投入するヘリコプターは数量も専門化の程度も，なお日本に比べれば非常に大きな格差がある。写真：4月21日に陸軍航空部隊がヘリコプターを出動させ，深刻な被害を受け道路が通じていない宝盛・太平に向かう。」

⑫　　　　　　　　　　　　　　　⑬

⑫「4月21日に雅安市蘆山県の深刻な被災地である宝盛郷で，武装警官が作業中にヘルメットをかぶっていなかったため，余震による落石で負傷した。」

⑬「2011年3月15日に日本の宮城県気仙沼市で，救難に参加した自衛隊や消防の人員は，みなヘルメットをかぶっている。」

——装備・組織等の面で日本の救難体制が中国より整っていることが，やや極端なまでに強調されている。

(2) 被災者の「素質」

⑥
⑦

⑥「蘆山地震の発生後，大量の専門・民間救援チームが一斉に被災地へ殺到し，それに故郷の親族を見舞う人々が加わったため，通行可能な道路もすぐに渋滞で身動きが取れなくなってしまった。写真：4月20日に雅安市の被災地へ通じる道路で，両方の車線が各種車両で渋滞している。」

⑦「日本では地震発生後，このように混乱した場面はほとんど見られなかった。左の写真：2011年3月15日に福島〔茨城〕県北茨城市で，夜間に車が長蛇の列を成しているものの，反対側の車線は空いている。右の写真：3月15日に福島県いわき市で給油のために行列している車が，道路の片側に寄って待っている。」

⑧
⑨

⑧「4月21日，蘆山県の救援物資が配られる現場で人々が先を争っている。」
⑨「2011年3月13日，日本の宮城県仙台市で市民が飲用水を受け取るために，運動場で長蛇の列を成している。」
⑩「4月21日，蘆山の被災地で陳光標氏〔慈善家〕が被災者に防寒用衣類

116　第Ⅰ部　被災地――現状報告分析

⑩　　　　　　　　　　　　　　⑪

を配ると、現場には写真を撮る者もいれば、先を争う者もいた。」
⑪「写真左：2011年3月13日、日本の福島県で人々が救援物資を受け取るため列に並んでいる。写真右：3月14日、日本の茨城県で人々が灯油を受け取るため列に並んでいる。」

――民衆の「素質（素養・水準）」は、しばしば日本人と中国人を比較する際に、議論の的となる点である。列に並ぶという行為をめぐって、後述する通りさまざまな議論が展開されている。

(3) 建築強度

⑭　　　　　　　　　　　　　　⑮

⑭「2011年3月16日、日本の仙台のある小学校では、地震と津波により教室内は一面めちゃめちゃであるが、教室の壁面構造的基本的に無事である。」
⑮「4月22日、蘆山中学校のある教室。蘆山県初級中学は汶川地震の後で香港特別行政区の出資により再建され2011年に竣工したが、2年足らずで

地震により新校舎が破損し，多くの教室では壁面が脱落して，亀裂が生じている。」

⑯「四川省宝興県の霊官鎮で，ある竣工して間もない建物の全体が倒壊した。」
⑰「2011年3月28日，日本の岩手県大槌町では3月11日の大地震の際に，一艘の遊覧船が津波で2階建ての小さな建物に乗り上げた。この建物はマグニチュード9の地震と6メートルの津波を受け，しかも109トンの船が載っても倒れない。」

——汶川地震の際に手抜き工事が多くの犠牲をもたらしたことから，建造物の強度も中国人にとっては関心の的となった。

(4) 死者の弔い

⑱「4月20日，地震の被害が深刻であった蘆山県龍門郷で，家族が犠牲者

の霊柩を守っている。大地震は多くの家庭を瞬時に破壊してしまう。」
⑲「2011年3月18日，日本の宮城県利府町で地震の犠牲者の遺体を清めた後，そろいの柩に納めている。」

⑳「4月21日，地震の際に蘆山県龍門郷で，現地の村民が地震で犠牲になった親族を見送っている。」
㉑「2011年3月22日，日本宮城県東松島市で，自衛隊員が地震と津波の犠牲者の遺体を葬る際，直立して敬礼している。この日は日本の東北大地震から12日目で，現地では犠牲者を一斉に柩に納めて葬り，尊厳を持って死者を旅立たせた。」

——日本では犠牲者の埋葬に当局が責任を負うと捉えられ，前項とも関連するが，それが一人一人の個人を大切にする姿勢と考えられている。

(5) 国家指導者

㉒「2011年3月12日早朝,水色の作業服を着た日本の菅直人首相がヘリコプターに乗って,空中から地震と津波の深刻な被害を受けた福島・宮城両県の被災状況を視察したが,着陸はしなかった。その後,菅直人首相は東京へ戻って記者会見を行ない,自衛隊の半分の兵力を動員して救難に参加させると発表した。4月2日,菅直人首相は初めて地上から被災地を視察した。」

㉓「2011年3月30日,東京の慶應大学〔実際は武道館〕で日本の天皇・皇后夫妻が臨時の避難所にいる被災者を見舞った。東京の臨時避難所には,福島県等からやってきた約600名の被災者がいた。日本の宮内庁の発表によると,天皇・皇后夫妻は救助活動が落ち着いた段階で自ら被災地へ赴くことを希望したが,当面は被災地自治体の負担が大きく,また現地を混乱させることを考慮して,4月27日にようやく被災地へ赴き被災者を慰問した。」

——この項目だけ日中の比較対象になっていないのは,中国の指導者に言及するのを避けたためだろう。日本の首相・皇族の被災地・被災者に対する配慮が強調されている。

3.「網民」の反応

以上のように,ステレオタイプ的とすら言いうるあまりにも極端な絵解きに対して,一般読者はどのように反応したのだろうか。この特集記事に設けられた掲示板への書き込みの内容を,以下に分析・検討してみよう[6]。

(1) 反省・自嘲／反発・弁明
上記の民衆の「素質」をめぐって,議論が戦わされた。

地震の後で物資を受け取るのに，喚いたり奪い合ったりするのは，あまりにも正常なことだろう。俺たち中国人は，普段の何もない時にパンを買うんだって，きちんと行列なんかできなくて，きっと押し合う奴がいたり，前に割り込む奴がいるんだから。列に並んで乗車するのも，切符を買うのも，食べ物を買うのも，診察を受けるのも，子供の手続きをするのも，何だって事の大小・軽重を問わず，きっと押しのけたり割り込んだりする奴がいて，一人でも押しのけたり割り込んだりしたら，みんな無茶苦茶になっちまう。あまりにも正常だろう！（末世沙丘）

　これに対しては，「中国の人口はどれだけで，日本の人口はどれだけだ？日本の方がいいなら，お前は日本に行っちまえ」（小女人的高姿）とか，「こいつは典型的な日本の犬だ」（断橋流水）というような民族主義的な反発があった。すると，「私は日本に旅行に行ったことがあるけど，向こうの人たちは確かに素養があって，コンビニで買い物するとレジ係はみんな親切だよ」（Eve），あるいは「国から出たことがない上に，これっぽっちの脳味噌もない奴は，本当にかわいそうだな。まったく井の中の蛙だ」（依蘭姑爺）といった反論が出る。そして，「小学生と高校生が比べられるか？高校生と大学院生が比べられるか？日本は先進国で，中国は発展途上国なんだ」（阿勝）といった居直り気味の書き込みに対しては，「我々と他人との格差を見せて，自分の修養や素養を高めるよう努力しろってことだろ。比較を恐れて遅れた状態に甘んじてたら，ますます進歩できなくなるぞ」（有酒常酔）とか，「第二次世界大戦から今まで，日本人は団結・努力して先進国になったのに，こっちはまだ発展途上で，恥ずかしくないのか」（傾輝引暮色）といった，良識的な反論も行なわれている。
　この「素質」は，改善の必要な通弊であると少なからぬ中国人に認識される一方，日本人との比較は事項で述べる通り，民族的自尊心に関わる問題で

あった。

(2) 歴史・反日

現代中国人にとって日本は，依然として戦争の記憶と切り離せない存在であり続けており，日本人の長所を認めることには一定の心理的な抵抗を伴う。例えば，「中国と日本がもう一度戦争しても，勝ち目はなさそうだな」(赳赳博士) といった自嘲的感想や，「日本政府と右翼連中は嫌いだが，中国国民の素質は本当に日本と比べようがない」(大隊長秘書)，「日本人は憎らしいが，彼等の建築を見てから中国の建築を見たら，言葉がない」(香水有毒) といった自省的見解が披歴される。

次のような批判は，一つの典型と言えるだろう。

> 日本人は幾つかの点で我々より優れているが，あの民族の幾つかの点で悪辣な性質は誰にでも一目で解る。……小日本〔日本の蔑称〕は自分が犯した過ちを，今でもまだ認めようとはせず，我々は真心から詫びる一言がほしいだけなのに，彼等は拒んでいる。最低限の道徳すらない民族は，たとえ他の面で素質が高くとも何の意味もなく，世の人々から賞賛を受けられるはずがない。(帥霸天下的小)

さらに極端な言説として，過去の侵略戦争に責任を転嫁しようとするものも見られる。

> 金だ！日本には金があって，中国には金がない。なぜ日本に金があるのかといえば，中国から奪ったからだ。なぜ中国に金がないのかといえば，日本に奪われたからだ。政府の腐敗だなんだと言うな。小日本に奪われたのに比べれば，九牛の一毛だ！(煙波釣徒)

その通り！奴等は俺たちからどれほど多くの物を奪ったか！あの時は蔣介石が中国人として意気地がなかったんだ。……向こうは物が多くて人が少ないから，みんなに取り分がある。こっちはどうだ？人が多くて物が少ないから，奪い合わなきゃ飢え死にしちまうんだ。（温暖的心）

その一方でやはり，「日本がわが中国を虐げた歴史は忘れようがないし，忘れるべきでもない。しかし，彼らの進んだ側面を見て，経験を顧みることで，突発的あるいは想定外の事件に我々が対処する能力を高めるのは，悪いことではなかろう」（心如止水）というような，常識的見解も表明されているのである。

（3）国家の役割

当局の防災・救難体制の不備は，やはり不満の対象であったようだ。例えば，「今のGDPの状況で，経済条件が先進国の水準まで発展してなくて，ヘルメットが買えないのか！」（johnny¢俊少）とか，「ヘルメットはあるんだが，その経費は上司が茅台酒を買って飲んじまった！」（飄＋零－鳥）というような風刺を含んだ感想が見られる。また，「一生に何度も使わない『陳腐な』知識」を重んじ，「子供が独立して生き抜く」ために必要な，生活に身近な安全知識を教えない「中国式の教育」に対する批判も提起された（明小楷）。

他方で，次のように中国当局を擁護する発言もある。

日本は震災から何年も経ってるが，被災地に行って見てみれば，どうだ？いまだに一面めちゃめちゃだ。被災地住民の生活や住居を，見に行ってみろ。逆に中国では，〔当局が〕何から何まで面倒を見て，そのために全国の力を結集してるぞ。〔2008年〕5月12日に〔地震に見舞わ

れた〕四川省北部が今どうなってるか，見に行ってから物を言え。(成都 -ylf)

　だが，「最後の2枚は日本の指導者ばかりで，なぜ中国のを載せないんだ？ 我々の指導者は，すぐに〔被災地へ〕行ったぞ！」(明小楷) という疑問に対しては，日本の菅直人首相や天皇・皇后夫妻が被災地を混乱させるのを懸念し，あえて現地視察を遅らせたことを指摘して，「中国の『民に親しむ』というのは現実に合わない」「この1組の写真が中国と対比していない，その言外の意味はお互いに解るだろう」(北海―唐玉兰) という反駁が加えられる。「親民宰相」と謳われた温家宝前首相は，時に涙ぐみながら自然災害の被災者を見舞う姿が幾度も報道されたが，それゆえ逆に「名優」と陰口を叩かれることもあった。中国の庶民は指導者の偽善性に，しばしば懐疑的な眼差しを向けているのである。

おわりに

　尖閣諸島の国有化をめぐって，中国各地で猛烈な反日暴動が起きた直後の2012年9月27日，フィナンシャル＝タイムズの中国語サイトに，コラムニストの許知遠が「日本要因」と題する文章を発表した。

　北京の日本大使館周辺がデモのために封鎖されていたある日，彼が乗り合わせたタクシー運転手に日本をどう思うか尋ねると，その運転手は生粋の北京訛りで，「そうだなぁ，自分でも矛盾してると思うんだが……小日本は憎らしいけど，時には奴らに感謝しなくちゃいけないな」と言って，右手を突き出し親指を上に向け，「奴らがいなきゃ，いつも俺達は自分がこうだと思ってる。」それから親指を下に向け，「奴らがいるから，俺達は自分がこうだと

判っちまうんだ。」この運転手の母親は満洲国で子供時代を過ごしたため，「小日本」には今でも恨み骨髄に徹するほどなのだが，彼の息子は日本マニアで東京へ留学してコンピューター＝ゲームを専攻したがっており，その話になると祖母は怒り心頭に発するのだという。許知遠は次のように記す。

> 1世紀余りの間，日本の存在は中国の統治者にとって，さながら不断の嘲りであった。自分が天朝大国だと思っていたら，かつての「倭寇」に日清戦争で敗れてしまった。やっとのことで中華民国になったのに，日本により〔国民政府は日中戦争中に〕西南の奥地〔重慶〕へ追い詰められ，かろうじて持ちこたえた。自分が〔第二次世界大戦の〕「戦勝国」だと思っていたら，〔改革・〕開放政策を採用した時には，自分が再び日本よりずっと遅れていることに気づいた。自国が台頭して日本が衰退を始めたと思ったら，日本〔の製品や文化〕が日常生活に深く入り込んでいるだけでなく，若い世代の心を捉えてしまっていることに気づいた。そして今回，こちらは平和的なデモすらできないのに，日本人は地震や津波に直面しても，あれほど落ち着いている……[7]

どうやら現代中国人にとって，日本は自己を映し出す鏡のような存在であるらしい。すなわち，日本に対しては激烈な憎悪・怨念とともに，畏怖とも敬意ともつかぬ情緒を抱くのである。このようにアンビバレント（愛／憎）な対日感情を象徴するのが，ステレオタイプ化された表象・記憶としての，日中戦争と東日本大震災なのではなかろうか。

1) http://news.qq.com/photon/tuhua/c_j.htm（2014年6月14日閲覧，以下同様。）
2) http://news.qq.com/a/20110420/001435.htm
3) http://news.sina.com.cn/w/2011-04-18/031622309780.shtml
4) http://www.baike.com/wiki/%E7%9B%90%E8%B0%8E?prd=zhengwenye_left_

tongyici
5）http://www.baike.com/wiki/%E7%9B%90%E8%8D%92%E5%AD%90%E5%AD%99
6）http://comment5.news.qq.com/comment.htm?site＝news&id＝40740297
7）http://www.ftchinese.com/story/001046758

第 II 部
被災地——電力・エネルギー・原発問題

第 6 章
日本のエネルギー政策と電力改革

岡 田　　啓

はじめに

　現代日本における豊かで便利な生活は，化石燃料を中心としているエネルギー（パワー）消費によって支えられている。たとえば，工作機械を使って商品を生産する，エアコンを入れ室温・湿度を制御する，通勤・通学・所用により自動車や鉄道を利用して移動する等を行う際に，工作機械，エアコン，自動車などを動かすために各種エネルギーからパワーを取り出し，それを消費している。日本においては，経済活動や便利な生活を送るために，2012年に1次エネルギーで2万1709×10^{15}J，最終エネルギーで14,346×10^{15}Jのエネルギーを消費している。パワーで考えるならば，最終エネルギーの数値を使うと45万5000MW（平均）を消費していることになる。
　2011年3月11日に発生した東日本大震災は，豊かで便利な生活の基盤であるエネルギー供給に多大な影響を及ぼした。震災により東京湾内，太平洋側に立地していた火力発電所が一部停止した。たとえば，東京電力では震災により火力設備13台（約8500MW），原子力設備7台（約6400MW）が，東北電力では火力設備12台（約4950MW），原子力設備3台（約1350MW）が停止した。そのほか，送電設備，変電設備配電設備などが多数被害を受け

第Ⅱ部　被災地——電力・エネルギー・原発問題

表1　設備被害状況

		東北電力	東京電力
原子力設備		3台停止（約1,350MW）	7台停止（約6,400MW）
火力設備		12台停止（約4,950MW）	13台停止（約8,500MW）
水力設備	ダム	0箇所	2箇所
	水路	19箇所	3箇所
送電設備	鉄塔（倒壊・折損等）	46基	15基
	がいし（破損等）	17基	41基
変電設備	変圧器	90台	147台
	遮断機	177台	33台
	断路機	403台	268台
配電設備	電柱（傾斜・倒壊等）	36,048基	14,288基

出所：電気事業連合会（2013）。

ている（表1）。また，ガスでは震災により約48万戸への都市ガス供給が停止し，中圧・低圧本支管などに被害が発生した（総合資源エネルギー調査会・都市熱エネルギー部会ガス安全小委員会災害対策ワーキンググループ，2012）。

　エネルギー供給の毀損が目に見える・実感できる形で日常生活，経済活動に対して問題と被害を及ぼした。例として3月14日から28日まで実施された東京電力管内における計画停電，さらに，関東・東北地方ではガソリン供給の不足によるガソリンの売り切れなどが挙げられる。また震災直後のみならず，2011年夏期における電気事業法27条に基づく電力使用制限，電力ピークカットを行うために工場の稼働曜日を土日に変更する事態も，実感できる事例に該当するであろう。

　震災による上記の問題により，国民はエネルギー供給体制に対し意見を表明し，今後のエネルギー政策に対して関心を寄せるようになった。前者については，原子力発電所は「減らす」「廃止」，そして再生可能エネルギーによ

る発電の割合を最も多くすべきというものである（高橋・政木，2012）。後者については NHK 放送文化研究所（2011）によると，2011 年 6 月の時点で電話アンケートの回答者 22% が今後のエネルギー政策に関心があると返答した。このような国民の声があり，政府は震災以前のエネルギー政策とエネルギー供給体制についての再検討を余儀なくされている。

同時に，世界的な潮流や競争による電力価格の低下への期待などもあり，電力市場の規制緩和と自由化も検討が重ねられている。日本の電力市場は 1995 年以降，電力事業法の改正により規制緩和と自由化が実施されている。具体的には電力会社へ電力を卸すことができる独立系発電事業者の参入が許可されたり，特定地点における小売り供給については特定電気事業者の参入が認められたり，特別高圧の大口事業者に対する電力供給が自由化されたりしている。2013 年 11 月には電力システム改革法案が提出・可決され，規制緩和・自由化が今後進展されることになっている。

上記のように今後変化するであろうエネルギー供給体制やエネルギー政策にはいかなる課題があるのであろうか。そこで，本章では，最初に今後のエネルギー政策やエネルギー供給体制の課題を検討するに際し，これまでのエネルギー政策の変遷をまとめる。続いて，エネルギー供給体制に関する課題の中でも電力システム改革の方向性と課題について論じ，そして再生可能エネルギー促進を目論む固定価格買取制度（FIT: Feed In Tariff）の現況と課題について述べ，最後に今後のエネルギー政策の方向性について論じることにする。

1. 日本のエネルギー政策の経過と特徴

エネルギーは，日常生活や産業の生産を支える重要な投入要素であり，その消費量と構成は変化し続けている。1973 年から比較すると 1 次エネルギー

供給量で1.33倍（図1），最終エネルギー消費量で1.22倍（図2）となっている。1次エネルギー供給は，2011年以前までの傾向として，石油の割合が減少し，ガスや原子力の割合が増加していた。2011年・12年は震災に伴い，原子力発電所が停止となりその構成比率が減少し，減少分を補うために石油とガスの比率が増加した。新エネルギー・再生可能エネルギーの割合は2％以下と大きな変化は無い。最終エネルギー消費では産業部門の全体に占める比率が低下する中，家庭部門の比率が増加し続けている。運輸部門は総量としては減少しているものの，産業部門の減少に伴い，全体に占める比率は若干増えている。

日常生活や産業生産の基盤であるため，戦後からエネルギーに対する政策が展開されてきた。複数の識者がその変遷をまとめているが国吉（2014）によると，戦後のエネルギー政策は，大きく7つの時期に分類できると言う。

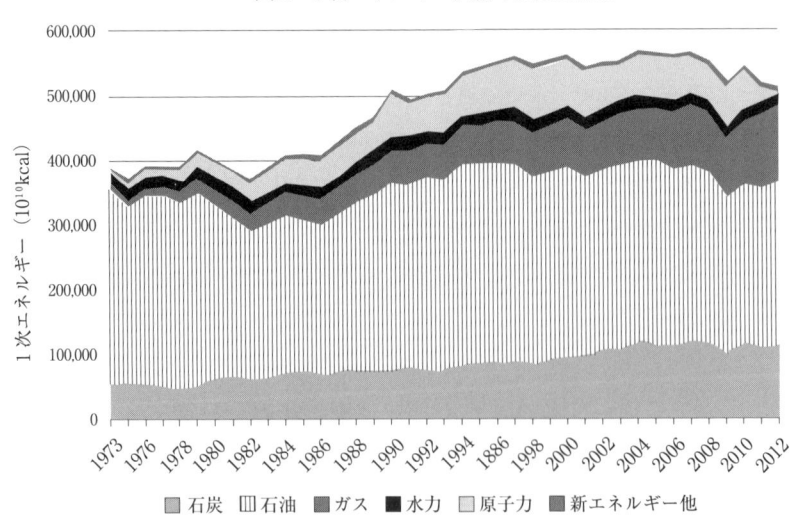

図1　1次エネルギー供給の歴史的推移

出所：日本エネルギー経済研究所（2014）。

それは，① 戦後復興のための電力開発（1950年代），② 高度成長と同時期に石炭から石油への燃料転換そして原子力発電の開発開始（1960年代），③ 石油危機を受け脱石油を進展（1970年代〜1980年代前半），④ 経済構造改革の要請を受け経済性重視（1980年代後半〜1990年代前半），⑤ 温暖化対応の要請を受け原子力と再生可能エネルギーへ注力（1990年代後半），⑥ エネルギー安全保障意識の高まりと同時に3E（Economy, Energy security, and Environment）への要請強調（2000年代），そして ⑦ 福島第一原子力発電所の事故を受けエネルギー政策が根本から再検討され混乱（2011年以降）の7つである。

今後のエネルギー政策，電力改革を考える上では，④〜⑦の時期を概観する必要がある。④の時期に日本において公益事業と呼ばれる分野にて規制改革が実施された。公益事業に含まれる電気事業も例外ではなかった。1995

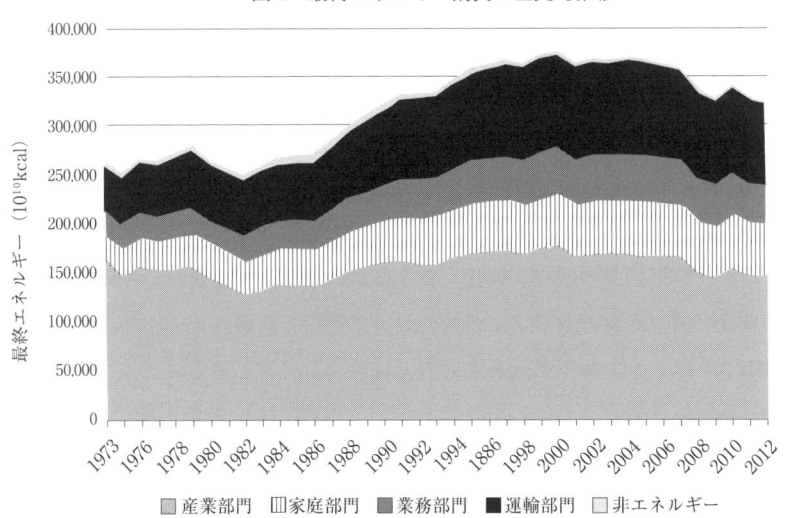

図2　最終エネルギー消費の歴史的推移

出所：日本エネルギー経済研究所（2014）。

年の電気事業法改正によって開始された卸部門への参入自由化を皮切りに，2000年に契約電力2000kW以上の特別高圧需要家への電力の小売りが自由化，2004年に500kW以上の高圧需要家，2005年に50kW以上の高圧需要家への小売りが自由化された。電力量のシェアで見ると，65%の顧客が自由化の対象となっている。⑤・⑥の時期において，再生可能エネルギー促進のための法律が制定されてきた。中でも2002年に成立した「電気事業者による新エネルギー等の利用に関する特別措置法」(新エネ利用特別措置法)により電力事業者が毎年度，販売電力量に応じて一定割合以上新エネルギーで発電された電気の利用が義務づけられたRPS（Renewables Portfolio Standard）制度が開始した。2009年には「エネルギーの供給事業者による非化石エネルギー源の利用及び化石エネルギーの有効な利用の促進に関する法律」が制定され，太陽光発電による自家消費分を除く余剰電力を買い取る制度が実施された。

　⑥に入る2010年において3年毎に策定される「エネルギー基本計画」が閣議決定され，その計画において原子力発電の推進が明確に示された。このエネルギー基本計画は3Eへの要請を受け，次に挙げる5点の目標が盛り込まれた。第1にエネルギー自給率および化石燃料の自主開発比率の倍増，第2にゼロ・エミッション電源比率の約70%への引き上げ，第3に「暮らし」（家庭部門）でのCO_2排出量の半減，第4に産業部門における世界最高のエネルギー利用効率の維持・強化，第5にエネルギー関連製品の国際市場における我が国企業群のトップクラスのシェア獲得である。第1と第2の目標を達成するべく，エネルギー基本計画では原子力発電と再生可能エネルギーの導入を進展させることにしたのである。具体的には，2020年までに，9基の原子力発電所の新増設を行うとともに，設備利用率約85%を目指すとしていた。なお，この計画が策定された2010年当時，17箇所54基の原子力発電所が稼働し，設備利用率は約67%[1]であった。さらに，2030年までに，

少なくとも 14 基以上の原子力発電所の新増設を行うとともに，設備利用率約 90％を目指すとした。これらの実現により，水力等に加え，原子力を含むゼロ・エミッション電源比率を，2020 年までに 50％以上，2030 年までに約 70％とすることを目指すという計画であった。つまり，電気エネルギー供給を安定的に実施しつつ CO_2 排出を抑制するために新しい原子力発電所を新規に多数増設し，同時に既存設備も含め設備利用率を引き上げていくことが計画の柱であったのである。

しかし，この計画は 2011 年 3 月の東日本大震災における原子力災害により完全に破綻した。国際原子力事象評価尺度でレベル 7 となる福島第一原子力発電所事故が発生し，放射能汚染とそれに伴う生活の喪失という被害が生じた。同時に，原子力発電に対するパブリックアクセプタンスがほぼ喪失した。また，福島第一原子力発電所自体の事故処理（核燃料の処理問題，汚染水の問題，原子炉の廃炉）や賠償のため多額の費用を要しており，さらに今後その費用が増加することが予想されている。原子力事故後，点検に入った既存の原子力発電所に対して厳しい安全基準が設けられ，審査がなされることになった。2014 年 4 月時点では商用原子力発電所は一基も稼働していない。同時に多くの新増設の原子力発電所についても建設反対に直面し，建設中止をした施設もあることから政府の 2010 年の計画は進んでいないと言える。前記のとおり，2010 年エネルギー基本計画では原子力発電所の大幅な新規増設，施設稼働率の引き上げが計画を支える柱，つまり前提であった。だが，その 2 つの前提が原子力災害により崩れ，計画は破綻したと言っても過言ではない。

震災以後，エネルギー基本計画そしてエネルギー政策は見直しを余儀なくされることになる。中でも，これまで専門家や政府などによってトップダウン方式にてエネルギー政策が立案されていたことに見直しが入った。そのため，2011 年 6 月に国家戦略担当大臣を議長とし，関係大臣を構成員とする

「エネルギー・環境会議」が設置された。1年の議論を経て基本理念・原則を記載した「中間的整理」をまとめ，原発依存度をパラメータとする3つのシナリオを提示した。そして，シナリオに基づき，国民的議論（意見聴取会，パブリックコメント，討論型世論調査）を行った。この議論を踏まえて「革新的エネルギー・環境戦略」がとりまとめられた。戦略の中には「第一の柱は，「原発に依存しない社会の一日も早い実現」。……（中略）……2030年代に原発稼働ゼロを可能とするよう，あらゆる政策資源を投入する」との記述が盛り込まれている。この戦略に関しては，明確な方向性が見られない，再生可能エネルギー導入に関して現実性に欠けているなどの批判も多く出た。そして，2012年12月に安倍政権が発足し，前政権で検討されたエネルギー・環境政策をゼロから見直すという方針を出した。その後，エネルギー政策については改定が必要となったエネルギー基本計画の議論を中心として，経済産業省資源エネルギー庁の基本政策分科会にて，検討されることとなった。

　長引いた議論の末改定されたエネルギー基本計画は，2014年4月11日に閣議決定された。改定エネルギー基本計画では，日本が抱えるエネルギーに関する問題がまとめられ，エネルギー政策に関する基本方針である3E+S（Economy, Environment, Energy security, and Safety）の視点から，各エネルギー源の政策的位置づけが記述されている。この基本計画において，原子力発電に対しては「運転コストが低廉で変動も少なく，運転時には温室効果ガスの排出もないことから，安全性の確保を大前提に，エネルギー需給構造の安定性に寄与する重要なベースロード電源である」（『エネルギー基本計画』，19頁）という位置づけがなされていた。その後，エネルギー需給に関する長期的，計画的に実施するべき施策についてまとめている。基本計画中の施策としては，再生可能エネルギー導入加速，電力システム改革の断行が謳われている。今回のエネルギー基本計画は，前回・前々回のエネルギー基

本計画と異なり、将来 2020 〜 2050 年ぐらいまでのエネルギー見通し、そして施策を実施した結果についての数値などが見当たらない。つまり定量的に政策の効果を把握した計画ではなく、定性的な計画となっている。今後、この計画を中間評価もしくは事後評価を行う際に的確な評価ができなくなるという意味で問題がでてくることが予想される。

2. 電力自由化の促進と発送電分離についての論議と実現の方向性

(1) 電力自由化の状況

東日本大震災の後に電力市場の改革について関心が高まった。震災と原子力事故により、電力の需給逼迫、原油高と原子力発電停止による電力減少分をガス等の火力発電で賄うことに起因する電気料金の値上げなどを通して従来の電力市場の制度の限界や問題点が明らかになったためである。

電力市場改革の焦点は十分に競争が働いていない点に集まった。かつて電力市場は、政府によって規制されていたが、前述にもあるように 1995 年から順次市場が開放され、自由化が進められている。しかし、複数の識者が指摘するとおり、自由化の結果は芳しい物では無い。自由化を示す指標の例として、新電力（特定規模電気事業者[2]）の販売電力におけるシェアが挙げられる（図 3）。図 3 にあるように、2014 年において新電力が販売電力に占めるシェアは 3.5% であった。2004 年からの推移を見るならば新電力のシェアは上昇しているものの、シェア水準から考えるに新電力が電力市場に食い込んでいるように見受けられない。また地域により新電力シェアにはばらつきがある（図 4）。東京・関西など大都市部を抱える地域において新電力のシェアが高く、東京電力管内で約 6%、関西電力管内では 5% のシェアを占めているが、地域別に見たとしても新電力のシェアは小さい。

138　第Ⅱ部　被災地——電力・エネルギー・原発問題

図3　新電力販売電力シェア（全国）の推移

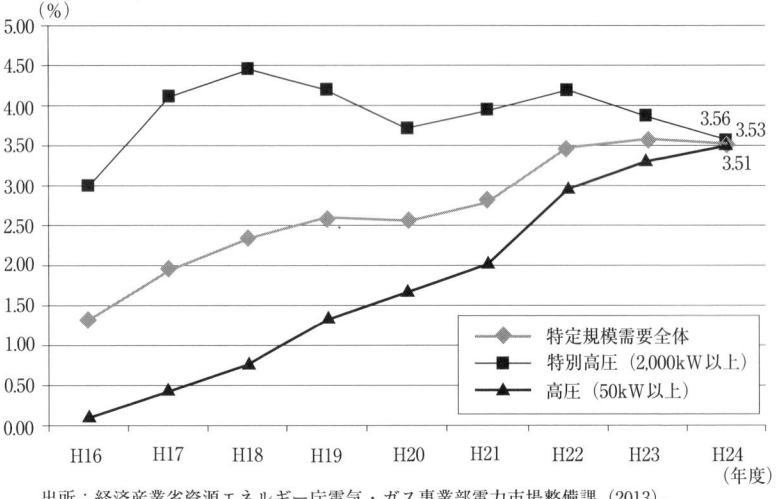

出所：経済産業省資源エネルギー庁電気・ガス事業部電力市場整備課（2013）。

図4　新電力販売電力シェア（地域別）の推移

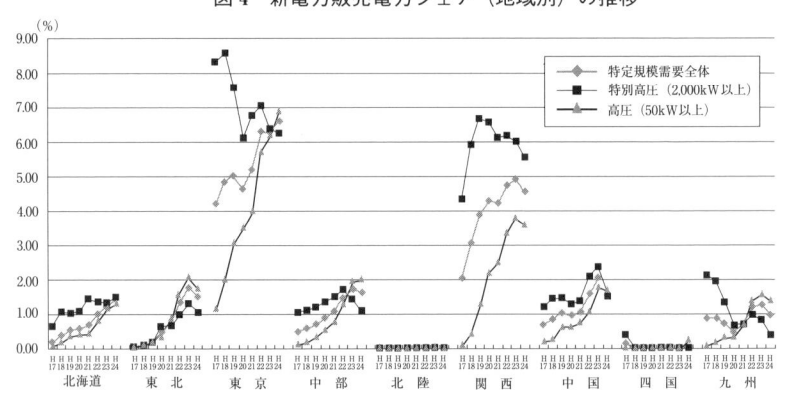

注：平成25年4月以降，北陸電力管内においても供給実績を確認している。
出所：経済産業省資源エネルギー庁電気・ガス事業部電力市場整備課（2013）。

新電力の電力販売先を分野別に見てみると産業用のシェアは業務用のシェアと比較しても小さいことがわかる（表2）。表2において，産業用とは電力をモーター等の動力および関係する電灯のために使用する需要家（工場等）のことであり，業務用とは電力を主として電灯に使用する需要家（事務所や店舗等）のことを指す。新電力のシェアは特別高圧業務用を除いて1桁代となっている。このように新電力の販売先が主に業務用に偏っている状況については，東日本大震災以後も大きな変化は無い（公正取引委員会，2012）。

表2　分野別新電力のシェア

(単位：%)

年度＼分野	特別高圧 産業用	特別高圧 業務用	高圧 産業用	高圧 業務用	全体
2004	0.2	20.1	0.0	0.5	2.0
2010	1.0	20.7	0.5	4.5	3.5
2011	0.9	20.1	0.7	5.0	3.6

出所：公正取引委員会（2012）。

シェアからうかがえるように，自由化により電力市場の競争が促進しているとは言い難い。たとえば八田（2012）は「日本の送電線は不完全ながら開放されたが，結果的に自由化の程度はきわめて限定的である」（43頁）と論じている。さらに公正取引委員会（2012）は，「小売分野の部分自由化が開始されてから10年以上が経過しているにもかかわらず，新電力のシェアは依然として小さいほか，一般電気事業者間で供給区域を越えた供給による競争も起きておらず，従来，その地域で供給を担ってきた一般電気事業者による，独占に近い状態が続いている」（2頁）と述べている。

(2) 何故日本は自由化が進まなかったのか

電力市場の自由化はこれまで何故進まなかったのであろうか。自由化が進展しなかったのは1つの理由ではなく，複合的な理由が重なっていると推察される。

公正取引委員会（2012）では自由化が促進しない理由として次の3点を挙げている。第1に新電力が価格競争力のある電力を調達することが難しいことを挙げている。発電費用が低いベース電源の大半を保有する一般電気事業者と自家発事業者にとって新電力に安価な電気を供給するインセンティブが無いためである。第2に一般電気事業者は長期にわたり供給地域内の需要に対応することに専念し，その需要に最適に対応する設備や営業体制を整えている。そのため，供給域外へ事業を拡大するインセンティブが存在しないためである。第3に連携線や周波数変換装置の設備容量に物理的な制約が存在している。そして，その設備容量を拡大することは他地域の競争事業者を迎え入れることにもつながるため，必要以上の上記設備を拡充するインセンティブが存在しないことである。

さらに，井熊ほか（2013），八田（2012）は別の要因を指摘している。井熊ほか（2013）では，自由化が進展しない理由として，制度設計にする構造的な欠点を挙げている。すなわち，「相互に競争せず，発電から小売りまでをカバーする垂直一貫体制を整えた電力会社中心の議論から生まれた段階的な自由化は，当然のことながら，電力会社に有利な構造にしかならなかった」（47頁）。また，「供給安定を錦の御旗に，電力会社の経営の安定が優先され，電力会社の原子力，火力などの発電設備構成，発電，送電，配電，小売りを1社で抱える垂直一貫体制，地域独占体制などの事業構造が温存されたこと，電力会社の利益の源泉である家庭などの小口市場の自由化が行われなかったこと，にある」（51頁）との指摘をしている。

八田（2012）は給電指令所が中立性を欠いていることを自由化が進まな

かった理由として挙げている。2000年3月の電力小売自由化以来，個々の電力会社は会計分離[3]を行っている。だが，給電指令所は電力会社の一部として止まった状態である。電気事業法24条の三において特定の者に対する差別的取り扱いを禁じているが，給電司令所は新電力と電力会社供給部門を中立的に取り扱っていないと主張している。このような現況があるため八田は電力の自由化のために送電部門の機能分離[4]に止まらず法的分離[5]を実施すること，広域運用改革を行うこと，外部不経済への複数対策を実施することを提案している。

(3) 電力システム改革の現況と課題

震災以後の議論を経て，広域連携運用機関の設立，電気の小売業への参入の全面自由化，法的分離による送配電部門の中立性確保，電気の小売料金の全面自由化という電力システム改革が行われる。実際，電力システム改革のために，2013年11月の国会で改正電気事業法が成立した。そして2014年の通常国会に「電気事業法等の一部を改正する法律案」が提出されることが閣議決定されている（経済産業省資源エネルギー庁，2014a）。

改革のスケジュールを概観すると，大きく3段階でシステムを変えるとしている（表3）。第1段階は，電源の広域的な活用に必要な送配電網の整備を進めるとともに，全国規模で平常時・緊急時の需給調整機能を強化するための組織である広域的運営推進機関の設立である。2014年1月に，既に，電力事業者35社と発電事業者13社が設立の総会を行い，機関の組織体や業務内容に関する議論を行っている。第2段階は2016年の実施を目指している小売事業の全面自由化であり，最後は発送電の分離と小売料金の全面自由化である。

野口（2013）が指摘するように今回の電力システム改革は「電力事業制度を大きく転換する戦後最大の改革」と言うことはできる。他方で，このシス

表3　電力システム改革の流れ

	実 施 時 期	法案提出時期
【第1段階】 広域的運営推進機関の設立	平成27年（2015年）を目途に設立	平成25年（2013年）11月13日成立
【第2段階】 電気の小売業への参入の全面自由化	平成28年（2016年）を目途に実施	平成26年（2014年）通常国会に法案提出
【第3段階】 法的分離による送配電部門の中立性の一層の確保，電気の小売料金の全面自由化	平成30年から平成32年まで（2018年から2020年まで）を目途に実施	平成27年（2015年）通常国会に法案提出することを目指すものとする

出所：経済産業省資源エネルギー庁（2014a）。

テム改革についての評価は，改革の途中であることもあり，定まっていない。すなわち，評価する識者もあり，改革によるサイドエフェクトに留意しつつ慎重にすすめるべきとする意見もあり，また，改革を疑問視する意見もある。

システム改革に関する論点・課題を野口（2013）が整理しているものの，その内容は供給サイドに偏っているように見受けられる。震災を契機とした電力供給体制への国民の関心の高まりが今回の改革の出発点となっていること，これまでの電力改革が供給サイドを中心に検討されていたことを考えると，課題が供給サイドに偏りがちになることは予想に難くない。だが，依田（2014）が指摘しているように，改革の成果を発現できるように利用者側にどのように参加を促すのか，今後さらなる検討と仕組み作りがより重要であろう。

3. 再生可能エネルギーの促進の現状と課題

(1) 2011年以前における再生可能エネルギー促進政策

東日本大震災以前より再生可能エネルギーを促進するための政策は実施さ

れていた。その政策は，基本的には，基本技術への補助，太陽光パネルなど一部の再生可能エネルギー・新エネルギーへの補助などの補助政策である。再生可能エネルギーの利用を促進させるために，2002年に前述のRPS法が制定された。RPS法では，電気事業者は販売電力量に応じて事業者毎に定められた割合以上の新エネルギーから発電される電気を利用することが義務づけられた。RPS法で対象となる新エネルギーは，風力，太陽光，地熱，小規模水力，バイオマスの5種類であった。RPS法においては，太陽光発電が対象になっていなかったこともあり，2009年に「エネルギー供給事業者による非化石エネルギー源の利用及び化石エネルギー原料の有効な利用の促進に関する法律」（通称，エネルギー高度化法）が制定された。エネルギー高度化法によって，太陽光発電設備によって発電された電力の内，自家消費分を除く余剰電力を，電力会社は従来の約2倍の価格（住宅用48円/kWh，非住宅用24円/kWh）で買い取る制度が開始された。

上記の政策を実施したものの，再生可能エネルギーは国内の一次エネルギー総供給の1%前半を占めるだけであった。RPS法が導入された2002年以降，わずかであるが再生可能エネルギーの利用割合が増加している。だが，その増加は0.1ポイントのオーダーであり，総供給から見たならば大幅な利用増とは言い難い。

(2) 固定価格買取制度の現況と評価，そして費用対効果

進展しない再生可能エネルギーの利用促進を目指すため，固定価格買取制度（FIT: Feed In Tariff）を盛り込んだ「電気事業者による再生可能エネルギー電気の調達に関する特別措置法」が震災当日の2011年3月11日の午前中に閣議決定された。FIT制度は震災を受け，再生可能エネルギーの利用促進を強化する方向に変更されるのであるが，制度そのものは震災に拘らず検討され，実施される運びであったことには留意されたい。

FITとは，再生可能エネルギーで発電された電気をその地域の電力会社が一定価格で，一定期間（15～20年）買い取ることを国が約束する制度である。電力会社は発電された電力を買い取る費用を電気の利用者全員から賦課金という形で集め，まだ発電費用が高い再生可能エネルギーの導入を支える制度でもある。買取価格が長期間にわたって固定されていることもあり，再生可能エネルギーで発電をする事業者から見ると，発電設備の設備費用を回

表4　固定価格買取制度における調達期間と調達価格

	調達期間(年)	調達価格（¥/kWh）		
		2012	2013	2014
【太陽光】				
10kW 以上	20	40円＋税	36円＋税	32円＋税
10kW 未満	10	42円	38円	37円
10kW 未満（ダブル発電）	10	34円	31円	30円
【風　力】				
20kW 以上	20	22円＋税	22円＋税	22円＋税
20kW 未満	20	55円＋税	55円＋税	55円＋税
洋上風力	20			36円＋税
【水　力】				
1,000kW 以上　30,000kW 未満	20	24円＋税	24円＋税	24円＋税
200kW 以上　1,000kW 未満	20	29円＋税	29円＋税	29円＋税
200kW 未満	20	34円＋税	34円＋税	34円＋税
【既設誘水路・活用中小水力】				
1,000kW 以上　30,000kW 未満	20			14円＋税
200kW 以上　1,000kW 未満	20			21円＋税
200kW 未満	20			25円＋税
【地　熱】				
15,000kW 以上	15	26円＋税	26円＋税	26円＋税
15,000kW 未満	15	40円＋税	40円＋税	40円＋税
【バイオマス】				
メタン発酵ガス（バイオマス由来）	20	39円＋税	39円＋税	39円＋税
間伐材等由来の木質バイオマス	20	32円＋税	32円＋税	32円＋税
一般木質バイオマス・農作物残さ	20	24円＋税	24円＋税	24円＋税
建設資材廃棄物	20	13円＋税	13円＋税	13円＋税
一般廃棄物・その他のバイオマス	20	17円＋税	17円＋税	17円＋税

出所：経済産業省資源エネルギー庁（2014b）より作成。

収の見通しが立ちやすくなり，再生可能エネルギーによる発電の導入が従来よりも促進する。

買取価格と買取期間は，経済産業省の「調達価格等算定委員会」で年度毎に翌年度分を審議することになっている。FITにおけるエネルギー毎の買取期間と買取価格を表4に示す。太陽光発電の調達価格が漸次下げられていることがわかる。それ以外のエネルギーについては調達価格の変化は無い。また調達期間についても全く変更されていない。FITの対象範囲が広がり，2014年から洋上風力や既設誘水路・活用中小水力が買取対象に含まれた。

(3) FIT導入による現況

FITは日本よりもドイツ・スペインにおいて先に導入され，政策の結果が明らかになっている。結果は成功面と問題点の両方を含むものである。

ドイツ，スペイン共に，FITを実施させることで，再生可能エネルギーの加速的導入に成功した。経済産業省資源エネルギー庁（2012）によると，ドイツでは，再生可能エネルギー発電量が着実に増加し，2010年においては再生可能エネルギーの発電量が全体の18%を占めるに至っている。中でも太陽光発電の発電量が増加している。2004年に買取価格を3割弱（45.7ユーロセント/kWhから57.4ユーロセント/kWh）引き上げを行ったことが要因となっている。スペインでも同様の傾向がある。スペインでは2007年に大型の太陽光発電の買取価格を約2倍（22.98ユーロセント/kWhから41.75ユーロセント/kWh）に引き上げた。その結果，太陽光発電の発電量が増加し，2010年には再生可能エネルギーの発電量が全体の30%以上を占めた。

しかし，ドイツでもスペインでもFITは壁にぶつかっている。それは，再生可能エネルギーで発電された電力の買取に要した資金を賄う賦課金が増大したことである。ドイツの場合，2011年だけで総額136億ユーロ（約1兆3600億円）の賦課金額となり，1世帯当りの月額負担額は10.3ユーロ

（約1000円）となった。これは電気料金の1割を超えた（朝野，2012）。このFITによる料金の上昇で，費用負担に対する社会的批判が高まっている。そのため，ドイツでは買取価格の改訂頻度を高くし，買取価格を断続的に下げる措置を執っている。そしてスペインにおいても賦課金が増加している。スペインでは買取コストの電気料金への転嫁を認めていないため，賦課金は電力会社の赤字となり経営を圧迫している。2013年5月までの累積赤字は260億ユーロに上るという（海外電力調査会，2014）。これを受け2012年1月にスペインでは再生可能エネルギーに対する経済的インセンティブの付与を凍結し，新制度に移行することになっている。

　日本においては，FIT制度の導入により，諸外国と同様に太陽光発電の導入が加速した。しかし，それ以外の再生可能エネルギーの導入は進展していない（表5）。太陽光発電の設備導入量は2012年，2013年共に設備導入量の9割以上を占めている。その他の再生可能エネルギーの設備は全くもって導入が促進されていないと言える。

　日本での賦課金の負担は，総額としては不明であるが単価としては増加している。賦課金額は2014年度に入り，前年の1kWh当たり0.35円から0.75円に引き上げられた。電力会社毎の賦課金の単価を表6に示す。FITによる賦課金の単価は全国一律であるものの，2009年より導入されている太陽光発電促進賦課金は電力会社毎に賦課金の単価が異なる。このため，再生可能エネルギー関連の賦課金単価は電力会社によって異なっている。2014年4月の時点において，0.75円/kWhの賦課金は標準家庭（月間使用量300kWh）で考えると，月額225円，年額2700円の負担となる。電気料金に占める割合は3％程度と言われている。ドイツのFITにおける1割には満たないものの，昨今の電気料金上昇の一因になっている。

表5 固定価格買取制度導入前後における再生可能エネルギー発電設備の導入量（2014年1月末時点）

再生可能エネルギー発電設備の種類	固定価格買取制度導入前 2012年6月末までの累積導入量（万kW）	固定価格買取制度導入後 2012年度の導入量（万kW）（7月～3月末）	2013年度の導入量（万kW）（4月～1月末）
太陽光（住宅）	約470	96.9	113.3
太陽光（非住宅）	約90	70.4	460.8
風　力	約260	6.3	1.1
中小水力	約960	0.2	0.3
バイオマス	約230	3.0	8.9
地　熱	約50	0.1	0
合　計	約2,060	176.9	584.4
		761.3	

出所：経済産業省（2014）。

表6 再生可能エネルギーの買取制度に伴う賦課金単価

（単位：円/kWh）

電力会社	2012/4～2012/6	2012/7～2013/4	2013/5～2014/4	2014/5～2014/9	2014/10～2015/4
北海道	0.03	0.22+0.03	0.35+0.02	0.75+0.04	0.75
東　北	0.04	0.22+0.04	0.35+0.04	0.75+0.05	0.75
東　京	0.06	0.22+0.06	0.35+0.05	0.75+0.05	0.75
中　部	0.11	0.22+0.11	0.35+0.07	0.75+0.03	0.75
北　陸	0.04	0.22+0.04	0.35+0.01	0.75+0.04	0.75
関　西	0.05	0.22+0.05	0.35+0.05	0.75+0.03	0.75
中　国	0.11	0.22+0.11	0.35+0.06	0.75+0.05	0.75
四　国	0.13	0.22+0.13	0.35+0.08	0.75+0.05	0.75
九　州	0.15	0.22+0.15	0.35+0.09	0.75+0.04	0.75
沖　縄	0.11	0.22+0.11	0.35+0.07	0.75+0.03	0.75

注：2つ数字のある欄においては左が「再生可能エネルギー発電促進賦課金」，右が「太陽光発電促進賦課金」を指す。2012/4～2012/6の列は「太陽光賦課金」のみ，2014/10～2015/4の列では「再生可能エネルギー賦課金」のみを表している。
出所：ITmedia（2014）。

(4) 固定価格買取制度の評価

固定価格買取制度は，現時点ではいかように評価されているのであろうか。識者による評価を概観してみる。

井熊ほか（2013）は表5に見られる太陽光発電の急速な普及を太陽光発電バブルと評価している。そのように評する理由として次の2つを挙げている。第1に太陽光の普及が進んだのは買取価格の単価が高いためとしている。第2に太陽光発電を導入する際には環境アセスメントが必要なかったためとしている。他方，他の再生可能エネルギーは，ある一定規模以上の設備を設置する際に環境アセスメントを実施しなければならない。たとえば，風力発電は6MW以上の事業を実施するためには環境アセスメントが必要となり，環境アセスメントのみで3年を要する。

朝野（2012）は，FITをコストの高い政策と評価している。その根拠として，欧州におけるFITの結果を挙げている。欧州では，前述のように間欠性電源（太陽光発電と風力発電）の大量導入によって，費用負担の上昇と，電力市場の歪みが顕在化している。加えて，FITを通したpicking winner（特定技術をつまむ）は過剰な政府介入であると主張している。

八田（2012）は，FITは再生エネ利権へのばらまきであると評価している。たとえば，「固定価格買い取り制度のように経済原則に反するかたちで再生可能エネルギーを無理に増やす必要は無い。これは，電気料金を不必要に引き上げて再エネ業界の利権に「奉仕」する政策である」（165頁），「再生可能エネルギーにせよ，原発にせよ，それが本当によいものならば，炭素税の下で，正々堂々と市場で競争すべきである。競争に際しては，この業界を狙い撃ちした特別な補助の代わりに，いまあるさまざまな自然エネルギーを妨害する規制の改革こそ要求すべきであろう」（166頁）と述べている。同時に，過去の日本政府の失敗を例に挙げ，補助政策での産業政策では効果は望めないことを指摘している。

他方，FITに対して高評価を与えている識者もいる。たとえば，植田和弘京都大学大学院経済研究所教授は，FIT実施により再生可能エネルギー導入が急速に進んでいること，再生可能エネルギーを通じて地域経済を活性化する潜在力を秘めていることを評価している（山根，2012）。環境エネルギー政策研究所（2013）も同様に再生可能エネルギー導入が大幅に進展したことを評価している。またドイツやスペインにおけるFITの状況を「ドイツの固定価格買取制度を「失敗」と報じる一部の報道や論者を見かけるが，これは正しくない」（27頁），「スペインの固定価格買取制度の中断を「失敗例」と取上げる一部の報道や論者を見かけるが，正しくない。スペインの中断は，固定価格買取制度の中に政府から補助が入っていたために，政府の金融危機が原因で一時中断と買取価格の見直しをしたものであり，買取価格制度自体の「失敗」ではない」（28頁）と擁護している。

日本におけるFIT制度は始まったばかりである。それゆえ，データに基づく実証研究を通じた評価はまだ無いと言えよう。科学的な評価が待たれる。

(5) 電力改革と再生可能エネルギー促進

再生可能エネルギーはFITといった補助制度が無ければ，市場に入っていくことができないエネルギーである。このことは，再生可能エネルギーは火力発電等の既存の発電とは，そのままでは競争できないことを意味している。この意味において，再生可能エネルギーの促進と自由化を中心とした電力改革は平行した存在と言える。だが，電力市場改革において料金制度を見直すことで現在平行している再生可能エネルギー促進を電力改革の一環として議論できるようになる。そのような料金改革を八田（2012）が提案している。

八田（2012）が提案しているのは送電料金の見直しとしての地点料金制の導入である。現在，電力事業者が他者の配電網を通じて需要家に電力を供給する時，配電網を所持している事業者に送電線の使用料として託送料金を支

払っている。他方，地点料金制とは発電所と需要家それぞれに対し，地点毎に異なる送電線使用料を課すことを指す。ここで言う送電線の使用料を，売り手側では（電力）注入料金，買い手側では（電力）受電料金と言う。そして，料金はマイナスの場合もある。つまり状況に応じて補助金を与えることもあるとする。

八田の地点料金制度を評価するためには，まず，現在の都市部で消費している電力は，都市部近くの発電所のみならず，都市から離れた地方部の発電所からの供給で賄われていることを思い出す必要がある。そして，地方部でつくられた電力を都市部に移送する際に，総電量の3～5％が熱に換わってしまっている。これを送電ロスという。この送電ロスは，電圧と送電距離によって変わってくる。送電距離が短ければ，送電ロスは小さくなることに留意する必要がある。送電ロスのことを考えると，発電所から遠くない距離にて電気を使う方が望ましいことになる。加えて，発電所の近くで電気を消費することができたならば，送電網も現在よりは削減することが可能となる。

地点料金制度は，地域毎に地点料金をプラス（料金），マイナス（補助金）を調整することにより，発電所や需要家の立地選択や都心部における自家発電や再生可能エネルギーの導入にインセンティブを付与することができる。すなわち，電力大量消費地から遠くに立地している発電所に対しては注入料金をプラスにし，電力消費が少ない地域に立地している需要家に対してはマイナスの受電料金，つまり電力を受電する度に補助金を貰うようにする。一方，電力大量消費地に立地している需要家に対しては受電料金をプラスとし，電力大量消費地に近い発電所に対してはマイナスの注入料金を課すようにする。このような料金体系にすることで需要家や供給事業者に対し電力の空間的な分散を促すような立地選択インセンティブを付与させることができるようになり，電力大量消費地における自家発電導入を促進させることとなり，加えて，都心部における再生可能エネルギー導入が採算性を持つようになる

可能性もでてくる。なお，地方部における発電収入を得る目的で導入される再生可能エネルギーはプラスの注入料金により減退するかもしれない。

4. エネルギー政策の今後の方向性

　これまで近年の電力自由化，再生可能エネルギー促進政策と言ったエネルギー政策を検討してきたが，本稿において検討していない重要なエネルギー問題，エネルギー政策は多々ある。全てを概観することはできないため，そこでこれまでの論述を鑑み，ここでは今後のエネルギー政策の方向性を2つ提示したい。

　第1に，熱利用に関して政策を整備すべきである。家庭や小規模の建物が利用しているエネルギーは低温の熱エネルギーが多い。2011年度においては世帯当りのエネルギー消費量の約27%は暖房に使用され，28%が給湯に使われている。電気から熱へとエネルギーを変換して熱利用しているケースも多々あるが，エネルギーを変換するとそこでロスが生じるので熱は直接熱として利用することが望ましい。

　だが，日本には熱エネルギーの利用に関する政策体系は整っていない。太陽熱を中心とする熱利用に関する補助政策（たとえば「再生可能エネルギー熱利用加速化支援対策事業」，「平成23年度太陽エネルギー活用型住宅の技術開発」，自治体による太陽熱利用システムの支援事業）が存在する。これらの補助制度は単独での支援にとどまり，体系化はなされていない（環境エネルギー政策研究所，2013）。また再生可能エネルギー促進政策の中においても熱利用の促進はさほど進められていない。たとえばFITにおいても熱利用に関する議論がなされたようであるが，電力中心の政策体系となっている。電力のみならず，熱利用に関しても政策体系を整え，利用促進を行うこ

とが必要である。

　第2に，エネルギーだけではなくパワーにも目を向け，省エネルギーだけでなく省パワー（省パワー密度）を促す政策を実施すべきである。現在，都市を維持するためのパワーは，太陽光などの再生可能エネルギーだけでは賄いきれない。たとえば，千代田区や新宿区を動かすためには，区毎に原発1基分に相当するパワーを必要としている（小池，2011）。よって，都市圏の外から電力（electric power）を都市に送電したり，化石燃料からパワーを取り出したりして，都市で消費されるパワーを賄っている。無論，現況は持続可能な状況とは言えない。

　持続可能な社会を目指すためには1つの方向として消費のパワー密度を太陽光によるパワー密度[6]に近づけることが望ましいであろう。過去の太陽の集まりである化石燃料からパワーを取り出し続けることは，資源の枯渇や気候変動問題から遅かれ早かれ制限が課せられることとなる。太陽からくるパワー密度の範囲内で生活を営むことができるようになるならば，パワーそしてエネルギーに関する問題は解決することになる。

　すぐさまそこまでパワー密度を抑えることができなくとも，消費するパワー密度を低くすることは重要になる。消費するパワー密度を低くできるならば，再生可能エネルギーにてパワー消費のある程度を賄うことができるようになり，そして持続性に寄与することができるようになる。また，省パワーを実現することで不要な発電所（原発を含む）の削減も容易になるであろう。

　省パワーを実現するためにはいくつかの方法が考えられるが，現在の経済・人口の都市圏への集中を分散させる方向に持って行くための制度・政策を検討する必要があろう。ここで前述の地点料金制度がまず利用できる。地点料金制度は立地の分散を促すインセンティブを持っていた。地点料金制度の持つこのインセンティブを使って都市部でパワーを消費する工場や住宅を

空間的に分散させる。これにより，現行の都市部におけるパワー密度を下げることができるようになる。省エネルギー機器の開発と普及促進も省パワーに寄与する部分がある。但し，リバウンド効果については注意を要する。また，技術的な対応だけではなく，社会的な習慣の見直しによりパワー密度を削減するように促すことも必要であろう。

おわりに

　本章では，エネルギー供給体制やエネルギー政策，特に電力改革と再生可能エネルギー促進政策の現況と今後の課題をまとめた。そこでは，これまでの電力自由化が行われていたものの電力市場の競争が促進していないと評価されていることを示した。そして電力事業制度を大きく転換させる電力システム改革が2013年11月から実施されているが，その改革は電力会社等の供給サイドが中心となっている。改革の成果が発現できるように需要サイドにどのように参加を促すのかが課題であることを指摘した。次に，再生可能エネルギー促進政策中でも固定価格買取制度（FIT）について現況を概観した。そこで，太陽光バブルと評されるほど太陽光発電施設の設置が促進していることを示した。また，FITを日本よりも早く導入しているドイツやスペインにおいてFIT制度の課題（太陽光発電のみの突出した導入，賦課金による負担増）が多く有り，制度変更や停止がなされている状況を解説した。このFITに対する評価を賛否両論併記し，データに基づく実証研究を通じた評価が望まれることを述べた。最後に今後のエネルギー政策の方向として，熱利用に関する政策体系の整備と省パワーを実現する政策の展開という2点を提案した。

1) ちなみに，原子力発電所の設備利用率（総合平均）が最も高かったのは1998年度で約84％である。
2) 特定規模電気事業者とは，契約電力が50kW以上の需要家に対して，一般電気事業者が有する電線路を通じて電力供給を行う事業者（いわゆる小売自由化部門への新規参入者（PPS））のことを指す。
3) 電気事業の自由化を行うためには，発電と送電を一体的に行っている電力会社の送電部門を何らかの形で分離する必要が出てくる。この分離の方式は制度等に応じて変化するものの，大まかな分類としては，所有権分離，法的分離，機能分離，会計分離に分けることができる。後者に行けば行くほど分離の深さが浅くなる。会計分離とは，同じ垂直統合型発送電会社の発電事業・送電事業に係る会計を分離することを意味する（経済産業省，2013）。
4) 機能分離とは，会計分離に加え，(1) 卸電力を売買する際に他の事業者と同じ送電系統情報に依存すること，そして (2) 卸電力販売に関連する従業員と送電部門の従業員を分離することを指す（経済産業省，2013）。
5) 法的分離とは，送電系統の運用と投資を行う主体が，発電その他部門から法的に独立した事業主体となること。資本関係が両者にあることは許容される（経済産業省，2013）。
6) 但し，太陽のパワーを別のパワーに変換する効率も考慮する必要がある。

参考文献

朝野賢司（2012）『太陽光バブルを避ける3つの提案』(http://www.gepr.org/ja/contents/20120514-01/)

ITmedia（2014）「再エネ賦課金は0.75円に，2014年度の買取価格と合わせて確定」(http://www.itmedia.co.jp/smartjapan/articles/1403/27/news022.html)

井熊均ほか（2013）『2020年，電力大再編』日刊工業新聞

依田高典（2014）「電力改革と暮らし」日本経済新聞，3/31〜4/11

NHK放送文化研究所（2011）『2011年6月原発とエネルギーに関する意識調査単純集計表』

海外電力調査会（2014）『スペイン』(http://www.jepic.or.jp/data/ele/pdf/ele12.pdf)

環境エネルギー政策研究所（2013）『自然エネルギー白書2013』七つ森書館

小池康郎（2011）『文系人のためのエネルギー入門』勁草書房

国吉浩（2014）「エネルギー政策から見た「エネルギー学」」『「エネルギー学」へ

の招待 ―持続可能な発展に向けて―』コロナ社，36-56 頁
経済産業省（2013）「参考資料 1-2 事務局提出資料」『総合資源エネルギー調査会総合部会電力システム改革専門委員会（第 4 回）―配付資料』（http://www.meti.go.jp/committee/sougouenergy/sougou/denryoku_system_kaikaku/pdf/004_s01_02f.pdf）
経済産業省（2014）『再生可能エネルギー発電設備の導入状況を公表します』（http://www.meti.go.jp/press/2014/04/20140418002/20140418002.html）
経済産業省資源エネルギー庁（2012）『資料 3-2　これまでの議論を受けて』総合資源エネルギー調査会基本問題委員会「2. 再生可能エネルギー」第 13 回，2012 年 2 月 22 日（http://www.enecho.meti.go.jp/committee/council/basic_problem_committee/theme2/pdf/01/13-3-2.pdf）
経済産業省資源エネルギー庁（2014a）『「電気事業法等の一部を改正する法律案」が閣議決定されました』（http://www.meti.go.jp/press/2013/02/20140228002/20140228002.html）
経済産業省資源エネルギー庁（2014b）「買取価格・期間等」『なっとく！再生可能エネルギー』（http://www.enecho.meti.go.jp/category/saving_and_new/saiene/kaitori/kakaku.html）
経済産業省資源エネルギー庁電気・ガス事業部電力市場整備課（2013）『電力小売りの自由化について』（http://www.enecho.meti.go.jp/denkihp/genjo/seido1206.pdf）
公正取引委員会（2012）『電力市場における競争の在り方について』（http://www.meti.go.jp/committee/sougouenergy/sougou/denryoku_system_kaikaku/pdf/009_s01_00.pdf）
塩見英治（2012）「震災と電力改革の視点」（『書斎の窓』第 611 号）有斐閣，40-45 頁
総合資源エネルギー調査会・都市熱エネルギー部会ガス安全小委員会災害対策ワーキンググループ（2012）『東日本大震災を踏まえた都市ガス供給の災害対策検討報告書』（http://www.meti.go.jp/committee/sougouenergy/toshinetsu/saigai_taisaku_wg/report_001_02.pdf）
高橋幸市・政木みき（2012）「東日本大震災で日本人はどう変わったか―「防災・エネルギー・生活に関する世論調査」から―」（『放送研究と調査』2012 年 6 月号）34-55 頁
電気事業連合会（2013）『東日本大震災によるエネルギー供給インフラ設備の被害状況　電気設備地震対策 WG 報告書の概要』（http://www.jser.gr.jp/activity/

JSER_report/toyoma_130220.pdf）
日本エネルギー経済研究所（2014）『エネルギー・経済統計要覧』省エネルギーセンター
野口貴弘（2013）「電力システム改革をめぐる経緯と議論」（『レファレンス』平成25 年 5 月号）2-51 頁
八田達夫（2012）『電力システム改革をどう進めるか』日本経済新聞
山根小雪（2012）「再生可能エネルギーの買い取り制度は「経済政策の優等生」植田和弘・京都大学大学院経済研究所教授　インタビュー」『日経ビジネスオンライン』（http://business.nikkeibp.co.jp/article/interview/20121019/238312/）

第 7 章

東京電力福島第一原発事故と日本のエネルギー問題

奥 山 修 平

はじめに

はじめに図1をご覧いただきたい。これは1954年以来，気象研究所が環境放射能を測定してきたデータである。具体的には人工放射性核種のセシウム137（半減期30年）とストロンチウム90（半減期29年）とを測っている。横軸は年次で，縦軸（対数表示）はベクレル（Bq）単位で放射線の強さを表している。1980年までは，同研究所の所在地である高円寺（東京）で測

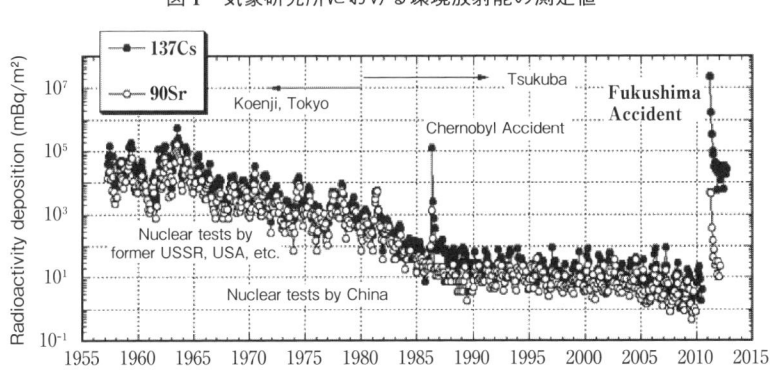

図1 気象研究所における環境放射能の測定値

定し，その後は研究所移転にともない筑波（茨城）で測定している。環境放射能のピークは1960年代の前半で，これは核実験の影響による。その後減少しているが，2回の鋭いピークがある。1つは1986年のチェルノブイリ原発事故の影響であり，もう1つは2011年の東京電力福島第一原発事故である。2011年3月の環境放射能の値は，この事故以前の状態に比して100万倍の値を示している。もちろん人間への影響は，放射線強度と被曝した時間とをかけた積分値であるから，単に瞬間的な値で論じてはいけないが，大量の放射性物質が環境中に放出されたことには変わりない。福島原発事故によるヨウ素131とセシウム137の放出は，計90京Bqで，チェルノブイリ原発事故の520京Bqの約17%とされる。IAEAによれば，チェルノブイリ原発事故において放出された放射性降下物の量は，広島原爆の400倍といわれる。が，福島第一原発1号機から3号機の炉心に，事故直後蓄積されていた放射性核種は，ヨウ素131の量がチェルノブイリ原発に比して1.9倍，セシウム137が2.5倍である。福島第一原発の場合，事故後3年半経過した時点でも，放射能の流出を抑えきれていない。汚染された地下水による放射性物質の流出，除染作業によって生じた2次的汚染も伝えられている。中間貯蔵問題をめぐっての議論もようやく始まったばかりである。除染なるものが，単なる「移染」に過ぎないこともわかってきた。3・11に起きた事故は，世界最悪の事故の1つであり，これらのことを考慮せずに，わが国のエネルギー政策を論じることはできない。本章では，福島原発事故の意味を改めて振り返り，その上で将来のエネルギーのあり方を構想したい。

1. 電力生産技術の選択の基準

自動車や航空機の燃料，製鉄など産業用のエネルギー源といった1次エネ

ルギーの議論から始めるべきだが，取りあえず電力生産技術を考える前提を整理しておこう。① 化石燃料やウラン資源はいずれ涸渇する。② 世界のエネルギー需要は増大し続ける。③ 高速増殖炉や核融合の場合，理論的可能性はあるものの，実現には50年くらいの時間がかかると予測されている。④ 自然エネルギーは分散的であるが，潜在量は膨大であり持続可能な資源である。この4点からして，資源枯渇以前に，自然エネルギーの利用が，現実的に発展・成長するかが問題となる。われわれは，水力・火力・原子力・太陽光・風力・地熱・バイオなどさまざまなエネルギー源を電気エネルギーに変換して利用している。どのような変換方式を進めていくべきかについて4つの政策的基準が考えられる。

　第1に電力コストは，社会経済的に重要な問題である。電力生産は産業のみならず国民生活にとって重要な社会インフラであるため，コストの重要性は無視できない。一般の事業体にとってコスト問題は，当該企業の採算性である。が，日本における電力事業は独占的公益事業で，目下のところ総括原価方式とよばれる電力料金の決定システムをとっている。本来この方式が承認されるには，事業の透明性が前提となる。しかし現実には，不明朗な支出を上乗せして積算している事態が次々に明らかにされてきた。低廉な料金といわれる大口利用者の料金基準や，各地域の電力の需給実態の詳細さえも明らかにされていない。結果的に現状は，電力企業のいうがままの料金を電力消費者は受け入れている。さらにコスト問題で重要なことは，当該技術選択にあたっての社会的費用である。たとえばダムをつくり発電を行う場合には，地元住民の移転や付帯する道路・鉄道などの新設，ダム建設にともなう景観の喪失などの事業全体の影響を考慮しなければならない。また原子力発電の場合，福島原発事故によって生じた国民負担を考慮する必要がある。国民経済的に合理性のある選択か否かを検討しなければならない。

　第2に安全性と環境負荷の問題である。電力生産において，原発の放射能

問題はいうまでもなく，火力であれば，CO_2やNO_Xの発生，石炭火力の場合は，これにSO_Xも大きく加わる。風力の場合も低周波振動や騒音などがある。こうした安全性と環境に関わる正確なリスク評価が必要である。どの技術選択においても，なんらかの問題を生じることは確かであるが，それを最小限におさめ，地域住民が納得し認容できるようにする必要がある。さらに進んで地域の発展や雇用につながるエネルギー政策が求められる。現状では，はしなくも石原伸晃環境大臣が述べたように「結局は金目」の問題として，安全性と環境が扱われていることは残念というしかない。

　第3に電力の安定供給。需要変動に即して電力を供給するという，量の問題は説明の要がないだろう。原発が全停止しても電力供給は実現している現実からすると，量については問題がない。原発への依存度が高いため供給量に「不安」のある関西電力や九州電力は，震災から3年半も経てなお，他社からの電力の融通体制を必要としている。東京電力や中部電力などが，その不足をおぎなう体制をとっている。震災と津波によって被害の大きい東北電力や東京電力，政府から浜岡の運転休止を求められた中部電力は，直ちに原発が再稼働する状況にはなかったため，好むと好まざるとにかかわらず必要な代替措置をとらざるを得なかった。関西電力や九州電力が，原発の再稼働のみを求め必要な措置を十分にはとらなかったとすれば，安定供給の責を果たすべき電力事業者として大きな問題を残したといえよう。

　電力の質の問題とは，基本的には電圧と周波数を安定的に保つことである。電子機器の多くは，交流を直流に変換して利用しているので，ワンクッション間に入るため，変動の影響を減じる手立てがとれる可能性があるが，交流電源から電動機によってメカニカルに動く機械装置の場合，影響は直接的である。この点では，変動要因の多い太陽光など自然エネルギー由来の大規模利用は，技術的課題があるとされる。ただ原発の緊急停止のようにゼロか100万kWかというような変動ではないので，グリッドに蓄電装置を設置す

第 7 章　東京電力福島第一原発事故と日本のエネルギー問題　161

るなどして，安定化させることは可能である。変動量が小さいので，数千 kWh ～数万 kWh 級の容量で十分であろう。すでに東芝[1]など日本企業も，風力発電の先進国であるスペインで実証試験を進めている。

　第 4 に，エネルギー政策のポートフォリオという視点である。エネルギー源は何であろうと，最後は電力に変換して供給される。この意味で，電力生産技術には，さまざまな選択肢が存在し，現状の発電システムは歴史的に形成されてきたものである。初期投資額の大きい巨大ダムをもつ水力発電施設は，戦前までは発電施設の主力であった。火力発電もその燃料はさまざまである。たとえば東京都内にある火力発電所のうち，品川発電所は LNG 燃料で，ガス・タービンとスチーム・タービンとによるコンバインド発電をしている。隣の大井発電所では原油でボイラーを焚き，蒸気で発電をしている古いタイプである。また茨城県の常陸那珂発電所は石炭火力であるが，国内でも最新鋭のもので超々臨界圧（超臨界圧プラントの蒸気圧力 24.1MPa，蒸気温度 566℃ を超えるもの）を実現している。石炭焚火力は，有害物質の除去装置を必要とするため，減少気味であったが，環境技術の進歩により，新たな可能性が注目を浴びている。太陽光・風力・地熱・バイオなどいわゆる自然エネルギーの領域は，単位出力は小さいものの潜在的資源量はきわめて大きい。そのうえ国産エネルギーであり，化石燃料やウランとは異なり，半永久的資源である。

　かつて日本では，石油価格の高騰により，サンシャイン計画とよばれた自然エネルギーの開発に注力した時期があった。原子力発電の推進に力をいれたのも，この時期である。結局，原子力発電の規模に比して，自然エネルギーは，分散的でコスト的にも量的にも見合わないとされ，その研究開発は低迷した。しかしその間，世界では，いずれ枯渇する化石資源に依存するだけでなく，自然エネルギー開発を地道に継続してきた。資源の有限性が現実味を帯びてきた状況下，現状と将来を見据えたエネルギーのベストミックス

を考えなければならない。現時点でのみの最適解を求めるのではなく，数年先，十数年先，数十年先を見据えた戦略的な解が求められる。自然エネルギーの固定価格買取制度もその1つである。CO_2問題からすれば，化石燃料の使用を継続することはマイナスである。しかし化石燃料を使用しながらも発電効率を向上させることにより，CO_2排出量を低減することは可能である。自然エネルギーの開発利用が進むまでの時間を化石燃料でつなぐためには，どうしたらよいのか。こうした課題を緻密に計量することができれば，安定的で持続可能な電力供給体制へと，近い将来移行することは不可能ではない。

2. 原子力発電の特性

人類は数十万年前から火を使用してきたが，これまでの熱源とは異なり，核反応はきわめて高密度の熱を発生する。これを「利点」と考え開発をすすめてきた。が，その管理には現在の高度の技術をもってしてもまだ不十分であることが明らかになった。

稼働中の原子炉は，核分裂反応により熱を発生する。この原子炉は運転停止後も崩壊熱を出し続ける。その熱を除去するために長期間冷却し続けなければならない。これに失敗し，燃料体の損傷，メルト・ダウン，メルト・スルーへと事故のフェーズが進むと，深刻な事態を招く。この過程で，燃料体を被覆するジルコニウム合金が水分子を構成する酸素を奪い酸化すると，水素が発生する。この水素が酸素と再結合すると，水素爆発が現実となる。

自動車のエンジンでも，高温部分をウォーター・ジャケットで覆い，ラジエータにより熱交換をして冷却する。しかし，エンジン停止後にその構成金属が溶融するようなことはない。放射性物質の管理・処理問題が原発の最大の難点であるが，それを除いて考えた場合，原発の工学的問題の1つは，炉

で生じる高温に直接的に耐えうる材料が存在しないことである。

　通常の運転時でも原子炉は，急激な温度変化には脆弱である。そのため，原子炉の起動時や停止時など温度変化の生じるプロセスにおいては，緩やかな変化を維持しなければならない。熱バランスをとりながらの微妙な冷却が求められ，1時間当たりの温度変化は，55℃以下にするよう定められている。原子炉内の水温は300℃程度だが，炉心の燃料体はきわめて高温なので起動・停止には日単位の時間がかかる。これが，原子力発電では，昼夜間の電力需要変動に対応できない理由でもある。

　さらに原子炉圧力容器内部の圧力は，沸騰水型原子炉の場合が約70気圧，加圧水型の場合は約150気圧ある。この圧力を受けながら核燃料が，冷却水から露出しないように水位を保ちながら，炉内の水温管理をしなければならない。

　原子炉が，制御棒の挿入によって運転停止すると，発生する熱は，1秒後には定格出力の数％程度まで下がる（福島第一原発では稼働中の原子炉は，地震の衝撃によって制御棒が挿入され緊急停止）。停止後1日たつと定格出力の1％以下まで下がる。数か月経てば0.1％以下となる。これほど下がれば安定と思われるが，原子炉のもつ熱は膨大である。原子炉の熱変換効率はたいへん低い。言い換えると，発生する電力量に比して，原発の熱出力はきわめて大きい。定格出力が100万kW級原発だと，熱出力はその3倍の300万kW級となる。よって停止1秒後といっても，およそ20万kW級の熱出力である。1日経てば，3万kW級，数か月経っても，数千kW級の熱が発生する。この崩壊熱の除去に失敗するとどうなるかを示したのが，福島原発の事故であった。

3. 福島原発事故の意味[2]

　福島第一原発事故は，原発の安全神話を打ち砕くとともに，原発にまつわる多くの事実を人々に知らせることとなった。5重の防護システムを誇り，万が一にも大量の放射能漏れはないという主張が，あっけなく破綻。「想定外」の地震と津波の襲来というが，少なからざる識者たちは10年以上前から危険性を指摘していた。石橋克彦氏は「外部電源が止まり，ディーゼル発電機が動かず，バッテリーも機能しないというような事態がおこりかねない。（中略）炉心溶融が生じる恐れは強い。そうなるとさらに水蒸気爆発や水素爆発が起こって格納容器や原子炉建屋が破壊される」[3]と警告。この警告は，今回の事故前から私も「現代技術と社会」という中央大学法学部での講義で，例年紹介してきた。確かに今回の地震や津波の規模はきわめて大きい。しかし，この地震以前から日本の原発は，地震による深刻な危機にさらされてきた。ここ数年の間に，新潟県柏崎刈羽原発や宮城県女川原発などで，耐震設計基準を超える地震に見舞われていた。福島第一原発事故の場合もはじめは「千年に一度の大地震に原発本体は耐えた」，「津波さえなければ」という論調もあった。しかし事態が明らかになるにつれ，それらは，誤認と責任回避に過ぎないことも明らかになった。

　「重大事故は起きない」という根拠のない過信が，緊急時の避難対策も不十分なままとし，結果的に住民の大量被曝を招いた。また放射能の拡散につれ，本来の基準を適用すると避難地域が大幅に拡大することに慄き，愚かにもここで放射線の許容限度を引き上げてしまった。旧ソ連の悪評高いチェルノブイリ事故でさえとらなかった基準を，わが国民に強いてしまった。さらに原発事故による放射能汚染は，震災・津波からの復旧作業の遅滞原因となっている。とりわけ双葉病院入院患者の救出が，困難をきわめ多数の死者

がでた悲劇は忘れてはならない。その後，福島県では震災関連死者数が1700人近くとなり，地震・津波による直接死者数1603人を上回っている。これは，同じ被災県である宮城県，岩手県に比して突出した数字である。この原因が原発事故による長期の避難生活にあることは容易に理解できよう。お金には換算できないこうした被害も深刻である。最近の再稼働議論にともなって，事故時の住民避難について問題視されているが，多くの自治体において体制がとれていないか，形式的に受入れ人数を割り振った程度の，きわめて不十分な内容にとどまっている。

　いったん原発事故が起こってしまうと，対応は長期間にわたる。現在も，そして将来も長く続く原発事故の処理に，多くの作業員が従事する。これらの技能労働者に対しては厳格な被曝線量の管理が必要だ。かれらが線量基準を超えてしまうと，事故対応のための貴重な要員を失うことになるからだ。以前から原発労働者の被曝線量の管理には問題があった。作業時に計測装置を取り外す例や，極端な場合はセンサー部分に鉛を装着し線量が低く出るように細工をしていた例もある。状況を正確にとらえず，また状況を正確に知らせず原発事故処理に「決死隊」のごとく労働者を送り込むことは，時代錯誤の人命軽視としか言いようがない。事故当時，労働者の被曝線量の基準を一時的に引き上げたが，事故後3年半経過した今また，被曝線量が増大し労働者確保が困難になったからとして，基準値の再引上げが検討されている。

　今回の原発事故の損害額は，現在でも正確には算定されていない。時が経つにつれ被害額は増大しつつある。当初5兆円としていたが，事故3年後の時点で11兆円を超える[4]ことが明らかになった。かつて日本でも1960年に「大型原子炉の事故の理論的可能性及び公衆損害に関する試算」（科学技術庁，原子力産業会議）がなされた。この算定結果は，最悪の場合，当時の国家予算の約2倍の被害額となった。巨額であるがゆえに，結果は公表されなかった。事故直後にスイスの元原子力安全委員長は，福島原発事故の被害総額を

366兆円と見積もった。腰だめの，かなり過大な見積もりに思われる。が，もし近藤駿介氏による最悪シナリオ[5]が指摘するように，4号機をはじめ「他の燃料プールにおいても燃料破損に続いてコアコンクリート相互作用[6]が発生して大量の放射性物質の放出が始まる」と，「この結果，強制移転をもとめるべき地域が170km以遠に生じる可能性や，年間線量が自然放射線レベルを大幅に超えることをもって移転を希望する場合認めるべき地域が250km以遠にも発生することになる可能性」があるという。これが現実となったら，5000万人の移住が必要となる。被害額は数百兆円どころではない。この最悪シナリオが想定される状況下に，当時の日本はあったのである。いくつかの偶然が重なり，4号機燃料プールの危機は回避されたが，東京から大阪にビジネス拠点を疎開した外資系企業の判断や，福島原発から半径50海里（93km）圏内への米兵の立入りを原則禁止した。米軍の動きには十分な根拠があった。われわれ日本人は，「風評被害」を排するという名の根拠の薄いキャンペーン下で，本当の危機から目をそむけていないだろうか。今から50年以上前の事故被害想定に大きな狂いはなかったのである。原発が巨大化かつ集中立地したがゆえに，当時の被害想定を上回る「地雷原」の上にわれわれは暮らしてきたのである。

　また今回の事故がなくとも，原発が他のエネルギー資源よりも経済的に優位に立つという考え方には，多くの疑問が出されていた。原発には隠された経費が数多くある。大島堅一氏は事故の前から「原子力発電のコストは国の試算の約2倍」[7]と主張していた。たとえば，原発とペアで作られる揚水発電の経費を，水力に付け替えている点などを正した。揚水発電とは，基本的に原発によって稼働するものである。これらの試算でさえも限定的なもので，使用済み核燃料や廃棄物の処理，廃炉の費用見積もりが，きわめて過小評価されており，原発の後世への負担は計り知れないものになっている。

　資源量として原子力の将来性を強調する向きもあるが，ウランを現在の方

法で利用すると，石油や天然ガスの資源量とあまり差はなく，石炭の量に遠く及ばない。このまま使えば石油と同じ時期に尽きてしまう。そこでプルトニウムの利用がうたわれている。プルトニウムが利用できれば，資源量は現状の数十倍になる，という。そのためには核燃料の再処理と高速増殖炉が必要である。だが再処理工場は，延期に次ぐ延期で操業の目途が立たない。おそらく動き出しても，その稼働率は期待できない。増殖炉にいたっては，1960年代には20年後に実用化といっていたが，1980年代には30年後，1990年代には40年後，2000年代には50年後と，逃げ水のように遠ざかっていく。多くの国が諦めて撤退する中，日本だけがこの計画に固執している。

　また学界のあり方も問われた。現状の安全審査は，国の定めた基準を満たしたか否かに終始している。本来学界はこの基準のあり方自体を問わなければならなかった。しかしそれを問う人々を排除する力が働いてしまったのだ。そしてもっとも重大なことは，今回露呈した問題の多くが，すでに誰かが指摘済みであったことである。危険を指摘する意見は，意識的に黙殺されてきた。かくて原子力を推進する体制は，学問の自由や民主主義を侵害してきたことになる。福島県民をはじめとする原発事故の被災者の不安と苦労は，想像を超えるものがある。しかし国際的にみると日本は，この原発事故を通じて世界的放射能汚染の加害者になってしまった。被爆国としては，つくづく残念なことである。

4. 原発をとりまく危機の深化[8]

　「事故は，人知を尽くしても起きる」。これは，宿命論としてではなく「念には念を入れよ」という意味で，安全対策の現場でよくいわれる。ただ現実の事故は，人知を無視して起きた場合がほとんどだ。

原発が世界でブームとなり，各国で原発建設が進められたのが，40年ほど前の1970年代である。福島第一原子力発電所の6つの原子炉は，1971年に1号機が運転を開始し，以後順に，74年，76年，78年（4号機，5号機），79年と稼働していった。この70年代の安全性議論を振り返ってみよう。

1975年にアメリカ原子力規制員会は『原子炉の安全性研究』（ラスムッセン報告）[9]を公表。これは原発事故の危険性の評価を行った有名な報告書である。以後原子力発電を推進する人たちは，これにより権威ある機関が原発の安全性を保障した，とする。またこの報告書に疑念をもつ人たちは，地道にその裏付けデータを検証し問題点を指摘した（原子力規制委員会の委員の中にも「報告書は楽観的すぎる」との批判があった）。

報告書では，炉心溶融の起きる可能性は，2万原子炉年に1回と推定。この意味は，ある1つの原子炉を2万年間運転すると1回は炉心溶融が起きるというものだ。この結果，原発事故の確率は，ジャンボジェット機同士が衝突するくらいだ，とする議論もあった。もちろん，これはそうした事故はあり得ないという文脈だが，あっけなくそうした事故が起こってしまった。現実は恐ろしいものだ。テネリフェ空港ジャンボ機衝突事故（1977年）がそれだ。KLM機とパンナム機の衝突で，史上最悪の航空機事故とされる。

さて原発の話だ。先の報告書を検証した科学者たちによると，炉心溶融の確率計算の過程にはミスがあり，それを正すと2万原子炉年ではなく，8000原子炉年当たり1回炉心溶融が起きることとなる（報告書の計算前提自体を問う批判もあるが，ここではそれは問わずに話を進めよう）。

こうした議論から30余年が経過した。世界には約500基の原発がある。この現存する原発の平均年齢（運転開始後の経過年数）は24年くらいだ。ここで世界の原発全体の原子炉年を数えてみよう。すでに廃炉となったものも多いので，500基が30年間稼働，と概算してもよいだろう。すると，500基×30年で，1万5000原子炉年となる。楽観的とされる先の報告書の推定

第7章　東京電力福島第一原発事故と日本のエネルギー問題　169

でも，すでに2回くらいは炉心溶融が起きておかしくないことになる。

　さて現実は，スリーマイル島原発2号機（1979年）と，炉のタイプは異なるがチェルノブイリ原発4号機（1986年）とが，重大事故を起こしている。今回，福島第一原発で1～3号機で炉心溶融が起こったとされる。事故が起きる可能性はほとんどない，という36年前の報告書は，「これだけ原発が普及すると，よく事故は起きる」と読むことができる。

　原発先進国では，計画中の原発の新設が今後予定通りに続いても，老朽化した原発の廃炉が相次ぐので，総数としては漸減傾向が続く。原発に期待を寄せる新興国では，新規導入を希望する国が約60か国あるという。IAEAの諮問機関である国際原子力安全諮問グループのラクソネン副議長は，そのうち「原子力を導入する技術を持っている国は5～6か国」と語る。時の流れが，原発の信頼性を増すと考えることも可能だが，現実は厳しいようだ。

　かつて原発事故について，原発に航空機が墜落する確率程度，という見積もりもあった。しかし，イスラエルとおぼしき戦闘機が稼働直前のイラクの原子炉を破壊した（バビロン作戦，1981年）。原子炉を爆撃するという作戦は，関係者に深刻な衝撃を与えた。核兵器を使用しない「核攻撃」が想定されるからだ。しかも放出される放射能は，原爆をはるかに超える可能性がある。地震・津波も心配だが，世界的にみると，こうしたテロによる重大事態の可能性も大きい。今回の日本の事故では，「多重防護を誇る」原発の弱点＝全電源喪失が，致命的結果をもたらした。この悪魔的事実を福島原発事故は明らかにしてしまった。イランのウラン濃縮施設をターゲットにしたコンピュータ・ウィルスによるサイバー攻撃（2010年）など，核施設の破壊工作に，国家が手を染めている可能性を指摘する声もある。容易ならざる事態に，原子力はとり囲まれている。原発の安全性をめぐる議論は，原発のもつ多様な危険性を正確に認識することが前提である。

　日本において，すでに抱えている問題として，故郷を奪われた帰宅困難地

域の住民たち，広範な放射能汚染の現実，除染対策なるものが，「移染」に過ぎない現実などがある。そして地震多発地帯にある日本列島においては，再度事故が起きる可能性を否定できない。前節で述べたように事故がもたらす被害は，認容しがたいものである。核燃料廃棄物への対応がいまだに確立していないため，国民に多大な後年度負担を強いてしまう現状にあることなど問題は多い。

原子力発電とは，基本的に電力生産の手段である。人間が電流を作り始めて200年以上が経つ。「たかだか」この電気を作るために，かかるアクロバティックな技術選択しかわれわれの眼前にはないのだろうか。

5. 政策転換のチャンス

日本の原発がほとんど停止して3年半が経つ。震災直後を除くと電力供給がショートしたことはなかった。これは，そもそも発電設備が需要量を大きく上回って存在していたこと，また国民の節電・省エネ意識によるものであろう。まず第1に電力需給問題と原発の稼働とは無関係であり，原発なしに電力はまかなえている。電力にとっての危機ではなく，電力企業と原発とにとっての危機であった。

第2にコスト問題であるが，これまでの算定基準が大きく間違っていたことは従前述べたとおりである。事故以前からコスト計算が作為的かは問わずとも，核燃料廃棄物の処理コスト，原子炉の廃炉コストなどが不十分であった。これまで安価とされてきた数値は，後世の負担を無視もしくは軽視したものであった。さらに事故時の被害額が加算されて，そのコストは跳ね上がった。

第3に，新たな産業構造への転換が，今の日本に求められている。日本に

第7章　東京電力福島第一原発事故と日本のエネルギー問題

おける原子力産業の規模は，意外に小さく年間2兆円強である。国のエネルギー関連の予算は，ピーク時は6000億円程度あったが，近年の財政危機から縮小し，4000億円強である。この90％程度が原子力関連に支出されてきた。これに加えて電力消費者からの電気料金が2兆円の産業規模を保障する。新エネルギー開発に対しても割くべき支援策を押しのけ，また総括原価方式が招くデメリットの1つである過剰な設備投資，特に原発関連設備への過剰投資によって日本の原子力産業は支えられてきた。通常の産業がもつ健全性とはかけ離れた状況といえよう。太陽光発電システムの産業規模は，2012年度において1兆3000億円を超えた。2013年度は集計中だが2兆円は優に超え，原子力産業の規模に並んだと思われる。この傾向は今後数年続くであろう。将来は，風力発電事業などの規模が太陽光を超えて拡大していくのが，望まれる方向である。

　第4に，日本の新技術開発という点からも，チャンスを迎えている。成熟した工業国家としての日本がめざすべき研究開発の方向を今考えなければ，将来に禍根を残す。火力発電という従来型に思われる発電システムの技術競争も，国際的に重電機メーカーの寡占化が進み激しさを加えている。タービンエンジンは高温・高圧・大規模化による高効率化をめざしているが，また同時に分散した低容量のエネルギーを効率よく回収する技術開発も，今後ますます求められる。従来，省エネルギーという方向での開発がもっぱらだったが，エネルギー生産という点でも注目してよい。たとえば地熱発電などは比較的低温の熱源からの発電であり，また工場等の廃熱利用もこの領域の開発である。

6. 新しい事業の進展

　ビジネスとしての日本の太陽光発電について，帝国データバンクが興味深いリポート[10]を提出している。同社のデータベースである信用調査報告書ファイル「CCR」などをもとに抽出した「太陽光発電システム販売・施工」を手がける5665社（主業，従業を問わず）について，売上状況および損益状況，年商規模・従業員数別，都道府県別に集計・分析した。なお，同様の調査は今回が初めてとなる。調査の要旨は以下の4点にまとめられている。

① 2013年度の「増収」企業比率は67.3%（2276社）。2011年度は60.8%，2012年度は61.7%であり，直近3年間で最高を記録した。

② 2013年度の「黒字」企業比率は85.6%（2335社）で，直近3年間で最高を記録。2011年度は78.3%，2012年度は81.9%と年々高まっている。

③ 年商規模別に見ると，「年商10億円未満」が7割（3998社，70.6%）。従業員数別に見ても，「10人未満」（2414社，42.6%）がトップとなるなど，多くは中小企業であることが判明。

④ 都道府県別に見ると，「東京都」が611社（10.8%）でトップ。2位は「大阪府」（464社，8.2%），3位は「愛知県」（354社，同6.2%）の順。特定地域に偏らず，全47都道府県に存在。

　固定価格買取制度の発足以来，順調に太陽光発電事業は推移していることを示すデータである。ただ同リポートも指摘するように，高値の買取り価格時に設備認定を受けた施設の未稼働問題，さらにはその権利の転売問題など，制度利用の負の面も指摘されている。が，これらは太陽光発電事業そのものの負の面ではなく，投機的動機にもとづく運用上の問題であるため，適正化することによって事業の発展は可能である。従来，自然エネルギーの中でも昼間の発電を行う太陽光は，ベースロード運転の原発とのアフィニティが高

いため，腰の重い政府も支援してきたが，ここにいたって太陽光発電の実力は，実質で原発数基分と成長している。今後とも，新築の戸建住宅での導入意欲，また未稼働のメガソーラーの設置などにより太陽光発電は発展していくと思われる。ただ自然エネルギー利用全体からすると，太陽光のみが突出するのではなく，風力・地熱・バイオなど総合的な組合せが必要である。

さて，日本企業のエネルギー関連事業を紹介しながら，原発に代わる選択肢の可能性を考えてみたい。

オリックスは再生可能エネルギーの発電所新設に今後5年で約3000億円を投資することを決めた[11]。現在オリックスが所有する再生エネ発電所の能力は，約8万kWであるが，これを約12倍の100万kWに拡大し，国内最大級の再生エネ発電事業者になる見通しである。電気料金は東京電力など大手電力会社に比べ5％程度安く，新電力への移行が加速する可能性がある。オリックスは電力小売りで現在，約4000社の法人顧客をもつ。エネルギー別の内訳は，太陽光に約2200億円（全国で合計発電能力80万kW分の発電所を建設する計画），バイオマス発電所に約600億円（建築廃材と石炭の双方を燃料にできる方式で福島，福岡両県に1基ずつ新設）を投じる。地熱発電所にも250億円を投じ，最大15か所建設。風力発電への参入も検討している。

さらにオリックス単体の事業ではないが，ドイツのフォトボルト・デベロップメント・パートナーズ社（PVDP）と京セラ，九電工，オリックス，みずほ銀行の提携による事業[12]はいっそう意欲的だ。これは長崎県五島列島の宇久島（佐世保市）に巨大な太陽光発電設備を建設する計画である。発電能力430MWの営農型太陽光発電計画である。これは島の約4分の1の面積を借り上げ，太陽光パネルを設置する。この土地で同時に牧畜を行うもので，欧州で見る牧草地にパネルが張られる光景を実現するものである。事業規模は1500億円で着工は2015年である。人口約2000人の同島の電力需要

をはるかに超えるため，60kmの海底ケーブルで本土と接続し九州電力に売電する計画である。

　3・11以後，自然エネルギー開発に乗り出したソフトバンクグループの場合を見てみよう。2011年10月に同社は，関連会社であるSBエナジーを設立し，大々的に自然エネルギー計画を打ち上げた。当初は，計画が遅れ気味であったが，2014年7月現在，13か所でメガソーラーが稼働している。また風力発電も，島根県浜田市において出力48MWの風車が稼働中である。さらにSBエナジーは，ウィンド・パワー・エナジー社と茨城県神栖市での「茨城県鹿島港沖大規模洋上風力発電所」事業提携を結んだ。これは，第1期分として，洋上に5000kW級風車を20基設置し，出力10万kWをめざす計画である。

　国内全体で見ると，導入状況はどうか。表は資源エネルギー庁が2014年6月7日に公表した「再生可能エネルギー発電設備の導入状況」である。固定価格買取制度の導入後の21か月間（2012年7月〜2014年3月）で約900万kWが達成されている。ソースごとに稼働率は異なるが，新規導入分の発

表　再生可能エネルギー発電設備の導入状況（**2014年3月末現在**）

再生可能エネルギー発電設備の種類	固定価格買取制度導入前　平成24年6月末までの累積導入量	固定価格買取制度導入後　平成24年度の導入量（7月〜3月末）	固定価格買取制度導入後　平成25年度の導入量
太陽光（住宅）	約470万kW	96.9万kW	130.7万kW
太陽光（非住宅）	約90万kW	70.4万kW	573.5万kW
風　力	約260万kW	6.3万kW	4.7万kW
中小水力	約960万kW	0.2万kW	0.4万kW
バイオマス	約230万kW	3.0万kW	9.2万kW
地　熱	約50万kW	0.1万kW	0万kW
合　計	約2,060万kW	176.9万kW	718.5万kW
		895.4万kW	

出所：資源エネルギー庁。

電能力は，おおよそ原発1基分を上回ったと思われる。メガソーラーの設置が急速に進む現在，ここ数年は原発1基分程度の自然エネルギー由来の電気が増加していく。

世界の状況は，2013年段階で太陽光の導入量は累積で約130GW，風力は318GWを超えており太陽光の3倍となっている[13]。この世界的な比率からすると，日本は風力の立ち遅れが目立つ。日本風力発電協会（JWPA）は，「平成26年度FIT決定に対するJWPAの見解」[14]において風力の立ち遅れを「風力発電は3～4年以上を要する環境アセスメントが義務付けられていることから太陽光発電には大きく後れをとって」いるとする。環境への影響評価は重要な手続きであるが，その手続きのあり方が風力導入の障害となってはならない。また風力は太陽光に比べると稼働率が幾分高く，また発電に昼夜は関係ない。この点で電力会社は風力を系統に接続することに消極的である。また洋上での設置・メンテの技術が陸上に比して，まだ十分には成熟していない。これらの点が改善され，コスト低減がはかられれば，太陽光発電に追いつくことであろう。

これまでの日本の電力システムは，原発に代表されるように，大規模発電施設の集中立地を特徴としてきた。それがため発送電網も，太い幹を中心に枝葉が広がるように形成され，欧州の発送電網のようなグリッドとはなっていない。また，各電力会社の連系も，日本列島に沿って長細い「くし型系統」という世界でも珍しい系統連系となっている。これらは，島国であり山地が多いという地理的条件や，少数の大都市圏・大工業圏に電力が集中するという社会的構造も原因となっていよう。だが基本的には，地域独占を前提としている電力企業のあり方との関係は無視できない。つまり他地域との連系には，そもそも副次的役割しか与えていないからである。自然エネルギーは，そもそも低容量で分散的性格を持つ。これを十全に利用するには，発送電網の改革をはじめとする電力システム全体が変化しなければならない。そのカ

ギとなるのは健全な企業活動・企業間競争が保障されることである。

7. 創エネと省エネの進展——村や街や工場でも

　3・11以前から，自然エネルギー利用の先進例がいくつかの自治体に存在していた。まず岩手県葛巻町と高知県梼原町の例を紹介しよう。

　葛巻町[15]での風車の設置は1998年から始まり，現在15基が運転をしている。太陽光も学校や高原牧場に数十kWクラス，さらにコミュニティセンターなど公共施設25か所（それぞれ10kW弱）に設置されている。この25か所には3・11の教訓を踏まえて蓄電池が設置され，その規模は総計114kWhで荒天時や夜間でも電気の使用が可能となっている。間伐材による木質バイオマスガス化熱電併給システム（現在は稼働停止中），家畜排せつ物などを原料に，熱・電気・有機肥料を回収・有効利用できるバイオガスプラントを設けた。木質ペレットも30年以上前から製造されている。

　梼原町は，1999年に風車を2基設置し，その売電益を自然エネルギーの普及の原資にしている。太陽光発電設備の設置に1kW当たり20万円，木質ペレットストーブの設置には費用の4分の1補助を行っている。その効果は，20軒に1戸が太陽光を導入している。また間伐を行った森林所有者に，1ha当たり10万円の交付金を交付し，間伐材のサイクルを促進しCO_2の削減と森林吸収を実現している。8年間で町の総面積の91％を占める21万5000haの森林のうち，5万8000haの間伐を達成している。小水力も設置し昼間は中学校に夜間は街路灯の電源に使用している。町の新庁舎は町内産の木材で建設し，プールはヒートポンプで地中熱を利用している。なお今後の計画[16]では，1000kW級の風車を2030年までに20基設置するという。

　これらの成功例は，農山村地域であるから実現したと考えられようが，都

市部の住宅街でも，創エネと省エネが大規模に行われている。

　まず神奈川県藤沢市の場合を紹介しよう。藤沢市は，2010年12月藤沢市議会定例会の総務常任委員会において「旧松下電器産業グループ用地の跡地利用について」[17]という資料が提出された。内容はパナソニックが所有する19haの工場跡地を「FUJISAWAサスティナブル・スマート・タウン」にする構想である。「地域から地球に拡がる環境行動都市・藤沢」の先導的モデルプロジェクトとして，パナソニックがもつ「省エネ」「創エネ」「蓄エネ」技術を駆使し「環境創造まちづくり」を実現しようというものである。このプロジェクトの意義は，この街に3000人が住む（戸建：600戸，集合住宅400戸）街を建設販売するというビジネス・レベルの企画であり，すでに販売段階に入っている。

　大和ハウスの場合は，堺市の小学校跡地に65区画のスマートタウンを開発分譲しており，建設済み住宅はほぼ販売済みである。太陽光発電設備やリチウムイオンの蓄電池が各戸と共用施設に設置。また住宅の半数は燃料電池を導入し，エネルギー自給率を高めている。また，普段の水やりや非常時に備えて雨水をためるタンクも設置している，カーシェアリング用のEV用電源も用意され，同社によれば，この住宅街におけるエネルギー生産量は，消費量にほぼ匹敵しているという。

　太陽光発電を導入した戸建住宅においては，電力会社への売電額が電気料金を上回っている実績はよく知られるとおりで，すでに個別住宅では，エネルギー収支はプラスとなり初期投資額の回収にかかる期間も10年を切るようになっている。また，藤沢市や堺市の住宅街区での教訓から，住宅街区をシステム化し蓄電装置を備えると，エネルギー的に自立することが可能な段階に入っている。

　都市部のオフィスビル街や商業地区でのエネルギー消費量とその密度はきわめて高いので，地域で電力をまかなうのは難しい。三井不動産が主体と

なった，東京・日本橋室町3丁目の再開発事業における取組み「都心部におけるスマートシティ第1号『日本橋スマートシティ』構想」[18]を紹介しよう。都市ガスを燃料とした大型の高効率発電機（ガスコジェネレーションシステム）を導入し，地域電気供給事業・熱供給事業を行うものである（2019年供給開始）。具体的には，既存街区を含めた建物総延床面積約100万 m^{2}に対して，電気・熱を供給する。コジェネ自体は各地で導入されているが，このプロジェクトの特徴は，2011年8月に法改正された「特定電気事業」（特定の区域に対して，自営の発電機および送電線による電気供給事業）として実施する点にある。これまでは電力すべてを自己電源でまかなうことが事業の前提だったが，50％以上に緩和され，系統電力との併用が可能となった。具体的な運用は，昼間の電力使用量が多い時間帯にコジェネ発電をし，夜間電力は系統電力にのみ依存するシステムである。災害時などには，これが自律分散型エネルギー源として機能する。オフィスビル街や商業地区における省エネを進める例として注目されている。またCO_2についても30％削減を目指している。

　工場の場合はどうか。その例として個別企業における省エネ，自然エネルギー利用の実際を取り上げよう。建設機械大手のコマツ[19]は，主力生産拠点である粟津工場（石川県小松市）内に新組立工場を建設し，2014年5月30日に生産を開始した。新工場は，同社の従来工場に比べて生産性を15％向上し，コストも15％削減したという。モジュール化と工場レイアウトなどにさまざまな工夫が凝らされコスト削減を実現した。日本企業が生産拠点を海外に移す中で，このような先進的国内工場建設を実現したことも重要だが，エネルギー対策も注目される。クレーンに電力回生機能をもたせるなど，細かく省エネを進める。また浸炭炉からの高温排気熱を熱電変換素子により発電し，炉周辺の照明の電力として利用。地下水による空調設備の設置。もちろん太陽光発電は実施されており，さらに地元の間伐材による木材チップ

発電の導入などによって、電力会社からの購入電力量を9割以上削減する計画が進められている。電力をほぼ自給自足する体制が視野に入っている。さらにコマツは、国内の老朽化した工場の建替えを進めており、そのモデルケースがここで紹介した粟津工場である。

8. 多様なエネルギーの選択肢とその組合せ

　小水力はもちろん、太陽光・風力・バイオ発電・地熱など、いずれもすでにこなれた技術である。それぞれ本格的に開発が進めば、今現在普及している太陽光がもっともコストが高いものとなる可能性がある。課題は唯一、系統連系の問題であり、安定的に電気の流れをコントロールするシステム構築である。

　地熱は既存技術でありながら、日本では遇されず停滞のまま20年以上が経つ。これは地熱が、基本的にはベースロード電源であることとも関係して冷遇されたとしかいいようがない。つまり原発の「ライバル」となり、夜間電力の余剰を増すからである。しかし日本の地熱発電技術は世界各地に輸出されているので、飛躍の可能性は高い。発電施設の建設には、それぞれ必要な時間がある。計画確定から稼働まで、太陽光は1年、アセスメント問題がクリアできれば風力も、1〜2年程度である。小水力も水利権などがクリアできれば、建設期間は短い。大規模火力はいずれも10年程度の時間がかかる。効率の悪い、CO_2 排出量が相対的に多い火力発電所を、新鋭に切り替える場合は、既存の付帯施設が利用できるため、少しは期間が短くなる。地熱は、大規模火力並にリードタイムが長いので、地質調査などは、国の事業としてある程度進める必要がある。

　洋上風力、潮流・海流は、今後の重要課題として研究開発を促進すべき分

野である。もちろん原子力についても研究開発は継続すべきであるが，放射性廃棄物処理問題，過酷事故時の対応などが解決していない未成熟技術のまま，建設を進めることが問題なのである。異常に突出した原子力部門の研究開発費を，化石燃料や自然エネルギーなどの研究開発や，大規模蓄電技術やスマートグリッドの開発に適正に振り分けることが必要である。

　当面の課題として注力すべきは，大規模蓄電設備の開発である。大規模蓄電池は，太陽光や風力などの不規則発電の安定化に寄与すると同時に，住宅地の街区レベルでの分散型電力の管理が可能になる。高性能の蓄電池開発では，日本は世界的に進んでいるが，大容量で耐久性をもち，安価で安全な蓄電池が求められている。東芝のリチウムイオン電池の一種であるSCiB電池，住友電気工業のレドックス・フロー電池（流動電池の一種で小型化には向かないが，長寿命を実現），日本ガイシのNAS電池（ナトリウムと硫黄の化学反応を利用）などいくつかの方式がそれぞれ実用化されている。電力供給に資するという意味での価格の目標は，揚水ダムである。揚水発電施設の建設コストは，1kWh当たり2万3000円程度[20]とされている。これを大規模蓄電池が下回ることが，当面の目標となる。揚水発電は建設場所によりコストは大幅に異なるが，一般的には適地は少なくなりコスト増となる。ただ揚水ダムの使用年限は長いので，電池はいっそうの低コスト化と長寿命化が求められるが，実現すれば電力供給の風景は一変する。系統接続問題で手間取るようだと，この蓄電システムが先行し分散・自律型の電力システムの方向が，先に見えてくる可能性がある。

　もう1つ，電力生産ではないがバイオマス燃料についても紹介しておこう。近い将来大いに期待できる分野である。従来型のバイオは，トウモロコシやサトウキビなど，既存の農業生産物やその残渣を対象とし，エタノールなどの炭化水素を生産していた。また先に紹介した木質系ペレットやごみ発電のように，電気と熱源としての利用も普及し，地産地消型のエネルギー生産と

して期待できる。

　藻類を利用したバイオ燃料に今目が注がれている。この藻類と化石燃料使用の発電所や製鉄所などと組み合わせることにより，CO_2対策にもなる。単位面積当たりの生産効率は従来型の農産物バイオに比較すると10倍から20倍という高効率だ。

　現状のコストは1ℓ当たり500円程度とされるが，これを100円程度まで下げることができれば，航空機燃料として使用できる。航空機燃料は，主に灯油に近い成分をもつケロシン系と，それにナフサを混入したワイドカット系とが利用されている。石油精製においてガソリン，ナフサ，灯油，軽油，重油などが，原油からの留分として定まった比率で生産されるため，航空機燃料が需要増となっても直ちに対応できない。現在の航空燃料の高騰と将来的需要増とを考えると，代替燃料開発が必至の領域である。アメリカでは，すでに「2011年6月，米国海軍がソラザイム製造の藻ジェット燃料を混合した燃料でヘリコプターの飛行実験を実施。同年11月，民間旅客機が同じソラザイムが製造した藻ジェット燃料4割混合のジェット燃料で，ヒューストンからシカゴまで約1500kmの飛行に成功」[21]している。

　これは日本でも熱心に取り組まれている。IHIの例[22]を紹介しよう。「IHI NeoG Algae 合同会社は，油分を大量に含む藻の屋外での$100m^2$規模による安定培養に成功」し，「今回の培養試験で利用した藻は，神戸大学榎本平教授が顧問を務める有限会社ジーン・アンド・ジーンテクノロジーが発見した高速増殖型ボツリオコッカス（榎本藻）をベースに，株式会社ネオ・モルガン研究所が様々な改良を加えたもので，株式会社IHIが保有するプラント技術で屋外での大量培養」した。「今回の取組みは，屋外の開放型の池で，増殖に必要なエネルギー源として太陽光のみを利用し他の藻類や雑菌などに負けない培養方法を開発したことで，藻を高濃度で安定的に増殖させることができる点に，世界的に見ても優位な特徴」をもち，「次のステップとして，

量産を見据え数千m²規模での培養を実現するための場所の選定と，さらなるコスト低減に向けたプロセス改良を進めて」いくと報告されている。

　筑波大学の渡邊信教授は，藻類研究に早くから取り組み，緑藻類のボツリオコッカス（Botryococcus）に注目してきた。この藻類は光合成を行い，石油に近いバイオ燃料を生産するが，そのためには日照時間と気温がカギとなる。渡邊教授は，沖縄でオーランチオキトリウム（Aurantiochytrium）という効率の良い藻類を発見した。「海などにすみ石油と似た成分を作り出す藻類はこれまでも知られ，トウモロコシからバイオエタノールなどを作るよりも生産効率が10倍以上高い。油の回収や処理を含む生産コストは1リットルあたり800円程度かかるのが難点だったが，今回の藻類なら10分の1以下に下げられる」[23]という。このオーランチオキトリウムは，光合成を必要とせず，油を生産する。有機物を利用して増殖するなどのオイル産生従属栄養性藻類と，窒素・リン酸等の富栄養化因子を利用して増殖するボツリオコッカスなどのオイル産生独立栄養性藻類とを，組み合わせて用いることにより，新エネルギーを生産する事業の研究開発が進められている。東北復興次世代エネルギー研究開発プロジェクト[24]の1つとして「微細藻類のエネルギー利用に関する研究開発」が進められている。この研究は，筑波大学のグループが「藻類バイオマスの生産技術の確立」を担当し，東北大のグループが「オイル抽出・精製技術等の確立」を目指す。事業そのものは，仙台市の南蒲生浄化センターで実施する。つまり生活排水と太陽とによって石油を生産する事業である。

おわりに

　現在，原発停止にともない天然ガスなどの化石燃料の購入費が増大してい

る。「原発停止により 3.6 兆円の国富が失われる」という声が政府からあがって，貿易収支の悪化の改善から原発再稼働を主張する声もある。この主張に問題を投げかけたのが，自然エネルギー財団のリポート[25]である。

2013 年の燃料費が 2010 年と比較し 3.6 兆円増加，と政府は主張する。この試算は，原発の発電量の減少分全量を火発で代替したという前提でなされている。しかし，震災後は大幅に節電が進み，実際の火発の増加量は政府試算より 3 割程度すくない。また LNG 価格の上昇と円安の影響という，原発とは別の要因があって燃料購入費が増大している。これらを勘案すると，燃料費増加額は 2.4 兆円，価格要因を除くと 1.6 兆円となる。3・11 以後，世論をミスリードしかねないような主張が政府から出されたことは，記憶に新しいが，今でもそれが継続しているのだろうか。

もう 1 つ例に挙げたいことがある。

固定価格買取制度において，自然エネルギー電力の買取り費用は電気料金に加算されている。これが「再エネ賦課金」である。この賦課金の実績は 2012 年度で約 1300 億円，2013 年には約 3100 億円となっている。自然エネルギー財団のリポート[26]によると，この算定に問題があるという。賦課金額は，自然エネルギー電力の買取り費用と事務費用の見込額から，「回避可能費用」の見込額を差し引いたものである。つまり電力会社が自然エネルギー電力を買い取ると，その分発電をしなくて済むので，設備の稼働を減らすことにより燃料費や発電設備の費用を削減できる。その削減分を「回避可能費用」とよぶ。

同財団が指摘するのは，この「回避可能費用」の計算方法である。一般に電力が余れば，コストパフォーマンスの悪い発電所から停止するのが当然である。東京電力が，電気料金審査専門委員会で提出した資料（2012 年 6 月）でも「運転単価の安い電源がより高稼働率になるように計画」し，なかでも「燃料単価の低い石炭火力については最大限運転し，LNG 火力は石炭につい

で運転し，電力需要の変動に対応させ，残りを石油火力でまかなう」としているという。これからすると電気が余った時には，石油火力から停止することになる。しかし経産省の示すところでは，すべての電源の燃料費などの運転単価の平均値で単価を計算し賦課金額を決めている。これでは，消費者は余計な賦課金を支払っていることになる。これを高コストな発電設備から停止した場合と比べると，電力消費者が払う賦課金の額3505億円は，2122～2363億円程度に縮小するという。差額は約1100～1400億円となる。国民は自然エネルギーの発展のためと思い，支払っている賦課金なのだが。原発の再稼働には安全確保が優先と政府は言明しているが，本当の狙いは再稼働に傾いている。ここで紹介したようなトリックまで再稼働するのだろうか。

　日本の多くの企業とそこでの技術者たちは，この転換期にあって，世界の動向を見据えて多様な技術開発に取り組んでいる。そして現実的に大きな可能性を示している。この方向を進むのか，それとも後戻りしてしまうのかが，今問われている。

1)「東芝，スペインで大型蓄電システム実証実験」(『日本経済新聞』2014年1月8日)。
2) 本節は奥山修平(2011)「フクシマが明るみにした『原発の不都合な事実』」(『白門』7月号，中央大学通信教育部)を改稿したものである。
3) 石橋克彦(1997)『科学』10月号，岩波書店。
4) NHKニュース(2014年3月11日)での試算による。
5) 近藤駿介「福島第一原子力発電所の不測事態シナリオの素描」(2011年3月25日)。
6) 「コアコンクリート相互作用」とは熔融した核燃料が，原子炉底部の鋼鉄を貫きその基層のコンクリートと反応を起こす現象のこと。
7) 大島堅一(2010)『再生可能エネルギーの政治経済学』東洋経済新報社。
8) 本節は，Chou On Lineに掲載された「安全とは，危険を認識することに始まる」(2011年8月29日)を改稿したものである。
9) WASH-1400, "The Reactor Safety Study", 1975.

10) 帝国データバンク「『太陽光発電システム販売・施工』5665社の経営実態調査」（2014年7月22日）。
11) 「オリックス，再生エネ発電に3000億円」『日本経済新聞』（2014年8月14日）。
12) 「長崎県佐世保市宇久島での太陽光発電事業の検討に関する基本合意」（2014年6月12日）。
13) 環境エネルギー政策研究所（ISEP）『自然エネルギー白書2014』（2014年3月）。
14) 日本風力発電協会「平成26年度ＦＩＴ決定に対するＪＷＰＡの見解」（2014年3月27日）。
15) 葛巻町クリーンエネルギーパンフレット『くずまき　クリーンエネルギーの取り組み』。
16) 高知県梼原町『梼原町環境モデル都市行動計画』（2014年3月）。
17) 藤沢市議会資料「旧松下電器産業グループ用地の跡地利用について」。
18) 三井不動産「ニュースリリース」（2013年4月8日）。
19) 「コスト15％，購入電力9割減—コマツ最新工場の競争力」（『日経ものつくり』2014年7月号）。
20) 資源エネルギー庁電力・ガス事業部「低炭素電力供給システムに関する研究会・第2回新エネルギー大量導入に伴う系統安定化対策・コスト負担検討小委員会資料」（2008年10月30日）。
21) 安東利華（2013）「代替燃料としての『藻』」（『ジェトロセンサー』12月号）。
22) 株式会社IHI（2013）「IHI NeoG Algaeが100m^{2}規模でのバイオ燃料用藻類の屋外安定培養に成功」（『プレスリリース』11月14日）。
23) 『日本経済新聞』（2010年12月14日）。
24) 東北復興次世代エネルギー研究開発プロジェクト『平成25年度研究成果報告書』（2014年3月）。
25) 自然エネルギー財団『「原発停止による3.6兆円の国富流出」試算検証』（2014年3月13日）。
26) 自然エネルギー財団『回避可能費用の計算方法に関する分析』（2013年9月19日）。

第 Ⅲ 部
過去から未来へ

第 8 章
大震災対応の初動と海外受援
過去の記録からの提言

佐　藤　元　英

はじめに

　岩手県では，過去に1896（明治29）年6月15日の明治三陸沖地震津波，1933（昭和8）年3月3日の昭和三陸沖地震津波，1960（昭和35）年のチリ津波と，地震と津波の被害を受けてきた。そのため，津波に対する県民の意識は非常に高いものがあり，学校の防災教育や自主防災組織による避難訓練などの対策や，あるいは宮古市田老地区の高さ10 mの防潮堤，釜石湾の深さ63 mの湾口防波堤などを構築して津波対策を講じていた。また，この30年間に99％の確率で「宮城県沖地震」が発生すると言われていたため，津波対策には特段の力を入れて防備してきた。「いつかは来る」との認識はあったが，2011（平成23）年3月11日，我が国災害観測史上類を見ないM 9.0という地震と，途方もない巨大津波が岩手県の沿岸市町村に襲いかかったのである。東日本大震災による死者1万5884人，行方不明者約2636人，負傷者6000人以上，流失家屋約2万4000棟という壊滅的な被害を被った。
　東日本大震災発災後，すでに3年半を経たが，その間に緻密な検証，分析がなされ，将来への防備，復興，展望などが多面的な研究から論じられてい

る。本章では，過去に発生した2度の岩手県東方沖を震源とする三陸地震，1923（大正12）年9月1日発生の関東大震災，1995年1月17日発生の兵庫県南部（阪神・淡路）大震災をも対象としながら，地震発生時の日本政府，自治体の初動対策，自衛隊（戦前は軍隊）による救助救援，国際援助受け入れと外務省の役割というような過去の諸問題を顧み，今後の対応策として若干の提言を試みたい。

岩手・宮城内陸地震が発生した2008年以後毎年，岩手県庁は庁内に災害対策本部を設置して大震災津波に備える訓練を実施していたことや，発災当日勤務時間中であったこともあり，マニュアルどおりに10分以内に災害対策本部が設置できたようである[1]。また，自衛隊への災害派遣要請は，発災6分後の14時52分に行っていた。中央政府は14時50分に首相官邸内の危機管理センターに対策室を，15時14分に対策本部をそれぞれ設置した。しかし，政府と官僚機構及び地方自治体との連携が円滑に行われず，菅直人民主党政権の「政治主導」の限界が浮き彫りになり，3月22日，政府は各府省の次官会議を復活させ，「被災者生活支援各府省連絡会議」を設置し，発災2週間後にようやく政府は官僚機構を積極的に活用する「省庁総動員」による体制に軌道修正した[2]。

また，東日本大震災発生後2カ月間で，24の国と地域，5の国際機関からの緊急援助隊や医療支援チームが日本を訪れ，救助支援の活動を展開したが，海外救援の受け入れ，すなわち「受援」の体制にも多くの問題点をのこした。

1880年に日本地震学会が結成されて以降の，日本を震源とするマグニチュード7.0以上，または最大震度6弱以上，または死者行方不明者1人以上のいずか1つ以上に該当する地震の発生回数は，1885年の地震観測所設置以降の明治期（1911年まで）に26回，大正期（1912〜1926年）に21回，昭和期（1927〜1988年）に101回，平成期（1989〜2012年）に63回という数字にも表れているように，残念ながら日本は地震発生大国と言わざるを

第 8 章　大震災対応の初動と海外受援　191

得ない。こうした状態は将来にわたっても予想されるところである。さらに，それどころか，力武常次氏作成の「震災域別平均繰返時間間隔表」[3] によれば，巨大地震の繰り返される周期から，例えば南海トラフ地震，首都圏直下地震も近い将来に起こるであろうと予測されており，地震研究者ら専門家の間で警戒されている。

　この度の東日本の大震災は，青森県沖，三陸沖，宮城県沖，福島県沖の複合地域で発生した広域震災ともみられる。こうした地震及び津波に対し，あらゆる方面から対策を講じ，危機管理体制，海外からの支援受け入れ体制などの整備は緊急を要する。以下に，本章に関わる過去の地震津波被害の概要を示した。

① 明治三陸沖地震津波

　1896（明治 29）年 6 月 15 日 19 時 32 分発生，M8.2〜8.5，震度 4 強，震源釜石の東方沖 200km，津波綾里湾（現大船渡市）遡上高 38.2m，被害死者 2 万 1915 人，行方不明者 44 人，負傷者 4398 人，家屋流失 9878 戸，家屋全壊 1844 戸，船舶流出 6930 隻，地震による直接的な被害はほとんどなく，大津波による甚大な被害，国外への余波：ハワイ津波 9.14m，被害記録なし。地震発生時，伊藤博文（第 2 次）内閣（1892.8.8-96.9.18），9 月 18 日政変，松方正義内閣（1896.9.18-98.1.12）。

② 昭和三陸沖地震津波

　1933（昭和 8）年 3 月 3 日 2 時 31 分発生，M8.1，震度 5，震央釜石の東方沖 200km，津波綾里湾（現大船渡市）遡上高 28.7m，被害死者 1522 人，行方不明者 1542 人，負傷者 1 万 2053 人，家屋全壊 7009 戸，流出 4885 戸，浸水 4147 戸，焼失 294 戸，下閉伊郡田老村（宮古市の一部）1798 人の人口の 42％に当る 763 人が死亡，家屋の 98％に当る 358 戸が全壊流出。地震発生時，斎藤実内閣（1932.5.26-34.7.8）。

③ 関東大震災

1923（大正12）年9月1日11時58分発生。M7.9，震源神奈川県相模湾北西沖，津波被害（1923年9月）死者9万9474人，行方不明者3万8782人，負傷者10万2961人，家屋全壊10万5524戸，火災全焼家屋37万5855戸，被害は東京・神奈川・埼玉・千葉・山梨・静岡・茨城・長野・栃木・群馬の1府9県の広範囲に及んだ。震災による経済的損失は約55億円（当時の国家予算の約4倍）。地震発生時，加藤友三郎病死直後の山本権兵衛（第2次）内閣（1923.9.2-24.1.7）。

④　阪神・淡路大震災

1995（平成7）年1月17日午前5時46分発生，M7，震度7，震源淡路島北部，深さ16km，被害死者6434人，行方不明者3人，負傷者4万3792人，住家被害全壊10万4906棟，半壊14万4274棟，全半壊合計24万9180棟（約46万世帯），一部損壊39万506棟，罹災世帯8969世帯，その他被害道路7245カ所，橋梁330カ所，河川774カ所，崖崩れ347カ所，被害総額約10兆円規模。地震発生時，村山富市内閣（1994.6.30-96.1.11）。

1. 明治・昭和の三陸沖地震と海外受援

1896（明治29）年6月22日，在日英国公使を通じて，英国二等軍医エス・ウェストコットより三陸地方津波の災害につき，無報酬で日本政府または赤十字社のために医術上の救援をしたいとの申し出があり，外務省は内務省に照会したところ，板垣退助内相より西園寺公望外相宛に，6月23日，「政府ニ於テハ目下負傷者救護ノ途モ相立チ候ニ付同氏ノ助力ヲ求ムルノ必要ヲ認メス」との回答を得，また，赤十字社へも同様照会し，内務省の回答も合わせて知らせたところ，日本赤十字社も内務省の方針に従い，「本社モ幸ヒニ救護上多分ノ余裕アリテ目下助力ヲ要スル等ノ必要無之候」と返答した。ウェ

ストコット医師の救援申込みに対して，6月29日，外務大臣より英国公使宛の公信をもって，「早速夫々ヘ照会致置候処同氏ノ仁慈ナル厚意ニ対シテハ深謝スル所ニ有之候得共負傷者救護ノ途モ充分相整ヒ居候」と謝絶した[4]。

外務・内務・日本赤十字社の三者の関係は，事実上，内務省が主導的に外国人の被災地派遣を断った形であった。現地の状況は，新聞報道からしても，決して十分な救護活動が展開されていたわけではなかった。中央政府の地方軽視という側面がうかがえる。

ロンドンにおける日本公使館は外務省本省に対して，7月4日，東北地方沿岸の震災被害について，当地の新聞報道の真偽及び慈善義捐運動に応える上からも，被害状況の確報を得たいとの問い合わせを行っているが，7月9日の外務省の返信電報では，死者：青森県346人，岩手県2万3309人，宮城県3344人，計2万6999人，負傷者：青森県213人，岩手県4396人，宮城県1184人，計5793人，家屋流失：青森県840戸，岩手県5920戸，宮城県715戸，計7475戸と返信した[5]。

明治三陸沖地震津波の被害があったちょうど10年後の1906（明治39）年，サンフランシスコ大地震が起こった。4月18日午前5時14分，大震災とともに大火が発生し，罹災者数約30万人，死者7429人（サンフランシスコ5950人，オークランド591人，バークレー155人，アラメダ565人，サンタクララ168人）を出した。地震による火災は19日未明までにサンフランシスコ市内商業地の全部に広がり，日本総領事館をはじめ，商業会議所（この建物の中には三井物産会社，東洋汽船会社及び重要な商業機関があった），大銀行，保険会社，その他日本街にある重要な建物を焼失し，在留日本人約1万人にも甚大な被害をもたらした。火災は3昼夜に及び，鎮火したのは21日10時頃である[6]。

上野季三郎領事は現地の被災報告書の中で，鉄道会社のとった対処について，サンフランシスコから100マイル以内どこへなりとも無賃搭乗を許し，

なるべく速やかに対岸地方へ避難させる方針をとり，漸次罹災民残留者の数を減らすことができたと述べている[7]。これは，救済会サンフランシスコ本部がとった「放散策」であるが，罹災者中の健康者を極力対岸オークランド方面に送致し，さらにバークレー，アラメダの支部において遠近各所に分散させて，これを支援すべく鉄道会社が，カルフォルニア州内に限りサンフランシスコよりの汽車賃を一般罹災者へ免除した。避難を容易にさせ，こうした「放散策」は，日本人にも適応され意外な効果を収め，5月末頃には，罹災本邦人の過半はすでにサンフランシスコを去って，各地方に生業を取得したという[8]。

被害状況の報に接した日本政府は，罹災者救護のため日本赤十字社より病院船一隻（救護員，看護婦，薬品とともに）をサンフランシスコへ派遣しようとして，青木周蔵駐米大使を通じてアメリカ政府の意向を打診したが，アメリカ政府は謝意を表しながらも，「是迄諸外国ヨリノ申出ニ対シ大統領ハ総テ之ヲ辞退セラレタル後ナレハ独リ日本赤十字社ノ分ヲ受諾スル事能ハス」と謝絶した[9]。

また，昭和三陸沖地震では，海軍が主体となり救援活動を展開した。霞ケ浦より飛行艇2機，館山航空隊より飛行艇1機を急派させ，横須賀鎮守府から第1駆逐隊及び第6駆逐隊より駆逐艦6隻に食糧，医療品，救護用具を積載して被災地に向かった。また，大湊要港部司令官は第4駆逐隊の駆逐艦3隻も出動し，罹災者の救護にあたった。弘前留守司令部では盛岡警備部隊より偵察班50人，衛生班50人を急行させ，毛布，テント，軍用乾パン4000人分，外套1000枚を被災地に輸送した。また，鉄道省は宮城県・岩手県・青森県宛の救恤品の輸送については無賃扱いとした[10]。

地震の発生は3月3日の2時31分であったが，外務省から在外各地公館に向けて発電された地震及び津波情報の第一報は，3日4時10分であった。その電文は以下のとおりである。

三日仏曉東北地方ニ強震アリ岩手県釜石ヲ中心ニ東海岸ニハ多少ノ津波ヲ伴ヒ三日午後一時現在内務省着公報ニ依レバ岩手県下被害最モ甚ク死者二百五十九行方不明七十三家屋流失千六百焼失三百倒壊八百七十宮城県下死者十七行方不明三十家屋流失百九十倒壊十五青森県下ハ行方不明三家屋流失十八倒壊七尚通信普通ニテ別段ノ故障ナキ程度ナリ[11]

被害の甚大さについては先に述べたとおりであるが，海外向け情報として緊急性を重視したあまり，事態を正確に把握した内容とはなっておらず，中央政府の地方自治体軽視と受け止めざるを得ない。

この地震津波被害が起こった頃の斎藤実内閣は，1932年，「時局処理方針」を決定し，満州事変以後の満蒙経営を日本外交の基軸に据え，軍備の充実，非常時経済及び国家総動員の十分の考慮が必要であるとの強硬論を唱えた。9月15日には鄭孝胥国務総理と武藤信義大使との間で「日満議定書」を調印し，満州国を承認したが，10月の国際連盟総会において「リットン報告書」が発表されると，これを不満として日本は，1933年3月27日，国際連盟から脱退した。また，1933年2月には関東軍による熱河作戦が開始され，10月に決定された「昭和9年度予算編成」は，「1935，6年の危機」に備えて，陸軍は対ソ戦，海軍は対米戦をそれぞれ想定しての国家体制，軍備増強のための予算要求となり，軍事費は大幅に膨張した。したがって昭和三陸沖地震津波に対する外国からの支援は，満州国，ドイツ，イタリアなどと限られた友好国からであった[12]。

2. 関東大震災と海外受援

関東大震災発生直前の1923年8月24日，加藤友三郎首相が急逝，28日

に牧野宮内大臣，徳川侍従長，平田内大臣，山本権兵衛らが赤坂離宮に参殿し，摂政宮から山本へ組閣するよう命令があった。山本は，30日より組閣の準備を進めていたが，9月1日の地震発生11時58分時点では実現に至っておらず，内田康哉外相が首相臨時代理を務めている状態であった。山本は，発災を受けて組閣を急ぎ，9月2日，閣僚名簿を提出し，午後3時，臨時閣議を開き臨時震災救護事務局の設置を決定。午後5時，余震が頻発する中，山本内閣の親任式が，広芝御茶屋で「電灯とてなく蝋燭の光ほの昏き下で」行われたという[13]。そして，臨時震災救護事務局の総裁は官制上内閣総理大臣の山本権兵衛であるが，副総裁の水野練太郎内相の官邸に設置された。

地震発生の第一報は，神奈川県警察部長森岡二朗が横浜港に停泊中の日本貨物船コレア丸から打電された，「地震発生のため横浜で甚大な被害が出ており至急救援を求む」という無線電信である。これが地震発生後初めて発せられた，地震に関する情報と救援を求めるメッセージであった。森岡の無線電信は銚子の無線局に伝わり，それを傍受した福島県磐城無線電信局の木村嘉一郎は地震発生の情報を英訳し，午後8時10分，サンフランシスコ・ホノルル・北京・平壌に向けて打電し，震災報道は世界へと広がった[14]。磐城通信は，ワシントンにおいて1日の諸新聞の夕刊に掲載された。霞が関の日本外務省の庁舎は，事務室の4割7部が使用不能になり[15]，大地震が発生したことを主要在外公館へ伝える電報を発信することができず，地震発生から1日以上経過した9月2日午後4時30分に，海軍の無線を通じて山本外相より在英国林権助大使，在米国埴原正直大使，在仏国石井菊次郎大使，在新嘉坡浮田郷次総領事宛電報として，以下のとおり発電された。

九月一日正午安政以来ノ大地震アリ水道杜絶ノ上火災ヲ続発シ東京ヨリ湘南地方一帯ニ亘リ損害甚大ナリ東京ニ於テハ宮城及山ノ手方面幸ニ無事ナルヲ得タルモ全市ノ約三分二全滅ニ帰シ英米仏伊支各大公使館消失

シ横浜鎌倉方面ハ被害甚シキモノノ如シ政府ハ目下右ニ対スル応急措置ノ為努力中[16]

　9月1日の第一震で東京と横浜の通信網は壊滅状態となったため情報は錯綜し，日本外務省は被災地における各国外交官の安否や各国公館の破損状態についての問合せに応えることができず，6日になってようやく各国外交団員の被災状況を把握し，「在本邦各国外交団員の安否一覧」を作成することができた。米国大使館全焼し在横浜領事夫妻死亡，中国公使館全焼，仏国大使館全焼，英国大使館一部破損または消失，伊国大使館一部破損，といった状況が記載されている。

　なお，国民に震災情報，国際援助の情報を伝えるため，臨時震災救護事務局は，9月2日午後7時に『震災彙報』第1号を発行し，10月25日付第67号まで発行を続けた。この『震災彙報』には赤十字社の救護状況，通信・交通の復旧状況，諸外国からの救助救護活動，支援物資及び義捐金情報，天気予報など，被災者が求めていると思われる情報が掲載され，陸軍伝令・警察伝令によって市内各所に配布された[17]。

　さて，海外からいち早く救援を送って来たのがアメリカであった。クーリッジ大統領は，9月1日，震災を知るや，中国に配備中の軍艦（駆逐艦）を直ちに横浜へ救援のため派遣させ，翌2日には大正天皇宛に見舞の親電を送った。そして，3日には日本に対してできる限りの助力を尽くすよう，アメリカ国民に救援資金の寄付を訴えた。さらに4日には商務相フーバーより埴原大使に，米国赤十字社より最初の寄付金10万ドルを日本赤十字社に送付する手続きをとり，今後できれば500万ドルを目標に緊急寄付金募集に着手することを伝え，現金にて送るべきか必要物資を購入して送付すべきか，あるいは医師看護婦等の派遣の必要如何についての問い合わせがあった[18]。

　また，駐日米国大使ウッズは，米国大使館が全焼していたにもかかわらず，

外務省に駆けつけ，救援の申し入れを行い，米大使館の自動車5台を寄贈，自らも救援活動を実施した。さらに，日本海軍の無線を通じて国務省に電報を送り，100万人を超える被災者のために食糧と仮設住宅用資材を至急送るよう要請した。9月5日にはアメリカ東洋艦隊麾下の軍艦（駆逐船）が救援物資を積んで横浜に入港し，またフィリピンよりも救援物資を満載した数隻の運搬船が到着した[19]。

震災に対するアメリカ側の救援計画は，全て米国赤十字社を中心として実行されており，日本赤十字社を通じて救済の実行を試みているが，日本側の対応が円滑に行われず，米国国務省の命により，在本邦米国大使館に救恤委員会を設置させ，米日赤十字社間の連絡機関とした。日本側では，臨時震災救護事務局を設置して救護事務を統一執行し，日本赤十字社は本来の目的である傷病者の手当等に尽瘁した。こうした日本側の救護責任機関の体制が海外に明確に伝わらず，アメリカ側は対日救護の窓口を日米の赤十字社としていた[20]。そうした齟齬があったにもかかららず，アメリカの対日救援活動は諸外国間に突出していた。アメリカの救援に対して，山本権兵衛首相兼摂外相は次のように米大統領に謝意を表明した。

欧州大戦後ニ於ケル「ベルサイユ」条約及華盛頓条約ハ世界平和ノ大本ヲ確立シ人類ノ福祉ヲ増進スルニ於テ吾人ノ慶祝禁スヘカラサルモノナリ帝国ハ条約ノ趣旨ニ遵由シ之カ実行ヲ挙クルニ最善ノ努力ヲ為シツツアリ是時ニ際シ遇遇帝都及付近ニ大地震起リ祝融ノ殃厄之ニ伴ヒ凄惨ノ名状ス可ラス皇上ヲ初メ奉リ官民ノ憂惧限リナキノ折柄支那方面ニ在ル米国東洋艦隊司令長官カ直ニ其麾下艦艇ヲ震災地方ニ派遣シテ食糧物資ノ運送其他応急必需ノ為艦隊ノ全力ヲ提供センコトヲ申込マレ既ニ其一部艦艇ハ横浜ニ到着シ尚比律賓政庁ハ数隻ノ運送船ニ物資ヲ満載シテ発航セシメ更ニ米国大統領ハ布告ヲ発シテ米国国民ニ対シ援助ヲ勧誘セラ

ル是等ノ報道ハ既ニ多数罹災者ノ耳ニ入リ其敏速ナル人道的処置ニ対シ深ク感動ヲ与ヘツツアリ此間ニ於テ米国大使以下館員ハ在留米国人ト共ニ大使館カ火災ノ厄ニ逢ヒタルニ拘ハラス献身的努力ヲ以テ救援ノ事業ニ貢献セラル以上ノ事業ニ対シ本大臣ハ帝国政府ヲ代表シ満腔ノ感謝ヲ米国政府ニ致スト同時ニ大統領及米国国民ノ深甚ナル同情ニ対シ我君主及国民ノ熱誠ナル謝意ヲ表シ尚此不幸ナル災害ノ時ニ際シ表彰セラレタル米国政府及国民ノ友情ノ発露カ貴我両国ノ親交ニ一層ノ鞏固ヲ加ヘ惹テ宇内和平ノ連鎖ヲ益々強靭ナラシムヘキハ本大臣ノ信シテ疑ハサル処ナル旨付言セント欲ス[21]

　その後，各国から援助船が到来したが，港湾施設が破損しており，物資の陸揚げは混乱を極めた。臨時震災救護事務局の各委員中には外務省関係者が入っておらず，海外からの援助申し出が相次いだため，9月6日，海外から救援物資受け入れ担当として，永井松三通商局長が事務局委員に加わった。そして，9月8日，外務省の局課長会議において，「外務省ニ於ケル震災善後措置ニ関スル組織ヲ拡張変更」し，外交団及び外国人に関する事項は松平欧米局長，中国人及び朝鮮人に関する事項は出淵勝次亜細亜局長，外国から来る救恤の金品に関する事項は永井通商局長（永井は震災救護委員会の事務を担当），省内救護事項については山川条約局長が，それぞれ担当することになった[22]。
　こうした中，日本政府は，9月11日，「今次ノ震災ニ就キ列国ヨリ寄与スル救護事項ニ対スル帝国政府ノ態度綱領」を閣議決定した。

　　今次東京及付近ニ起レル震災火殃ノ救済援護ニ関シ寄与シ又ハ寄与セラレントスル列国ノ同情援助ニ対シテハ帝国政府ハ深厚ナル感謝ヲ以テ之ヲ迎フル次第ナルモ左ノ綱領ニ依リ処理スルコトニ致度

200　第Ⅲ部　過去から未来へ

　　一．食糧（米ヲ除ク）其ノ他必需物資ノ提供ハ喜ンデ之ヲ受ク但シ提供国本国積出前予メ交渉アルモノニ付テハ其ノ種類数量ヲ考査シテ帝国政府ノ希望ヲ回示スルコトアルヘシ
　　二．救護事業ニ関シ人ヲ派遣シテ協力セシメントスル申込ニ対シテハ其好意ハ深謝スル所ナルモ帝国政府ハ既ニ夫々各機関ノ施設ヲ有スルヲ以テ言語風俗等ノ関係ニ錯綜ヲ来タスノ虞アル等ノ事情ニ鑑ミ此際ハ之ヲ辞退スルコトトス但シ既ニ来リ又ハ来リツツアルモノニ就テハ外務当局ニ於テ適宜ノ措置ヲ執ルコトトス
　　運輸船舶ノ提供亦前項ノ主旨ニ依リ之ヲ辞退スルモノトス
　　三．食糧其ノ他必需物資ヲ提供スル為該船舶ノ入港ニ際シテハ帝国政府ハ相当官吏ヲ該船舶ニ派遣シ一応調査ヲ遂ケタル上其ノ乗員ノ上陸及積荷ノ陸揚ヲ行フコトトス是震災地方ノ秩序安寧ヲ保持スルニ於テ緊要ノ事ナレハナリ
　　因ニ記ス外国殊ニ露国方面ヨリノ入港船舶ニ対シテハ赤化宣伝其ノ他思想界ノ取締上最モ必要ヲ感スルヲ以テ其ノ点ニ関シ特ニ注意ヲ要ス」[23]

　この閣議決定は，9月11日付「通牒」により，内閣書記官長樺山資英より外務省へ伝えられたが，綱領末に記されたロシアに対する警戒の部分は「不発表ノコト」との内閣からの注意書きが付されていた。外務省では閣議決定の方針を受けて，埴原駐米大使より米国務長官へ，次のように申し入れるよう訓令した。

　　米国務省ヘ傷病者救護班等人員派遣ノ義ニ就テハ其好意ハ万々諒トスルモ一方我救護組織ノミニテ充分内外人傷病者ノ医療ニ膺リ得ルノミナラズ他面混雑ノ際言語風俗ヲ異ニスル外国人救護班ノ来援ハ却テ錯綜ヲ加ヘ実績ヲ挙ケシムルコト難ク且接遇モ到底宜シキヲ得難キノ実情ナルヲ

以テ一併ニ之ヲ謝絶シ外国ノ好意ハ物資資金ノ形式ニテ受クルコトト致度[24]

　そして，米その他の食料品は国内及び隣接諸国よりの供給で足りる見込みで，応急救護の必要品としては建築材料（主としてトタン板，屋根葺材料等），被服類，衛生材料（外科用品よりも内科用及び消毒用薬品），暖房用什器，ガソリン，毛布等であり，速やかに日本に到着しなければ，寄贈の意義が損なわれることを，山本外相より埴原大使に伝えられた[25]。

　イギリスをはじめ各国からの人員派遣による救援の申し入れに対して，外務省は政府の指示に従って救助活動の受け入れを断ったが，すでに日本に向かって出発をしていたアメリカの傷病者救護班の活動は受け入れた。しかし，そのアメリカ救護班に対しても，「人情風俗等ノ相違」から罹災者との意思疎通を欠き，誤解によって発生する危険を防止のため，単独外出散歩などを戒慎してほしいこと，各所において濫りに写真をとり罹災者の反感を招くことのないよう，必要な際には戒厳部隊に申し出の上撮影すること，という通告をしている。これに対して，マッコイ米陸軍軍務局長はマニラからの救護団派遣に際して，忍耐，礼節について細かい注意を訓令し，極力日本を刺激しないように配慮して，日本側の要望どおり単独行動や写真撮影を禁止した[26]。外国からの救護団受け入れについて[27]，東京湾への外国艦船の入港に関連して新たな国防，機密保持の問題が発生した。特に横須賀鎮守府施設の被害状況に関する国家機密の露呈を問題視した。

　また，ソ連よりは，義勇艦隊「シンビスク号」を「レーニン号」と改名して，医師8人，補助員10人，看護婦25人，看護人55人から成る救援隊を組織して，医薬材料，米，麦粉，魚類，砂糖，缶詰等，約50万ルーブルの救援物資を搭載して，ウラジオストックから神戸へ向かうとの申し込みがあった。日本ではソ連の救援について，震災を利用した日本の労働者階級に

対する共産主義宣伝の色彩が強いとして警戒し（救援物資の中に主義宣伝文を無数に差し込みありとの情報があった），「救護隊等ノ人員援助ハ言語不通，通訳不足等ノ為円滑ニ事務ヲ処理シ得サル虞アルヲ以テ米国其他諸国ヨリノ同様申出ニ対シテモ成ル可ク謝絶シ居ル現状」を説明し，ソ連の好意に感謝しながら，丁重に謝絶することのやむを得ない事情を伝えた[28]。

9月12日，レーニン号が横浜に入港すると，関東戒厳司令部福田雅太郎は，神奈川方面警備部隊司令官へ同船が革命宣伝を実行しようとしていること，救援対象も労働者のみとしていることの情報を与え，即時戒厳地域及び日本領海外への退去を命じ，搭載の救恤品等も一切受け付けないように命じた。こうした対応は，海軍省と外務省による即時退去の方針に基づいていた。しかし，外交辞令上，9月14日，山本外相はウラジオストク渡辺総領事代理に対し，ソ連の好意に感謝を述べるとともに，受け入れ態勢のできていない日本の事情を説明するよう訓電した。帝政ロシアの崩壊以後，1925年の日ソ基本条約締結までは，日ソ両国間の国交は断絶状態であった。

レーニン号の来航とこれに対する措置は，9月18日，閣議において次のように説明され，承認を得ている。在浦潮渡辺総領事代理はソ連の申し入れを受けて，日露関係の機微なる状況に顧み神戸へ向かうよう告げ，その報告を受けた外務省は内務省と協議した結果，9月10日，同総領事代理より，日本はソ連の厚意に感謝し救援物資の供給は受納するが，受け入れ場所及び配給の方法については一切日本政府に一任せられたいこと，傷病者の収容救護については大体懸念なき状態であること，救護隊による援助は言語不通，通訳不足のため円滑に事務を処理し得ないこと，アメリカその他の諸国に対しても同様に救援の申し入れを謝絶していること，などを先方に回答するよう訓令したが，レーニン号は日本側の回答を待たず，9月8日，浦潮を出帆，津軽海峡を経て，12日横浜に入港した。第3戦隊司令官より戒厳司令官に，ソ連の搭乗者は「労農側救済ノ目的カ罹災労働者ノミニ対スル慰問ナルコト

並ニ本震災ハ革命達成ノ天ノ使命ナル旨言明」するなど，宣伝活動を明らかにしているとの報告があり，13日，戒厳司令官は，救恤物資の受納を拒否し直ちに退去するよう勧告し，14日，レーニン号は浦潮に向けて出発した。以上の経緯であるが，政府は本邦漁業者，林業者などに及ぼす影響を考慮するとともに，ソ連の裏面の目的はともかく，表面においては人道的救済を標榜し，併せて日露関係の改善に資せんとするものであることから，ソ連の提供を一概に拒絶することは却って将来の両国の関係悪化を齎す虞なしとせずと判断し，ソ連よりさらに金品の提供申出があった場合，また，罹災労働者のみへの配布などの条件がなく，日本政府に処分を一任する意思がある場合には，金品を受領することについて承認を得ている[29]。

ソ連国内のレーニン号問題についての世論は，日本に対してさほど悪影響なく，むしろソ連国内において「露側ガ我天災ニ際シ手前勝手ノ解釈ニ基ク軽挙」との声が上がっていた。しかし，ソ連政府は日本外務省へ，日本官憲によりレーニン号が退去させられたことに抗議するとともに，共産主義の宣伝文書を積み込んでいたとする日本新聞の報道が全然事実無根であると宣明した。その後，改めて伊集院外相よりチチェリン外務人民委員に，ソ連の援助に謝意を表明するとともに，戒厳司令官のレーニン号退去命令は「当時混雑ノ際中央トノ連絡等ニモ不完全ノ点ナキニアラサリシ為遺憾ナカラ右政府ノ意思カ貴国代表者ニ充分徹底セサリシヲ虞ル帝国政府ハ今回震災ニ対シ露国官民ノ表セラレタル同情カ日露親善関係ノ樹立ニ貢献スル所鮮カラサルヲ信シ尚将来物品ノ寄贈ニ関シテハ之カ分配等ニ関シ特別ノ制限ヲ付セラレサル限リ快ク之ヲ受納スル方針ナリ」[30]と伝え，ソ連の態度も概ね緩和された。

震災発生以来，各国からの救援物資が届けられたが，それらを効率よく被災者に配給されたのか疑問である。臨時震災救護事務局では累積する救済物資の処理に窮して，余剰物資扱いとして換金し，義援金に繰り入れるべきとして，外務省に外国寄贈者への摂政を依頼した。しかし，外務省では，救援

物資の換金については，寄贈者に与える印象が悪く，復興事業への援助を求める際の影響が懸念されることから十分慎重に行うべきであると，伊集院外相から後藤新平救護事務局副総裁に回答された。そうした支援物資の換金問題が起っている最中に，英国駐在の商務官より，イギリス政府が義援金の一部で英国産品を購入して救援物資として送ることを希望していることが伝えられると，外務省は「英国の希望に沿うことが英国民一般の震災に対する同情に報い，なおかつ本邦に対する好意を維持する上で適当な措置である」と判断したうえで，臨時震災救護事務局へ通達した。同事務局は難色を示しながらもこれに同意し，最終的に義援金の一部をイギリス国内で物資を調達することになった[31]。

なお，27カ国から寄せられた義援金は，合計約2222万円に上り（日本国内からの義捐金は，合計約3749万円），その内最大の支援国はアメリカであった（米国1500万円，英国420万円，中国166万円，和蘭38万円，仏国25万円）[32]。アメリカ大使館附武官バーネット陸軍大佐は，震災感想談として，次のように述べている。

> 今度の大震災のため全市民の人心，大いに動揺せる時に当って完全に人心を安定せしめ得たるは全く在郷軍人団，青年団，自衛団等が最善を尽くして働いた事に依るほかはない。あの当時は警察官は青年団に指導せられ，軍隊は在郷軍人団に導かれた有様で，市内に集中せる数万の現役軍隊も勿論，各方面に大いに働いて居るが，在郷軍人団，青年団がなかりしならば，斯の如き大震災に対して完全に平和に民心の導く事は出来得ざりしならん。無数の在郷軍人，青年団の自己郷土を守るという恐るべき力は吾人の意外とするところである。今回の事例に徴するに，日本は一旦大事変ある時には現役軍隊より，より以上の精鋭なる軍隊を数倍，或いはそれ以上に直ちに集め得るであろうと信ずる。（中略）此度の事

件で，日本の隠れたる国民性を見ることができた。実に感心な国民であると同時に，実に恐るべき国民である。わが米国が採った今度の方法は，最も将来東洋の発展する上において必要有利な事であった[33]

3．東日本大震災の初動対応と海外受援

2011年3月11日，政府は地震発生の14時46分から4分後の14時50分に首相官邸内の危機管理センターに対策室を，15時14分に緊急災害対策本部をそれぞれ設置した。全閣僚から成る対策本部の会合で，菅直人首相は，① 人命救助を第一に応急活動に全力を尽くす，② 自衛隊と警察，緊急消防援助隊，海上保安庁部隊などを最大限派遣する，③ 高速道路や幹線道路の通行確保，航空安全の確保を図る，④ ライフラインの復旧に全力を挙げる，などとする「災害応急対策に関する基本方針」を決め，16時55分には国民向けに「国民の安全を確保し，被害を最小限に抑えるため，政府は総力を挙げて取り組む」とメッセージを発表した[34]。防衛省・自衛隊も政府と同時刻14時50分に防衛省災害対策本部を設置し，15時30分には第1回防衛省災害対策本部会議を開催，18時には大規模震災災害派遣を，19時30分には原子力災害派遣をそれぞれ防衛大臣から自衛隊の部隊に命じられ，映像伝送機能を持つ陸上自衛隊のヘリコプターUH1など航空機約300機，海上自衛隊の護衛艦など艦艇約40隻を三陸沖に派遣し，救助活動にあたらせた。

　発災から約6時間後の21時現在で，25の国・地域から，物資提供や救援チーム派遣などの支援の申し入れがあった。緊急災害対策本部で関係省庁や地元自治体などと協議し，受け入れに関する調整を進めることにした[35]。また，世界の災害に対応する国際捜索・救助諮問グループ（INSARAG）を組織する国連人道問題調整事務所（OCHA）は，11日，世界で35の国際緊急

援助隊が，いつでも日本へ派遣できる態勢の準備に入っており，救助・支援の具体的内容は日本の要請を待って決めると発表した[36]。

　政府関係者は「初動は問題なかった」と語ったが，政府が初動体制に全力を挙げたのは，1995年1月17日の阪神・淡路大震災の際の反省があったことによる。世論は当時の村山富市首相に対し，地震発生後1時間以上報告が入らず被害の拡大につながったこと，また，自治体との連携の悪さから初動の救援活動が遅れたことを激しく批判した。広島県に所在する陸上自衛隊第13師団が，神戸市内で活動を開始したのが，震災から4日目の朝となってしまったのである。そこで，政府は，1995年11月，「防衛計画の大綱」[37]を決定し，自衛隊の災難救助の出動に対応する新たな体制作りを行った。自衛隊の救援について，今回においては地震発生から11分後に，まず青森県の海上自衛隊第73航空隊から救難機UH60J1機が離陸，その後も東北地方の航空自衛隊基地から偵察用の戦闘機F15や，陸上自衛隊のヘリコプターUH1などが次々と飛び立った。自治体も，岩手県達増拓也知事より地震発生6分後，宮城県村井嘉浩知事より16分後に，自衛隊に対して災害派遣要請を行い，阪神・淡路大震災発生時に比べ，迅速な連携が目立った。

　しかし，福島第一原子力発電所1号機で起きた爆発についての政府の説明が，発生から約5時間後になるなど対応の遅れが目立ち，与野党から危機感の薄さを指摘する声が続出した。また，緊急災害対策本部の総責任者である菅首相が，対策本部から離れ，12日早朝，ヘリコプターで福島第一原発を訪れ，約50分間視察を行い，「自ら陣頭に立ち，安全性をアピールする狙いがあったと見られるが，東京電力幹部らが随行して逐一説明して回ったため，肝心の放射能漏れなどの安全対策に集中すべき力がそがれた」との指摘も出た[38]。同日午後に首相官邸で行われた与野党党首会談の冒頭で，首相は自らの現地視察について報告し，「最悪でも放射能が漏れることはない」と述べたというが，第一原発1号機での爆発は，党首会談の最中に起こった。菅

首相と枝野官房長官が事故について詳しく説明したのは，20時30分過ぎになってからである。パニック防止に配慮するあまり，何が起きているのか，住民はどう行動すべきか，などについての具体的な情報をほとんど発信できず，対応が後手に回った[39]。実際，避難指示範囲は，11日は原発の周辺3km圏内であったが，12日は10km，爆発を受けて20kmと次々拡大し，住民はかえって混乱した。

外務省の発表によれば，13日朝までに74の国・地域，国際機関から支援申し出があった。うち米軍は空母ロナルド・レーガンなど3隻が同日朝，仙台市沖で海上自衛隊の護衛艦などと合流し，米空母は艦載ヘリを使った捜索・救助活動に乗り出した。その他，強襲揚陸艦エセックスとドック型揚陸艦4隻，シンガポールに寄港中だった第7艦隊旗艦ブルーリッジが人道支援隊及び災害復旧物資の現地輸送に向けた準備に入った。また，オバマ大統領は，菅首相との電話会談で，地震で自動停止した福島第一原発の安全性についても協議し，大統領は，チュー米エネルギー長官に対し，日本側と緊密に連絡を取り，事故が判明した場合は，迅速な措置を取るよう指示したことを伝えるなど，原子炉の安全に重大な関心を抱いていることを強調した。米国際開発庁（USAID）からは，13日，災害救援チーム約150人（カリフォルニア州ロサンゼルスとバージニア州フェアファックスの消防隊員などによる2隊構成で，コンクリート裁断機などの救援用機材約150t相当を装備）を青森・三沢基地に派遣すると発表した[40]。地震発生から2日後の13日から，自衛隊と米軍の共同活動が始まっており，米軍は同盟国を全面支援する今回の作戦を「TOMODACHI（友達）」と命名した。

沖縄の米海兵隊も16日に被災地に入る予定となったので，自衛隊と米軍の大規模な救援の共同活動に備え，防衛省は陸海空自衛隊の現地部隊の指揮系統を一元化するため，14日に陸上自衛隊東北方面総監の指揮下に同総監が指揮する陸災部隊，海上横須賀地方総監が指揮する海災部隊及び空自航空

総隊司令官が指揮する空災部隊を入れた「統合任務部隊」を編成し，また，福島第一原発の事故に伴う原子力災害派遣においては，陸自中央即応集団司令官の一元的指揮の下に，陸・海・空自の要員約500人が原発構内での放水活動などを行った。これらの活動では，在米軍司令部がある東京・横田基地の災害対策本部との調整を踏まえ，日米協同で救援救護活動を展開することになった[41]。

国連の潘基文事務総長は，11日，緊急記者会見で，「国連は日本国民の力になりたい。できる支援はすべて行う」と述べ，国連はすでに，各国救援隊の活動を調整する「国連災害評価調整チーム」（UNDAC）の派遣を日本政府に打診したという。ニュージーランド54人，オーストラリア72人，韓国5人と救助犬2頭，シンガポールも救助犬5頭を含む救助隊を派遣した。各国からの支援申し入れは，発災後直ちに日本政府あるいは日本赤十字社に寄せられた。

しかし，政府・自衛隊の初動が想定していたとおりに迅速に進んだのは，緊急災害対策本部の設置，陸上自衛隊霞目駐屯地（仙台市）から偵察ヘリを離陸させ，東北方面隊（仙台市）の幹部が災害派遣を要請した岩手や宮城などの各県庁に向かったところまでであった。ヘリからの情報で，被害は極めて広範囲に及んでいることが次第に明らかになっているものの，部隊をどの地域に真っ先に投入するかを判断するために不可欠な自治体（市町）との連絡が途絶し，被害情報が入ってこないために活動計画を練ることができなかったからである。

陸上自衛隊は急ぎ，霞目の他，千葉・木更津・群馬・相馬原などの航空基地から約20機のヘリを離陸させ，被災状況を偵察すると同時に，建物などの屋上で孤立している住民を発見次第救助する活動に切り替えた。陸上自衛隊のヘリ救助救援は威力を発揮した。

また，海上自衛隊も横須賀基地から護衛艦「はるさめ」他16隻の艦艇が

出港，翌12日午前5時には三陸沖に到着し，ヘリを発艦させて高台の孤立者を救助したほか，小型艇で海からの港湾施設に取り残されていた住民らを救助した。13日までに現場海域で活動する艦艇は約50隻に上ったが，ここでも想定外の事態が発生した。食糧など支援物資を積み降ろすはずだった福島・相馬港や岩手・宮古港などが，津波で流出した家屋や流木で埋まり，しかも一部は港内に沈んでしまい。水深がわからず接岸できない事態が発生していた。沖合からヘリでのピストン輸送という状態であり，大型輸送艦「くにさき」が到着する15日以降，搭載しているエアクッション航（LCAC）で，被災地沿岸の砂浜に物資を直接運び込む計画を立てた[42]。

航空自衛隊の松島基地は津波に襲われ，格納庫にあったF2戦闘機18機（1機約120億円）など多くの航空機が水没した。滑走路も冠水，流木に覆われ，電源施設やコンピューターなど基地機能の大半を喪失した。松島基地は2003年7月26日の宮城県北部地震でも救援物資の空輸拠点となり，今回も被災地の要に位置するため，滑走路の復旧が急がれた。

自衛隊投入は，震災発生時の2万人から，12日には5万人，15日には10万人となり，被災地で活動する部隊に物資等を供給し続ける後方支援の隊員を加えれば，その規模は全自衛隊員の8割に当たる約18万に達したという[43]。日常の警戒監視を続けながらの活動である。その他，即応予備自衛官（35歳以下）及び予備自衛官1700人を，災害派遣では初めて招集し，被災地に投入した。語学が堪能で予備自衛官に志願した民間人数十人も呼び集め，米海軍や海兵隊など各国からの支援部隊との連絡調整などを担当させた。

地震発生6日後の16日になっても，被災地に充分な食糧や生活用品が届いていないことについて，政府の取り組みの不十分さを指摘する声が出ており，菅首相ら政府が東京電力福島第一原子力発電所の事故への対応に忙殺され，十分な手だてがとれていない現状に批判が高まった。緊急災害対策本部は発足以来，11回の会合を開いているが，会合後の枝野官房長官の記者会

見で，物流正常化に向けた具体策が発表されたことはなかった。官房長官の記者会見の大半は原発事故の現状と政府の対応の説明に終始していた。北沢防衛相は，16日の記者会見で，東日本巨大地震の避難民に支援物資を効率よく届けるため，自衛隊が一元的に物資を管理・輸送する枠組みを発表した。

　市町村や民間企業などが提供する輸送物資を，都道府県を窓口として最寄りの自衛隊の駐屯地などに集積し，空路で被災地近辺の自衛隊拠点に集められ，陸上自衛隊東北方面総監部（仙台市）に置いた現地支援部隊の指揮部隊「災統合任務部隊」が分配して避難所に輸送するという仕組みである。さらに，全国の自衛隊の部隊などで備蓄している軽油やガソリンなどの燃料の一部を，放出する方針も発表された[44]。

　放射能漏れを起こした福島第一原発で事態の悪化に歯止めがかからないことに対し，アメリカでは日本の危機感が欠如しているとの批判も出た。アメリカは原発の上空に飛ばす放射能測定装置を積んだ無人機の提供の申し出を地震直後に行ったが，日本政府は当初これを断り，事態が悪化してから受け入れたという。米軍は北朝鮮の核活動の監視にも使っている無人偵察機グローバルホークを被災地に投入，高高度偵察機U2も活動を行い，いずれも原発の被害状況を上空からつぶさに監視していると見られている。また，アメリカ政府が原子炉冷却に関する技術的な支援を申し入れたのに対しても，原子炉の廃炉を前提にしたものであったことから，日本政府が断っていたことを，民主党幹部が明らかにしている。ニューヨーク・タイムズは，「日本の政治，官僚機構は，問題の広がりを明確に伝えず，外部からの助けを受けようとせず，動けなくなっている」，「日本のシステムはすべてゆっくりと合意に達するようにできている」とする米政府関係者の分析を紹介し，国家的危機に及んでも大胆な決断ができない日本政府へのいら立ちをあからさまにした[45]。この頃，アメリカはじめ，イギリス，フランス，ベルギーなどもチャーター便や軍用機で，自国民を日本国外へ脱出させる動きが続いた。

3月19日，米国防総省は原発事故への対処で日本を支援するため，核汚染に関する米軍の専門家チーム9人を日本に派遣した。米軍はさらに，放射能被害管理の専門部隊約450人の派遣に着手し，事態の悪化を食い止めるため，原発周辺での活動を本格化させた。一部の部隊は，M93A1と呼ばれる，大気や土壌の放射能汚染を即時に分析・探知し通報する耐放射能型の偵察装甲車を保有しており，具体的な能力は謎に包まれている部分も多いが，ウィラード米太平洋軍司令官は，同部隊は「放射能汚染が進んだ環境下で極めて効果的かつ自立的に任務を遂行できる」と述べ，日本政府の要請があれば，いつでも対応できるとの姿勢を強調した[46]。

　3月27日現在で，陸，海，空の3自衛隊の総定員の半分近い約10万6900人，航空機539機，艦船53隻を投入した。一方，今回の支援を「TOMODACHI（友達）作戦」と銘打った米軍の態勢は陸，海，空，海兵隊の4軍で最大時人員約1万6000人，航空機140機，原子力空母ロナルド・レーガンを含む艦船15隻である。米軍はこれらの部隊を統括するため，在日米軍司令部のある東京・横田基地に「統合支援部隊（JSF）」を新設し，ウォルシュ米海軍太平洋艦隊司令官（海軍大将）が指揮官となった。自衛隊と米軍は前例のない規模の共同部隊を組織して，今回の地震，原発災害に対しては，「日本侵略の有事に準ずる体制で臨んでいる。共同訓練などで積み重ねた協力の真価が問われている」との指摘もあった[47]。

　自衛隊と米軍は，部隊をスムーズに運用するため，東京と被災地の仙台市にそれぞれ日米共同調整所を設置した。「日本国の自衛隊とアメリカ合衆国軍隊との間における後方支援，物品又は役務の相互の提供に関する日本政府とアメリカ合衆国政府との間の協定（ACSA）」の枠組により日米間の連携が図られた。東京の日米共同調整所は防衛省統合幕僚監部に設けられ，自衛隊は部長級の陸将補や海将補ら約20人，米軍は大佐ら約10人が部隊運用の全体像を共同で描く作業を行った。仙台市の陸上自衛隊東北方面総監部（総

合任務部隊司令部JTF)にある日米共同調整所では，現地派遣の自衛隊や米軍幹部が被災地支援を中心に計画を練った．3月末から自衛隊と米軍の活動の軸足が，救難活動から，生活支援と原発事故対応に移りつつあった．3月26日の折木良一統合幕僚長とウォルシュ司令官との会談でも，米陸軍や海兵隊による拠点空港などの復旧や，被災地の避難所への物資輸送などに向け，地上部隊の運用を強化することが議題になったという．一方，原発対応では，米軍が真水を原子炉に注入するための「はしけ船」を提供したほか，核汚染に対処する「化学・生物・放射線・核物質（CBRN）」部隊の幹部を防衛省に派遣し，さらに，放射線被害管理の専門部隊約450人の派遣も準備するなど，全面支援の体制を強化し，日米合同の連絡調整会議を創設し，その下に課題ごとの検討・作業チームを新設した．核などに関する検知，識別，除染，医療支援を任務とする海兵隊放射線等対処理専門部隊（CBIRF）約150人を，4月2日から5月4日の間派遣した．

　海外からの救助救援隊の受け入れにおいては，阪神・淡路大震災の際，多くの問題を残した．国連人道問題局は震災発生の同日中に国土庁と外務省に国際緊急援助要請の有無を確認したが，国土庁は要請しないと回答，外務省はコメントがなかった．震災の同日夕刻，スイス・フランス政府より救助隊派遣の申し出があり，その他にも同日中に，15カ国よりの救助隊派遣の申し出があった．これに対し，日本政府は①通訳，②神戸における交通手段，③宿泊施設，④基地のための用地，などが整わないことを理由に辞退した．それでもスイス・フランスよりは強い希望があり，政府はこれらの受け入れを決断した．スイス隊26人及び12頭の救助犬は，19日入国した．また，フランス隊60人及び4頭の救助犬は，21日入国した．救援物資は外務省から国土庁防災局を経て兵庫県へ搬送しようとしたが，輸送手段の問題が発生して物資が滞留し，被災者への配布が遅れた．

　外務省の対応の遅れの原因は，政府省庁で最も遅く災害対策基本法により

指定行政機関に指定されたこと，1988年に外務省防災業務計画が策定されたものの，積極的活動がなされなかったことにある。

東日本大震災の際は，外務省によると，3月25日までに133の国・地域と39の国際機関から人員の派遣と物資の提供などの申し出があった。このうち，救助チームなどの人的貢献は21の国・地域・国際機関から，物資は26の国・地域・国際機関からそれぞれ受け入れた[48]。アメリカからの在日米軍が保有する水10万ℓ，食料品約80t，衣類・毛布約40t，中国からの毛布2000枚，テント900張，モンゴルからの毛布約2500枚，セーターなどの防寒着約800着などが，被災地に配られたという。

各国政府は地震発生直後から日本への支援を続々と表明したが，必要な物資の調整などに手間取り，時間がかかったケースもあった。また，各国の大使館関係者からは「どこの地域でどんな物資が不足しているか，日本政府からもっと具体的な情報提供があれば，さらに効率よく支援できる」という不満の声が出ていた。レスキュー隊派遣を断られた国では，「日本は支援を受ける相手を選んでいる」という批判も囁かれた[49]。

4. 岩手県の初動対応と自衛隊との連携

越野修三『東日本大震災津波─岩手県防災危機管理監の150日─』，同「震災から学ぶ危機管理」(岩手大学地域防災研究センター『危機管理と防災まちづくり講演録』)』及び岩手県庁の資料を基に，岩手県庁の救助救援の初動対応と自衛隊との連携に関する実態を述べたい。越野氏は，1995年の阪神・淡路大震災の時に自衛隊第13師団の作戦部長として災害派遣活動を実践しており，2006年からは自衛隊から岩手県防災危機管理監に転じ，2008年の岩手・宮城内陸地震の際には実際に救助支援に携わった経験があった。そし

て，2011 年の東日本大震災津波の発災の際にも救助救援に尽力した。

　岩手県庁では，1995 年の阪神・淡路大震災，2008 年の岩手・宮城内陸地震の教訓を踏まえ，震災以前から県と自衛隊との間で密接に調整し，連携をいかに円滑に実施できるか，被災の初動対策に備えていたという。県災害対策本部の「本部支援室」の体制を 6 班体制とし，全般を統括する「統括班」を置き，年に数回防災訓練を行っており，発災時の初動体制の立ち上がりは，訓練どおり円滑にできたと言われている[50]。

　自衛隊の陸・海・空が統合任務部隊として運用された初めての活動で，10 万 6900 人という空前の規模の災害派遣であった。また，即応予備自衛官と予備自衛官を実践として招集したのも初めてのことであった。今回の東日本大震災の救助支援において，自衛隊の活動は多くの国民の注目の的となった。阪神・淡路大震災以降，自衛隊は震度 5 弱以上になると自動的に偵察機を飛ばして被害状況を偵察するとともに，地方自治体の派遣要請がなくても震度 6 強以上になると自主的に派遣を行うことになっていた。仙台市の霞目に所在する東北方面航空隊の映像伝送装置を積載したヘリは，15 時頃，離陸し偵察態勢に入っていた。また，第 9 師団のヘリ 3 機も偵察を開始していた。また，八戸市の海上自衛隊の P-3C 哨戒機も，津波が押し寄せてくる状況を撮影し，航空自衛隊の三沢基地のヘリは，その日の夕方には陸前高田市で救助活動を実施していた。そして，21 時頃には第 9 師団の川崎副師団長が，岩手県庁内の本部支援室に到着し，23 時頃に県庁 12 階の大講堂に師団指揮所の一部を開設，また，岩手駐屯地に所在する各部隊も，それぞれの担任地区に前進を開始しており，12 日早朝には，第 9 師団 6600 名による救助活動ができる体制になっていた[51]。

　各県の防災ヘリ 8 機，自衛隊のヘリ 15 機も同 8 時頃から飛行可能となり，岩手県の「災害派遣医療チーム（DMAT）」も，20 個チームが運用可能であった。十分とは言えないまでも，最小限度の救助活動が 12 日朝からできる体

制が整いつつあった。地上からの救助活動には時間がかかることが予想され，ヘリを「いかに効率的に運用するか」が初動対応の決め手になったという」[52]。そして，直ちに救助しなければ生命にかかわるような急病や重症の人命救助を緊急任務とさせ，山田町や宮古市田老地区の市街地火災，大槌町の山林火災の消火を優先してヘリを活用したという（道路冠水，瓦礫によって消防車が近づけなかった）。また，自衛隊，警察，消防も瓦礫を除去しながら，地上からの救助活動も本格的に始まった。13日には他県からの応援ヘリと合わせて，30数機が運用可能となり，地上と空からの連携による救助救援活動が展開されるようになった。救助救援活動については負傷者や患者の搬送，孤立住民のヘリによる救出あるいは物資支援，それは，避難所支援活動については避難している人への生活支援及び食糧，水，トイレ，薬品などの物資支援，消火活動については山田町で発生した山林火災の消火，行政支援については行政機能を喪失している市町村への職員派遣，インフラの復旧については道路啓開のための瓦礫撤去，あるいは遺体の処理等々である。また，同日に逐次各市町村にヘリで衛星携帯電話を配布することができ，ようやく最小限度の連絡は取れるようになった。

　13日には，第9師団司令部の本体が県庁内に設置されたが，県庁内に師団司令部が置かれたのは，災害派遣では初めてのケースであり，県からの自衛隊へのニーズを直接自衛隊の指揮官にできる体制が整い，いろいろな事態に迅速に対応でき，レスポンスが早くコミュニケーションが非常にうまくいくなど，そのメリットは計り知れないものがあったという[53]。

　しかし，一方で，海外レスキュー隊の受け入れについては，外務省の報告とは異なり，外国レスキュー隊を受け入れるにしても，どの市町村に入ってもらえばよいのか，誰がどのように現地で調整するのかに不安があった。通訳の問題など，かえって市町村の負担になるのではないかと思われたからである。外国のレスキュー隊の面倒は緊急消防援助隊が見ることになり，県と

通信連絡が取れて調整が可能な市町村は，大船渡市だけであったこともあり，各国からのレスキュー隊などは，大船渡市で活動してもらうことになったという。しかも，その後，外国のレスキュー隊がいつ，どのような活動をしたのか，本部支援室にはほとんど情報が入ってこなかったという。

　岩手県には結局，アメリカのレスキュー隊144人（救助犬12頭を含む）が3月15日から19日まで大船渡と釜石で，イギリスのレスキュー隊77人（救助犬2頭）が3月15日から17日まで大船渡と釜石で，中国のレスキュー隊15人が3月14日から20日まで大船渡で活躍した。そこでの反省は，以下のような問題があった。

　　世界各国のレスキュー隊が支援してくれるのは，非常にありがたいことであるが，意思の疎通がうまくいかなかったために，後になってからトラブルになることもある。大船渡市のホテルでは，各室を盗難防止のため施錠していたのだが，外国のレスキュー隊がわざわざドアを壊して開けるなどの問題になった例もあるので，今後は国としっかりと調整しておく必要があるだろう[54]。

　救急医療活動についてはDMATによる避難所での医療活動及び傷病者の搬送，広域医療搬送が行われた。広域医療搬送については，2010年に花巻市で実施していた総合防災訓練の際，花巻空港にSCU（広域医療搬送拠点）を設定して患者の搬入，安定化処置，搭載など自衛隊の航空機を使って訓練した成果がそのまま生かされた形となり，広域医療搬送は，国内で初めて12日に北海道（新千歳空港）で行われた。

　岩手県の支援物資は，発災後5日目までは，矢巾町流通センターの全農岩手県本部営農支援センターや「純情いわて」（JAの倉庫）に集積していたが，次第に施設が物資でいっぱいとなった。そこで3月15日からは，県におけ

る物流拠点を滝沢村にある岩手産業文化センター「アピオ」に設定した。そこにはヘリポートに利用できるグラウンドも近くにあり，国及び県内外からの支援物資をいったん「アピオ」に集積し，そこで被災地の各市町村からの要望等に従って物資を配分，積載して，県のトラック協会のトラックによって沿岸市町村の物資集積所まで輸送することにした。市町村の物資集積所から各避難所へは自衛隊が輸送を担当した。これによって，県の物流システムはやっと軌道に乗り出した。

しかし，救援物資の集積拠点設置においても，縦割行政の弊害があったという。大規模災害の場合，物資支援だけをとってみても，ニーズ把握，調達，受け入れ，配分，輸送と，1つの部局だけでは対応できない事項が多く，部局横断的な新しい枠組の組織でなければ対応できなくなっていた。また，緊急事態で市町村の行政機能がマヒしているにもかかわらず，「これは市町村がやるべきことだ。なんで県がやらなければならないのか」というように，県と市町村の役割分担に固執して，平時と同じやり方で市町村への支援をやろうとした姿勢があったという[55]。

岩手県において，自衛隊は発災当初から人命救助，行方不明者の捜索，道路啓開，水や食料の炊き出しなどの支援，物資輸送支援，入浴支援，音楽隊による激励演奏など，3月11日から7月26日までの138日間にわたって支援活動を展開した。その規模は派遣人員延べ約61万1200人，車両延べ約34万両，航空機延べ約710機，艦艇延べ約600隻に及ぶ。

人命救助約700人，遺体収容約2800体，物資等の輸送1万1100両，炊き出し約160万5000食，給水約7200 t，入浴約27万1000人，瓦礫の撤去約31万m^2という結果は，自衛隊の高い士気と厳しい規律による組織力，装備，マンパワーがなければ到底できなかったことであろう[56]。未曽有の大災害は，沿岸市町村の庁舎まで押し流し破壊し，多くの職員が被災した。本来，自治体が行うべき避難所への支援活動も自衛隊が肩代わりをすることになった

のである。

　岩手県内の実質的な災害対策本部支援室の設置訓練は，2008 年から毎年実施していたことや，発災当日勤務時間中であったこともあり，総合防災室職員の行動はマニュアルどおりに 10 分以内に設置できたようである。しかし，次第に情報が入り出すと各部局それぞれが自分の所掌に従って対応するようになり，縦割り行政の弊害が表れ始めたという。部局横断的なチーム編成にして，副知事を長とした統制力のある新たな本部支援室体制に組織替えをしたが，それでも「統括班に会計チームや記録チームを作っておけばよかった」，「広報班をもっと強化すべきであった」，「各部局の役割との関係が曖昧だ」などの課題があり，改善すべき点も多くあったという[57]。大規模災害の場合は従来の縦割での対応は困難であり，部局横断的に支援業務の内容に即した組織に編成しなければならないとの反省があった。行政組織は平常時の業務をやり易いように機能的に組織されているが，そもそも有事に対応できるようにはなっていない。また，県と市町村の役割分担も，平常時と有事では意識改革が必要であることから，有事に対する行政の危機対応のための組織編成替えマニュアルを準備しておくべきであり，有事には軍隊（戦後の自衛隊）のようなスピード感をもって対応しなければならず，アメリカのような危機対応の標準的な組織運営システム（ICS）を見倣い，大規模災害が発生した場合は，国，県，市町村レベルで，ライン＆スタッフ型組織で対応することが必要との指摘もある[58]。

お わ り に

　［自衛隊の方面隊〈陸自〉・地方隊〈海自〉の配置］　日本における大震災津波被害への初動救助救援活動及び国際支援の受け入れについて，過去の実

績・経験から次のような指摘が可能であろう。発災初動救助救援において，絶大な信頼により動揺する人心の安定に貢献したのは，戦前は人的機動力，救援装備の整っている陸海軍の軍隊であったが，その救助救援活動が有効に展開できたのは，軍隊と在郷軍人団の関係，警察・消防と青年団・自衛団の連携にあった。戦後においては陸海空自衛隊の災害派遣であり，3自衛隊と地方自治体，地方自治体と消防本部（消防署）・消防団本部（分団一部）の連携であった。特に東日本大震災では，1954年の自衛隊創設以来，初の招集となった，元自衛官らによる即応予備自衛官と予備自衛官の活動実績も評価された。政府，防衛省・自衛隊，地方自治体の連携をより密接に，かつ強化して，自衛隊の災害派遣を最大限有効に活用させるためにはどのような改善が必要か，想定される所見を挙げてみたい。

　現在の日本国内における自衛隊の部隊配置は，明治時代からの配置，すなわち国内動乱の鎮定並びに朝鮮半島・中国大陸の有事に備えた態勢の伝統を受け継いできた。今日の自衛隊の装備・機能を考慮しながら，日本特有の大震災津波への救助救援に備える立場からの配置編成を再考する必要はないのかという点である。また，原発事故発生への対応は，自衛隊の出動に頼らざるを得ないであろう。警視庁は「重要防護対象」と位置づける原子力関連施設を全国で34カ所（原発は17カ所，54機）と指定しているが，1996年にそれまで警視庁と大阪府にしかなかった「特殊緊急部隊（SAT）」を8都道府県警に拡充した（追加設置　北海道，千葉，神奈川，愛知，福岡，沖縄）。陸海空自衛隊の活動は，侵略・テロへの対外的防衛は勿論のことであるが，国内の治安・安全という面からも，災害救助救援の態勢構築は重要であり，戦前の旧陸海軍配置の延長線にある自衛隊の配備を，あらゆる角度から総合的に再検討を要する時期に至っていると思われる。

　また，防衛省・自衛隊の組織替えも問われている。2011年版の『防衛白書』は，過去最大の要員を投入した自衛隊の東日本大震災への対応と，海洋

活動を活発化させる中国の動向分析という2つの分野の詳述が大きな特徴となっていたが、災害で初の設置となった自衛隊と米軍との「日米共同調整所」の機能と状況や、3自衛隊の統合運用、福島第一原発への放水作業といった各活動が注目された。自衛隊と米軍は、日米防衛協力の指針（ガイドライン）に準じ、防衛省、東京・米軍横田基地、宮城・陸自東北方面総監部に日米調整所を設置して具体策を詰めた。現実の緊急事態に日米がこれだけの規模で共同対処したのは初めてのことである。『防衛白書』は、「日米共同活動は今後の日米同盟の更なる深化につながる」と評価した。

　政府は冷戦期の体制を改め、また、「島嶼部に対する攻撃など各種事態に即応し、機動的に対処するため」、2013年12月17日閣議決定「防衛計画の大綱」に基づき、全国に15ある陸上自衛隊の師団・旅団のうち、2014年度から5年間で、第6師団（山形県東根市）、第8師団（熊本市）、第11旅団（札幌市）、第14旅団（香川県善通寺市）を機動師団・旅団に改変する。次の5年以内に第2師団（北海道旭川市）、第12旅団（群馬県榛東村）など、7個の師団・旅団を有事に即応できる3「機動師団」4「機動旅団」へと改変する方針を決めた。こうした組織替えにともない、防衛省は陸海空3自衛隊の一体運用を円滑にするための「統合司令部」、「即応機動部隊」（統合任務部隊）の常設を要するであろう。大震災などの事案が発生する度に「統合任務部隊」を設け司令部を置いているが、統合運用を担う司令部を常設して部隊の能力や状況を普段から把握することで、統合部隊をより円滑に動かせるようにすべきである。

　［医療救助活動と病院船］　大災害時の際に地域の拠点病院が被害を受け（岩手・宮城・福島3県の380の病院のうち一部損害を含めれば300の病院が被害に遭った）、医療機能が低下したことを教訓に、民間船舶を活用した「病院船」も検討されている。フェリーなど民間の旅客船をチャーターした上で、コンテナ型の医療施設「医療モジュール」などを積み込んで、被災地

近くに向かい，救命医療に当たる DMAT などと連携を図る計画である。海に囲まれた日本では，病院船は広範囲で道路が寸断された状況でも被災地の近くまで行ける上，発電や宿泊ができる利点がある。2013 年 8 月，南海トラフ巨大地震を想定して，海上自衛隊の輸送艦「しもきた」で，医療モジュールを使った初の緊急手術訓練などを実施した。200 人居住メガフロートの開発も，IHI や三菱重工業など造船・重機大手と政府が官民一体となって始まっている（技術研究組合 J － DeEP ジェイ・ディープを 2013 年 2 月 18 日設立）。現状では海洋資源開発（油田採掘拠点）への活用を目的としたものであるが，大震災の際の海からの救助救援利用に期待される。

［資機材輸送ルートの確保］　東日本大震災では，国土交通省東北地方整備局が「くしの歯作戦」と名付けた緊急輸送ルートの確保策を展開し，効果を上げた。津波による被害状況が不透明な震災直後，重機を確保しつつ，東北自動車道や国道 4 号など内陸を縦に貫く道路から太平洋沿岸へと横に伸びる通行可能ルートを探し，資機材を送り込んでいった。震災 4 日後には沿岸部への 15 本のルートを確保し，1 週間後には沿岸部を南北に走る国道なども 97％が通行可能となり，多くの物資や人員を送り込むことに成功した。この経験を踏まえ，中部地方（名古屋市）などは，2012 年 3 月，南海トラフ巨大地震などを想定した「中部版くしの歯作戦」を作成し，内陸部から沿岸部に到達する道路を確保する計画を立てた。国土交通省は，2014 年 7 月，首都圏直下地震で首都圏の中枢部が壊滅的な被害を受ける事態を想定し，高速道路や幹線国道を活用して，8 つの方向から東京都心への緊急輸送ルート（東北道・関越道・中央道・東名高速・横浜方面（首都高横羽線と国道 1 号及び 15 号）・東京湾アクアライン・京葉道・常磐道など都心へ向かう上り 1 車線のおおまかなルートを，あらかじめ決めておく）を確保する「八方向作戦」を立てた。道路上に乗り捨てられた車両を速やかに撤去するための法改正も予定され，災害時の緊急路線確保に向けた環境整備は着実に進むが，克

服すべき課題も多いという。例えば，撤去車両の保管場所の必要，資材や重機の緊急時の輸送に不安がある。東京都建設局第三建設事務所と都道路整備保全公社は，2013年11月，防災対応専用の資機材置き場を中野区内に整備した。ショベルカーやアスファルト400kgなどを常備し，作業員の到着後直ちに工事が始められる態勢を整えたというが，こうした取り組みはまだ限定的である。

　［大震災と外務省の役割］　大規模災害に備え，各自治体とも事前の「受援態勢」の整備が欠かせない。被災した国民を一刻も早く救助救援するために，あらゆる人的・物的資源を動員するのは国家の責務である。被災自治体だけでは対応できず，広域応援が想定される。神戸市は，阪神・淡路大震災を教訓に，応援を円滑に受け入れるための「災害受援計画」を策定し，2013年12月から運用訓練を始めた。しかし，神戸市の策定したマニュアルは，国内の応援チーム，ボランティアへの対応が主となっており，全世界から寄せられる善意や支援を，日本国内での救援活動と有機的に連携させ，最大限に生かすための仕組みではない。

　東日本大震災でも，各国が被災地に救助隊を送るなど支援の手を差し伸べたが，日本側の受け入れ姿勢を消極的と見ている国も多く，支援の国々に日本に対する不満が残り，もっと積極的なら被災者のために一層役立つことができたと残念がる声が出たことも事実である。また，一方で，海外の支援の陰には政治的思惑も見え隠れする。特に中露の「支援外交」に，中国漁船衝突事件，北方領土問題が関係していることを見逃してはならない。

　海外からの救援受け入れの窓口は外務省であり，外務省と各自治体の連携によって適正支援の受け入れがスムーズに行われるために，外務省が配慮しなければならないのは，① 海外からの救援活動は，自己完結型の支援要員に限って受け入れるべき，② 海外からの支援と，被災地との組み合わせに十分な配慮をすべき（海外からの救援隊は軍隊であることが多く，自衛隊基

地，海保施設，気密性の高い公共機関や民間企業が立地する場合などは，米国を筆頭とする同盟国に限定すべき），③ 大規模災害にともなう人道支援には，国際関係の力学が働くことを忘れてはならない，などの点である[59]。

発災時の菅政権の危機管理体制，政治の対応は厳しく問われなければならない。福島原発事故への初動の立ち遅れについては，多くの問題指摘があるが，3・11複合災害という人災をも含めて省みた場合，発災初動活動において，菅政権は誤った「政治主導」を展開したと言わざるを得ない。官僚組織機能を無視して，「ポスト主義」的に走ったやり方は，ただ混乱を招く結果となった。外務省としての役割として，内閣府に緊急災害対策本部が設置されたならば，基本的な災害情報の共有のため，そして，海外に正確な情報を提供するためにも，「防災情報共有プラットフォーム」に外務省も組み込まれるべきである。防災関係機関の連携を支える通信の確保，地震防災情報システム（DIS）に外務省は加わっていない。

さらに，海外からの支援受け入れの窓口となる外務省は，申し出を受けると，その件を内閣府に設置された緊急災害対策本部に伝える。そして，「事態対処班（C班）」の中の「海外支援受入れ調整担当（C7班）」が支援受け入れを検討し，その決定により関係省庁との連絡調整を外務省が受け持つ。しかし，海外救援団の被災地での活動は警視庁，消防庁がそれぞれ手分けして受け入れ，その際に外務省は派遣国の言語のできる「リエゾン職員」をつける。リエゾンは管轄の消防ないし警察の指揮下に入り，現地の人々との連絡調整を行うのがその役割であった。外務省事務官が被災地で海外救援隊と活動することはほとんどなく，極めて消極的と言わざるを得ない。また，外務省は，各国の救援隊の情報（隊員能力，規模，支援可能の内容，装備等），国連災害評価調整（UNDAC）や国連人道問題調整事務局（UNOCHA）などの情報も常に把握する努力をし，非常時には日本側から支援要請を海外の特定救援隊に要請するなどの積極的対応を整えておくべきである[60]。

1) 越野修三『東日本大震災津波―岩手県防災危機管理監の 150 日―』54 頁。
2) 2011 年 3 月 22 日付, 26 日付「読売新聞」。
3) 佐藤元英「日本の大震災と外交」(中央大学政策文化総合研究所『「3.11 複合災害と日本の課題」レジュメ集』2014 年 3 月 11 日, 中央大学多摩キャンパス) 34 頁。力武常次『地震予知―発展と展望―』。
4) 外務省外交史料館所蔵記録「変災及救済関係雑件」。
5) 同上。
6) 外務省外交史料館所蔵記録「変災及救済関係雑件　米国桑港震災一件」。
7) 同上。
8) 桑港罹災日本人救済会『桑港罹災日本人救済顛末』(明治 40 年 3 月) 7 頁。
9) 外務省外交史料館所蔵記録「変災及救済関係雑件　米国桑港震災一件」。
10) 外務省外交史料館所蔵記録「本邦変災並救護関係雑件　三陸地方震災関係」。
11) 同上。
12) 同上。
13) 『後藤新平正伝』。臨時震災救護事務局編『震災被害並救護施設の概況』2-5 頁, その他東京府『東京府大正震災誌』がある。
14) 波多野勝・飯森明子『関東大震災と日米外交』135-136 頁, ノエル・F・ブッシュ『午後二分前　外国人記者の見た関東大震災』(向後英一訳) 182-184 頁, 内務省社会局編『大正震災志』下巻, 659 頁。
15) 外務省編『外務省の百年』下巻, 1218 頁。
16) 外務省外交史料館所蔵「変災及救済関係雑件　関東地方震災之件」。
17) 同上, 内務省社会局編『大正震災志』下巻, 88 頁, 新聞史料ライブラリー監修『激震・関東大震災の日』。
18) 外務省編『日本外交文書』大正十二年第一冊, 549-550 頁。
19) 内務省社会局編『大正震災志』下巻, 653-655 頁。
20) 外務省編『日本外交文書』大正十二年第一冊, 558-559, 569-570 頁。アメリカは大正 13 年 4 月までに延べ 100 隻近い救援のための艦船を送ったが, 赤十字社取扱い救援物資を積載した船舶の最大規模の一例を挙げれば, 9 月 19 日にサンフランシスコを出港した軍艦ヴェガ号は, 米 8 万袋, 砂糖 65 t, 石鹸 20 t, 銅鉄材 46 t など, 購入総価格 57 万 1804 ドル (内務省社会局編『大正震災志』下巻, 658 頁) である。
21) 外務省編『日本外交文書』大正十二年第一冊, 549 頁。
22) 外務省編『日本外交文書』大正十二年第一冊, 561-562 頁。東京市役所編『東京震災録』前輯, 5-6 頁。

第 8 章　大震災対応の初動と海外受援　225

23) 外務省編『日本外交文書』大正十二年第一冊，560-561 頁。
24) 外務省外交史料館所蔵「変災及救済関係雑件　関東地方震災之件」。
25) 外務省編『日本外交文書』大正十二年第一冊，564-565 頁。
26) 同上，外務省外交史料館所蔵「変災及救済関係雑件　関東地方震災之件」。
27) イギリス・中国の救援活動については，内務省社会局編『大正震災志』下巻，675-684 頁を参照。横田豊「関東大震災に対する中国の対応」(『史潮』26 号) は，対日経済断交運動を行っていた中国の救援活動には，政治的意図が反映されているとしながらも，防穀令を一時解除して米 30 万石を日本に提供したことなどを明らかにしている。
28) 外務省外交史料館所蔵「変災及救済関係雑件　関東地方震災之件　露船レーニン号ニ関スル件」，飯森明子「災害時の国際緊急援助受入における日本の外交態度―関東大震災の場合―」(『外交事報』1345 号) は，「不開港場入港事件と国防問題」，「レーニン号事件と思想問題」について検証している。吉村道男「関東大震災とレーニン号事件 (『日本歴史』第 366 号) 参照。
29) 同上。
30) 同上。
31) 同上。
32) 外務省外交史料館所蔵記録「変災及救済関係雑件　関東地方震災之件　別冊外国義捐金品一覧表」，内務省社会局編『大正震災志』下巻，96-98 頁，臨時震災救護事務局編『震災被害竝救護施設の概況』。
33) 後藤新平記念館 (水沢) 所蔵「米国大使館附武官　バーネット陸軍大佐震災感想談」。
34) 2011 年 3 月 12 日付「読売新聞」。
35) 同上。
36) 2011 年 3 月 12 日付「日本経済新聞」。
37) 2011 年 3 月 12 日付「読売新聞」「防衛計画の大綱」。
38) 2011 年 3 月 13 日付「読売新聞」。
39) 同上。
40) 同上。
41) 防衛省・自衛隊『防衛白書』(2011 年版) 2-22 頁。「統合任務部隊」の編成は，政府・地方自治体による被災者生活支援体制が整いつつある 7 月 1 日に解かれ，大規模震災害派遣は，8 月 31 日に終結した。なお，原子力災害派遣活動は，7 月 19 日，中央即応集団司令官から陸災部隊指揮官 (東北方面総監) に引き継がれた (2011 年 3 月 15 日付「読売新聞」)。

42）2011 年 3 月 15 日付「読売新聞」，防衛省・自衛隊『防衛白書』(2011 年版) 6 頁。
43）2011 年 3 月 15 日付「読売新聞」。
44）2011 年 3 月 17 日付「読売新聞」。
45）2011 年 3 月 18 日付「読売新聞」。
46）2011 年 3 月 19 日付「読売新聞」。
47）2011 年 3 月 28 日付「読売新聞」。
48）2011 年 3 月 26 日付「読売新聞」。外務省編『外交青書』(2012 年，24，283-288 頁) によれば，163 の国・地域の政府，43 の国際機関から人員派遣と物資の提供があり，救助チームの受け入れは 24 の国・地域の政府及び 5 の国際機関から，支援物資・寄付金の受け入れは 126 の国・地域の政府及び国際機関からである。
49）2011 年 3 月 28 日付「読売新聞」。
50）越野修三『東日本大震災津波―岩手県防災危機管理監の 150 日―』7 頁。
51）同上，9 頁。
52）同上，10 頁。
53）同上，18 頁。
54）同上，19-20 頁。
55）同上，25 頁。
56）同上，38 頁。防衛省『防衛白書』。
57）同上，62 頁。
58）同上，65-66 頁。
59）2011 年 3 月 16 日付「読売新聞」竹田いさみ「論説」。
60）片山裕「東日本大震災時の国際緊急支援受入れと外務省」(『国際協力研究』2013 年 1 月)は，発災当時の外務省官房総務課長金杉憲治氏，大臣官房危機管理調整室長麻妻信一氏，総務省の合田克彰氏の証言に基づく。

第 9 章
災害と国際法
東日本大震災をてがかりとして

西 海 真 樹

はじめに

　東日本大震災は，地震，津波，原子力事故がもたらした複合的な大災害である。被災者を救済し，原子力事故の影響を最小限にとどめるために，東京電力，わが国政府，地方自治体が主要な責任を負っていることはいうまでもない。また，それぞれの任務，責任，権限を具体化・明確化するのも，直接にはわが国の法律である。それでは国際法はどうか。国際法はこの複合的大災害に何もかかわっていないと思ったとしたら，それは誤っている。東日本大震災に国際法は大いにかかわっている。さらに，災害にかんする国際法が現在形成されつつある。東日本大震災にどのような国際法がかかわっているのだろうか。さらに，災害にかんして，どのような国際法が現在形成されつつあるのだろうか。本章では，東日本大震災をてがかりにして，災害にかんする国際法の現状と課題を考察する。

1. 東日本大震災と国際法

東日本大震災にかかわる国際法には，大きくいって，被災者にかかわる国際法と原子力事故にかかわる国際法の2つがある。

(1) 被災者にかかわる国際法

被災者にかかわる国際法には，大きくいって，国際人権諸条約と国内避難民にかんする規範の2つがある。

国際人権諸条約 被災者にかかわる国際法としてまずあげられるのは，国際人権規約（自由権規約＋社会権規約），子どもの権利条約，女子差別撤廃条約などの国際人権諸条約である。わが国はこれらの条約の当事国である。これらの条約は，次のような人権を規定している。移動・居住・出国の自由（自由権規約12条1項），私生活・名誉・信用の尊重（同17条1項「何人も，その私生活，家族，住居若しくは通信に対して恣意的に若しくは不法に干渉され又は名誉及び信用を不法に攻撃されない。」），子供の保護（同24条1項「すべての児童は，人種，皮膚の色，性，言語，宗教，国民的若しくは社会的出身，財産又は出生によるいかなる差別もなしに，未成年者としての地位に必要とされる保護の措置であって家族，社会及び国による措置についての権利を有する。」），法の前の平等・無差別（同26条），生活水準と食糧の確保（社会権規約11条1項），健康への権利（同12条1項），教育への権利（同13条1項），生命への権利（子どもの権利条約6条1項），父母からの分離の禁止（同9条1項「締約国は，児童がその父母の意思に反してその父母から分離されないことを確保する。……」），私生活・名誉・信用の尊重（同16条1項「いかなる児童も，その私生活，家族，住居若しくは通信に対して恣意的に若しくは不法に干渉され又は名誉及び信用を不法に攻撃されな

い。」),家庭環境を奪われた子供の養護(同20条1項「一時的若しくは恒久的にその家庭環境を奪われた児童又は児童自身の最善の利益にかんがみその家庭環境にとどまることが認められない児童は,国が与える特別の保護及び援助を受ける権利を有する。」),役割分担の否定(女子差別撤廃条約5条「締約国は,次の目的のためのすべての適当な措置をとる。(a) 両性いずれかの劣等性若しくは優越性の観念又は男女の定型化された役割に基づく偏見及び慣習その他あらゆる慣行の撤廃を実現するため,男女の社会的及び文化的な行動様式を修正すること。」),保健における差別撤廃(同12条1項「締約国は,男女の平等を基礎として保健サービス(家族計画に関連するものを含む)を享受する機会を確保することを目的として,保健の分野における女子に対する差別を撤廃するためのすべての適当な措置をとる。」)[1]。これらの規定の効力は,わが国において憲法より下位かつ法律より上位に位置づけられる[2]。したがって,わが国政府および地方自治体は,これらの規定を個々の被災者に保障する義務を国際法上負っている。ただし,これらの規定が日本の裁判所において具体的争訟事件のなかで適用可能であるか否かについては,個々の条約規定の自動執行性(self-executingness)を別途検討しなければならない。

　国際人権諸条約は,巨大災害の発生という非常事態においても通常と同様に適用されるのか,あるいは,そのような非常事態においては例外的に通常と異なる特別法が適用されるのか,という問題がある。いくつかの国際人権諸条約には非常事態における例外を定める条項(デロゲーション条項)が含まれている。たとえば自由権規約4条がそうである[3]。ただし同条は「公の緊急事態の場合においてその緊急事態の存在が公式に宣言されているとき」に条約義務に違反する措置をとることができると述べている。東日本大震災にさいしてわが国政府は,地震発生直後の2011年3月11日19時02分に,内閣総理大臣による原子力緊急事態宣言を発しているが,これは原子力災害

対策特別措置法15条1項2号にもとづくものであり，これを自由権規約4条にいう緊急事態の存在の公式宣言であるとみなすことはできない。したがって，東日本大震災において自由権規約が規定する諸権利の保障が一時的に停止されると解釈することはできないだろう。このことは，わが国が当事国になっているデロゲーション条項をもたない上記他の諸条約についても同様である[4]。

国内避難民にかんする規範 被災者にかかわる国際法として，もう1つ，国内避難民にかんする規範がある。国内避難民とは，武力紛争，暴力，人権侵害，自然的・人為的災害の結果，住居を離れることを余儀なくされながらも，国境内部にとどまる人々を指す[5]（国境を越えるとこれらの人々は難民になる）。津波で自宅を失い避難所生活を余儀なくされている人や，放射能汚染から逃れるために自宅を離れざるを得なかった人は，まさにこの国内避難民に当たる。国内避難民にはどのような権利が認められているのだろうか。国連人道問題調整研究所は1998年に『国内避難民にかんする指導原則』を作成し，国内避難民にかんする5分野について30の原則を定めた[6]。そこにおいては，とりわけ国内避難民である子ども，妊娠中の母親，幼児の母親，女性世帯主，障害者，高齢者が必要とする保護・援助・待遇が列挙され（原則4.2「児童（特に保護者のいない未成年者），妊娠中の母親，幼い児童を持つ母親，女性世帯主，障害のある者および高齢者等一部の国内避難民は，自らの状態が必要とする保護および援助ならびに自らの特別の必要を考慮した待遇を受ける権利を有する。」），人の尊厳および身体的・精神的・道徳的健全への権利が掲げられ（原則11.1「すべての人は尊厳ならびに身体的，精神的および道徳的に健全であることへの権利を有する。」，同11.2「国内避難民は自らの自由が制限されているか否かにかかわらず特に次の行為から保護される。(a)強姦，身体の切断，拷問，残虐な，非人道的なまたは品位を傷つける取扱いまたは刑罰およびその他の個人の尊厳に対する侵害（たとえば

ジェンダーに基づく暴力行為,強制売春およびあらゆる形態の強制わいせつ行為)。(b) 奴隷状態に置くことまたはあらゆる現代的形態の奴隷制(たとえば婚姻への人身売買,性的搾取または児童の強制労働)。(c) 国内避難民の間に恐怖を広めることを目的とする暴力行為。前記のいずれかを行うと脅迫・扇動することは,禁止する。」),基本的物資の計画策定・配給への女性の完全な参加が求められている(原則 18.1「すべての国内避難民は適切な生活水準にたいする権利を有する。」,同 18.2「管轄当局は,状況のいかんを問わずかつ差別なく,国内避難民に次のものを与え,かつ,国内避難民がこれらを安全に得るよう確保する。(a) 不可欠の食糧および飲料水,(b) 基本的な避難所および住宅,(c) 適切な衣類,(d) 不可欠の医療サービスおよび衛生設備」。同 18.3「これらの基本的な物資の計画策定および配給への女性の完全な参加を確保するため,特別の努力がなされるべきである。」)[7]。

この指導原則は,国際法上の拘束力をもった文書ではない。したがって,たとえば難民条約にもとづいて難民と認定された人々は,難民条約のなかに定められているさまざまな法的権利を享受することになるが,同様の法的権利を国内避難民の人々がこの指導原則にもとづいて享受するわけではない。しかしながら,この指導原則は法的な拘束力はないものの,国内避難民が享受すべき権利と領域国の義務を明言した画期的文書である[8]。国連難民高等弁務官事務所(UNHCR)は,本来,難民の支援を目的として創設された国連機関であり,国内避難民については,武力紛争や迫害により生じた国内避難民のみを保護の対象とし,自然災害により生じた国内避難民は原則として保護の対象とはしてこなかった。しかし,2004 年のスマトラ沖地震と津波災害のさいには,国連事務総長の要請を法的根拠として,UNHCR は自然災害から生じた国内避難民にたいしても支援を行った[9]。このような国際社会の実践をふまえれば,指導原則にみられるような国内避難民をめぐる新たな法規範形成の動向は,大いに注目に値する。またそれは,国内レベルにおい

ても，被災者にかんする従来の国内法令や政策を見直すさいの指針としての役割を担っているのである。

(2) 原子力事故にかかわる国際法

原子力事故にかかわる国際法には，大きくいって，損害賠償にかんする諸条約と環境汚染防止にかんする諸条約の2つがある。

損害賠償にかんする諸条約　原子力施設の事故により国境を越えた損害が発生した場合の損害賠償にかんする国際法としては，パリ条約（原子力分野における第3者にたいする責任にかんする条約，1968年発効），ウィーン条約（原子力損害の賠償にかんする民事責任にかんする条約，1977年発効），ウィーン条約補完的補償条約（CSC）（ウィーン条約の見直しに基づき採択，未発効）がある[10]。これらの条約は危険責任論を採用している。危険責任論とは何か。原子力発電は，それじたいは国際法上違法な活動ではなく禁止もされていない。しかし，ひとたび事故が生じれば，それは人命・環境に広範かつ深刻な影響をおよぼす。このような原子力発電は「高度な危険性を有する活動」として国際法上の国家責任論において特殊な地位を占めている。一般に何らかの国際違法行為が国家に帰属することから国際法上の責任が発生すると考えるのが通常の国家責任論である。これにたいして，ひとたび重大事故が発生した場合，それが人命や環境に与える危険・損害の大きさを考慮して，そこでの行為の適法・違法にかかわらず，また，過失の有無にかかわらず，事業者や被害発生国に賠償責任の成立を認める，というのが危険責任論である[11]。

上記の3条約は，いずれもこの危険責任論に依拠して，原子力事業者への責任集中・無過失責任，最低賠償限度額の設定とその額までの賠償措置の確保，免責事由の厳格な制限を定めている。これらの条約はあくまでも民事上の賠償責任を対象とし，そこでは被災者個人による損害賠償訴訟の裁判管轄

権は，事故発生地国の国内裁判所に限定されている。さらに一部条約では国の拠出義務を規定し，もって被害者を効率的かつ公平に救済することがめざされている。このような具体的措置にふみこんでいる点で，これらの条約は，危険責任論の具体化という観点からみて，画期的な進展を実現したものといえるだろう[12]。

福島原発事故発生前の日本では，東アジアの周辺諸国がこれらの条約のいずれにも未加入であることを理由に，これらの条約に加入することに消極的な意見が強かった。けれども福島原発事故発生後は，諸外国の国内裁判所に福島原発事故関連の損害賠償訴訟が提起されることをできるだけ防ぐために日本はこれらの条約に加入すべきであるという声が次第に高まっている。これにかんして，原発事故が発生した時点で事故発生地国が条約に加入していなくても，原発事故にかんする民事の損害賠償訴訟が国内裁判所に提起されるときまでに条約に加入しておけば，事故発生地国（福島原発事故の場合は日本）に専属的な民事裁判管轄権を主張することが可能であるとの見解もある。しかしながら，条約の時間的適用範囲にかんする条約法の一般原則に照らせば，このような主張を相手に認めさせることはむずかしいだろう。というのも，条約の時間的適用範囲を定めるウィーン条約法条約28条は「条約は，別段の意図が条約自体から明らかである場合及びこの意図が他の方法によって確認される場合を除くほか，条約の効力が当事国について生ずる日前に行われた行為，同日前に生じた事実又は同日前に消滅した事態に関し，当該当事国を拘束しない」と述べ，条約の不遡及の原則を確認している。したがって，仮に今後日本がこれらの条約に加入したとしても，加入以前に生じた福島原発事故にかんして条約規定の適用を主張し，裁判管轄権を事故発生地国としての自国の国内裁判所に限定するためには，これらの条約について「別段の意図」が存在することを立証しなければならず，それはけっして容易なことではあるまい[13]。もっとも，CSC条約1条は原子力事故を「同一

の原因による一連の事故」と定義していることから，今後廃炉などの過程で生じる事故は一連の事故に含まれず，新たな事故としてCSC条約の適用対象となる，との解釈も可能であると思われる[14]。

環境汚染防止にかんする諸条約 環境汚染防止にかんする国際法として，まず領域使用の管理責任があげられる。越境汚染の文脈でこれを最初に判示したのは，1941年のトレイル熔鉱所事件判決だった（アメリカ合衆国・カナダ仲裁裁判所判決。カナダに所在する熔鉱所の排煙がアメリカ合衆国において森林や農作物に被害を生じさせた。仲裁裁判所はカナダの国際法上の責任を認定し，損害賠償の支払いを命じた）。その後，人間環境宣言（1972年，原則21，22），国連海洋法条約（1982年採択，1994年発効，192条，194条1，2項），環境と開発にかんするリオ宣言（1992年採択，原則2）がこれを規定し，現在，それは「国際環境法における国の義務の出発点[15]」と位置づけられる重要な原則になるにいたっている。領域使用の管理責任とは何か。それは，国がその領域を使用するさいに他国領域や国際公域の環境に害を及ぼすようなやり方で使用してはならない，という原則である。したがって，自国領域で災害が発生した場合，その国は，その災害に由来する他国領域・国際公域における環境被害をできるだけ防止し，被害が発生したときはその最小化に努めなければならない。

ところで，海洋環境の保全のためには廃棄物の海洋投棄を規制することが必要になる。この分野の条約としては，海洋投棄にかんするロンドン条約（国際海事機関（IMO）作成，1975年発効）および同条約議定書（2006年発効）がある。ちなみにわが国は両条約の当事国である。ロンドン条約および同条約議定書によって廃棄物の海洋投棄は原則として禁止され，とりわけ放射性廃棄物の海洋投棄は完全に禁止された。福島原発事故発生後，わが国は何度か放射能汚染水を海中に放出し，あるいは放出を放置し，近隣諸国からの批判を招いた。わが国のこのような行為は，ロンドン条約および同条約議

定書に違反するのではないか,と誰もが思うだろう。しかし,ロンドン条約および同条約議定書が禁止する投棄とは「船舶,航空機またはプラットフォームその他の人口海洋構築物からの処分」のみを指し,陸地から海中への放出はこれらの条約上の「投棄」に当たらず,したがって禁止の対象外になる[16]。陸上起因の海洋投棄の規制にかんする国際法規則は,未整備である。

　他方で,原子力災害が発生したときに,これを他国に通報するとともに広く情報を開示することが求められることはいうまでもない。原子力事故の通報および情報開示の分野における条約としては,原子力事故早期通報条約(1986年発効)がある。わが国も当事国である同条約は,旧ソ連において1986年に生じたチェルノブイリ原発事故を受けて直ちに作られた。この条約の骨子は2つある。1つは,他国に放射線安全上の影響をおよぼすおそれのある放射性物質放出事故が起こった場合にその国は他国に通報する義務を負うことである (1条「この条約は……放射性物質を放出しており又は放出するおそれがあり,かつ,他国に対し放射線安全に関する影響を及ぼし得るような国境を越える放出をもたらしており又はもたらすおそれがある事故の場合に適用する。」,2条「締約国は,直接に又は国際原子力機関を通じて前条に定める物理的な影響を受けており又は受けるおそれがある国に対し,及び機関に対し,原子力事故の発生した事実,その種類,発生時刻及び適当な場合にはその正確な場所を直ちに通報する。」)。もう1つは,それ以外の事故が起こった場合は自発的に通報することができるということである(3条「締約国は,放射線の影響を最小のものにとどめるため,第1条に規定する事故以外の原子力に関する事故の場合にも通報をすることができる。」)。福島原発事故のさいに,わが国政府は,同条約3条が規定する自発的通報を行ったと表明した。しかし,今回の事故から生じた放射能汚染の規模と程度からすれば,それは同条約2条が規定する通報義務を生じさせるものだったといえるのではないか[17]。

2. 災害と国際法

現代国際法は災害をどのように定義し，これに取り組んできたのだろうか。そこにおいて，どのような国際法規範が形成・適用されてきたのだろうか。

(1) 災害の定義

現代国際法は災害をどのように定義しているのだろうか。ここでは，まず諸条約にみられる災害の定義を俯瞰し，次いで国連国際法委員会における災害の定義を確認する。そのさいに，あらかじめ確認しておくべきことがらがある。それは，自然災害と人為的災害との区分がけっして絶対的なものではなく，それは相対的なものにとどまる，という事実である。一方で，東日本大震災がそうだったように，大地震・大津波という自然災害に起因して生じた原子力事故という人為的災害が，事前の予防策の講じ方や事後の対応の仕方により，その被害を拡大する場合がある。他方で，内戦や民族紛争といった人為的災害が，その後の台風，ハリケーンなどの自然災害により，その被害を拡大する場合もある。両者の区分は，一見そう思われるほどには単純なものでも明確なものでもないのである[18]。

諸条約にみられる災害の定義　災害時に適用されることを想定して作成された普遍的条約がある。災害発生時の救助活動における通信の確保を目的として作られたタンペレ条約（災害時における通信の利用に関する国際条約）がそうである。同条約は，国際電気通信連合（ITU）が作成したもので，2005年に発効，日本は未加入である。ちなみにタンペレはフィンランドの地名である。同条約は，災害を次のように定義している。「災害とは，人命，健康，財産または環境にたいする重大かつ広範な脅威をもたらす社会機能の深刻な損壊であり，事故，自然現象または人的活動のいずれにより発生した

ものであるかを問わず，かつ，突然生じたものであるか複合的で長期間の過程の結果生じたものであるかを問わない。」(1条2項)。ここでの災害概念は，自然災害と人為的災害の双方を含む広い概念であることがわかる。このような災害概念の定義が可能になったのは，この条約が電気通信という特定分野に適用対象を限定しているからだろう。また「社会機能の深刻な損壊」という表現は，後に国連国際法委員会の条文草案にも採用されることになる[19]。

他方で，災害時の協力を定める地域的条約がある。たとえば「災害援助の促進にかんする米州条約」(1996年発効)や「災害管理および緊急対応にかんするアセアン協定」(2009年発効)がこれに該当する。後者は，加盟国の主権尊重というアセアンの基本原則に立脚して災害時の加盟国間協力を定めている。このことは，加盟国の主権尊重の原則にしたがい災害に対処する第1次的責任は災害発生地国が負うこと，および，被災国・被災者への外部からの援助は被災国の要請または同意にもとづいてなされるべきことが規定されていることからもわかる。アセアン協定は，災害を「共同体または社会の機能の重大な損壊であり，広範な人的，物的，経済的または環境的損失を生じさせるもの」と定義している。同協定はまた，災害への統制の維持および共同体・人への援助枠組の提供を企図して行われる一連の活動として「災害管理」という概念を導入し，そのなかで災害前，災害時，災害後という，災害にかんするルールの時間的適用範囲の視点をとりいれている。このように，同協定は，主権尊重というアセアンの基本哲学に立って災害に対応するための地域的協力体制を構築するものであり，他地域の条約作成のモデルともなり得るものである[20]。

国際社会において，自然災害にたいする防災のための国際協力の必要性が広く認識されるようになったのは，国連が1990年からの10年間を「国際防災の10年」と名づけて以来である。この「10年」のさなかの1995年に阪神・淡路大震災とスマトラ沖の巨大地震が発生し，多くの被災者が生じたこ

とは記憶に新しい。2005年1月に神戸で国連防災世界会議が開催された。この会議の成果文書として「兵庫宣言」と「兵庫行動枠組2005-2015」が採択された。「兵庫宣言」は防災サイクルに予防，準備，緊急対応だけでなく復旧および復興が含まれることが明記され，災害対応における時間軸の重要性が強く意識された。「行動枠組」は，この10年間における災害対応のための3つの戦略目標とそれを達成するための5つの優先分野がそれぞれ設定された。「行動枠組」は災害の定義にかんしては「この行動枠組の範囲には自然の脅威とこれに関連した環境上・技術上の脅威および危険から発生した災害が含まれる」と述べ，同時に「人命の損失や環境破壊等を引き起こす可能性のある潜在的に有害な自然現象や人的活動」をハザードと名づけ，ハザードが災害リスクに転化することの防止策について具体的に提言している。これら2つの文書のいずれも法的拘束力はないが，自然災害と防災にかんする国際文書として意義を有し，国際法委員会の「災害時における人の保護」の起草作業においてもしばしば言及されている[21]。

国連国際法委員会における災害の定義 国連国際法委員会（International Law Commission, ILC）は，1947年，国際法の漸進的発達と法典化を促進することを目的として，総会の補助機関として設置された。ILCは総会が5年の任期で選ぶ34人の委員で構成される。各委員は世界の主要な法体系を代表し，自国政府の代表としてではなく個人の資格の専門家として任務を遂行する。ILCは国際法のさまざまな事項をとりあげ，検討するテーマによっては赤十字国際委員会，国際司法裁判所，国連専門機関としばしば協議を行う。ILCのおもな作業は，国際法のさまざまなテーマにかんして条文草案を起草することである。テーマはILC自らが選ぶこともあるし，総会がILCに付託することもある。ILCがあるテーマについての作業を終了すると，総会は，ILCがまとめた条文草案を条約にするための国際会議を開催する。ただしすべての条文草案が条約になるわけではない。条文草案が条約になった

主要例として，国際水路の非航行利用にかんする条約，国と国際機関との間または国際機関相互の間の条約法条約，国家の財産・公文書・債務にかんする国家承継条約，外交官を含む国際的に保護される者にたいする犯罪の防止および処罰にかんする条約，条約法条約，外交関係にかんする条約，領事関係にかんする条約などがある。

　国連総会の災害にかんする国際法の形成と発展を背景にして，ILC は 2007 年に「災害時における人の保護」をテーマとして採択，翌 2008 年からこのテーマにかんする条文草案の起草作業を始めた。ILC 草案における自然災害の定義は，次のとおりである。「広範な人命の損失，甚大な人的被害・苦痛または大規模な物的・環境的被害であって，社会機能の深刻な損壊をもたらすような痛ましい出来事または一連の出来事」（草案 3 条）。この定義は，タンペレ条約の災害概念の核心部分である「社会機能の深刻な損壊」を受け継いでいる。ILC の注釈によれば，ILC は，災害を「社会機能の深刻な損壊」という結果をもたらすような，（一連の）出来事の結果ととらえていることがわかる。他方で，タンペレ条約における災害概念は，上述したように，事故や自然的または人的活動から生じるものも含まれていた。ILC 草案第 3 条の災害概念が，タンペレ条約のそれと同様，自然災害だけでなく人為的災害も含むものといえるだろうか。少なくとも文言上それは定かではない[22]。

　また，草案 3 条の災害の定義には「痛ましい出来事」という主観的・心情的表現が用いられているのが目を引く。これは明らかに万国国際法学会が 2003 年に採択した人道支援にかんする決議のなかの災害概念の影響を受けている。そこでは「痛ましい出来事」という文言がとりいれられているからである。ただし両者のあいだには重大な相違もある。万国国際法学会決議中の災害概念が自然現象に起因するもの（地震，火山噴火，暴風，豪雨，洪水，地滑りなど），技術的原因に起因する人為的なもの（化学事故，核爆発など），武力紛争や暴力に起因するものすべてを含む概念であるのにたいして，ILC

草案3条の災害概念からは，上記の災害要素のうち少なくとも武力紛争や暴力に起因するものが除かれている。万国国際法学会の定義の方がILCのそれよりも広いのである。このような観点からはILC草案3条における「痛ましい」という表現には，再考の余地があるのではないか[23]。

これらの検討から明らかなように，災害にかんする国際法を考察するさいの前提となる災害概念の定義は，きわめて多様である。自然現象に起因する自然的災害に限定して狭義にとらえるか，または，自然的災害のみならず人為的原因により生じる人為的災害も含めて広義にとらえるか，という点が，1つの大きな論点になる。原子力災害などの人為的災害についての国際法研究は蓄積しているが，自然的災害については未開拓の部分が多い。

(2) ルールの内容

ここでは災害にかんする国際法ルールの内容を，救援主体についてのルール，および，適用範囲についてのルールという2つの観点から考察する。

救援主体についてのルール　災害発生時の救助活動・緊急人道支援活動においても発生後の中長期的な復旧・復興においても，被災国や援助支援国という「国」が重要な役割をはたしていることは明らかである。しかし，同時に，今日では国以外にも国際組織，私企業，NGOなどが災害救援活動において実質的に大きな役割をはたしている。災害にかんする国際法において救援主体は国家のみなのか。あるいは国家だけでなく国際組織，私企業，NGOも国家と並んで救援主体の地位を有するのか。ILCの「災害時における人の保護」の条文起草作業において，特別報告者ヴァレンシア・オスピナは，この問題を明確に意識していた。オスピナは次のように述べている。「本作業は国という行為主体に加えて国際組織，非政府間組織，私企業の役割を考慮に入れる必要が明らかにある[24]。」

タンペレ条約は，その「一般規定」（第3条）において「締約国は，本条

約の規定にしたがって，その相互間において並びにNGOおよび政府間国際組織との間で，災害の軽減および救援にたいする電気通信資源の使用を容易にするように協力しなければならない」と規定し，締約国にたいして，締約国間およびNGO，政府間国際組織との間で協力することを義務づけている。これにたいしてアセアン協定は，国家以外のアクターの援助または援助の申し出は，被災国の要請または同意にもとづいてのみ認められると述べ，より国家間主義的である。何がこのような相違を生じさせたのだろうか。思うに，タンペレ条約は，電気通信という，各企業が活発に活動を展開している分野における災害発生時の具体的協力を定める専門条約であり，そこにおいては，国が私企業とのあいだに協力関係を築くことが，救援体制を確立するために必要不可欠なものになる。これにたいしてアセアン協定では，加盟国の主権尊重というアセアンの基本哲学にもとづいて諸規定が置かれているため，そこにおいては救援主体としての国の重要性が際立つことになる。このような両条約間のニュアンスが上記のような救援主体の規定ぶりの違いを生じさせているのではないか。

　他方，ILCの「災害時における人の保護」の条文草案では，基本的に被災者の権利と被災国の義務という定式化が行われている。ここにおける被災国の義務内容としては，「協力の義務」(5条)，「援助を求める義務」(10条)，「外部からの援助にたいする被災国の同意を恣意的に停止しない義務」(11条) などがある[25]。ただし，ここでの義務の原語は，通常法的義務を表すobligationではなく，obligationよりも倫理的，道徳的側面が強いdutyが用いられている点に注意が必要である[26]。これらの義務のうち最も重要で論争を生じさせるのは，いうまでもなく11条が定める「被災国が要請・同意を恣意的に停止してはならない義務」である。被災国の要請・同意の原則は，被災国の主権的意思を尊重する趣旨のものであることは明らかである。ここで微妙な問題となるのが同意の性質である。それは被災国のまったくの自由

裁量的なものであって，被災国はその理由を問われることなく，自由に同意を拒絶することができるのだろうか。あるいは逆に，それは被災国のまったくの自由裁量を意味するものではなく，被災国みずからが被災者の救援を行うことができず，かつ，国外の救援団体から真正な救援が申し出られている場合には，被災国はもはや同意を恣意的に拒絶することはできないのだろうか。被災者の救済（＝被災者の生命への権利の確保）を重視する立場からは，被災国の意思は無制約のものだとはとうていいえない。被災国の何らかの政治的思惑にもとづいた恣意的な同意の拒絶とその結果としての被災者の放置は許されない。その意味で，外務からの援助にたいする被災国の理由のない恣意的な同意の拒絶は認められないと解釈すべきだろう[27]。条文草案はこの立場にたっている。

適用範囲についてのルール　災害にかんする国際法規範の適用範囲を，時間的適用範囲と空間的適用範囲という2つ側面から考えてみよう。時間的適用範囲とは，災害に関する国際法規範がどのような時間的範囲において適用されるのか，という問題である。そのような時間的範囲としては「災害前」「災害時」「災害後」の3つの時間的範囲が考えられる。「災害前」の段階で適用される国際法規範とは，災害予防・防止措置にかんする国際法規範である。「兵庫宣言」には災害予防を強化することの重要性が明言されている。「兵庫行動枠組」も災害リスクの特定，評価，監視と早期警戒を強化すること，すべてのレベルにおいて安全で災害に強い文化を築くために知識，技術革新，教育を利用すること，潜在的リスク要因を軽減することが提言され，そのための具体的諸措置も提案されている。「災害時」の段階で適用される国際法規範は，災害時に必要とされる緊急援助活動や人道支援にかんする諸規範から成る。場合によっては，災害直後の緊急事態において国際法上の違法性阻却事由を援用することが可能であるかどうかも検討する必要が生じるだろう。「災害後」の段階で適用される国際法規範とは，被害からの復旧・

復興にかんする国際法規範である。災害発生から一定期間が経過した後の中・長期的な復旧・復興が被災者，被災国，被災地域にとってきわめて重要であることは論をまたない。地震や津波の被害により住居を失い，長期間にわたり仮設住宅への居住や遠方への転居を余儀なくされた国内避難民としての被災者の権利や人権を，国際法上どのように実現していくかということが問題になる[28]。ILCの「災害時における人の保護」にかんする条文草案は，その題名が示しているとおり時間的適用範囲として「災害時」に焦点を絞ったものになっている。ただし，ここでの「災害時」は，ILCの注釈によれば「災害直後」と「災害後」の復旧・復興段階を含むものとされており，文字どおりの「災害時」よりも範囲の広いものになっている[29]。

　他方，災害にかんする国際法規範の空間的（地理的）適用範囲は，基本的には被災国の国家領域（領土，領海，領空）であるということができる。しかし，大規模な自然災害の場合は，被害が複数国の国家領域や国際公域（国家領域・国家管轄権の外側の空間（公海，深海底，宇宙空間など））におよぶ場合も多い。2004年12月に発生したスマトラ沖大地震とインド洋大津波は，その典型例である。インド洋大津波では，インドネシアだけでなくインド，スリランカ，タイ，マレーシア，ミャンマー，モルディブ，マダガスカル，ソマリアなど，インド洋沿岸の東南アジア諸国からアフリカ東海岸の諸国までの多くの国で被害が発生した[30]。この点について「災害時における人の保護」にかんするILC草案には，空間的適用範囲はまだ明記されていないが，その注釈にも述べられているとおり，災害にかんする国際法ルールは，一国の国内のみで被害が生じた災害であるか国境を越えた複数の国家領域あるいは国際公域において被害が生じた災害であるかを問わず，すべての災害にたいして柔軟に適用されるべきであろう[31]。実際に，ある国の国家領域や国家管轄権のおよぶ空間（排他的経済水域など）を越えて，国際公域にも災害の被害が広がる事例が生じている。たとえば，東日本大震災で発生

した大量の瓦礫の海洋漂流がこれにあたる。これらの瓦礫は，日本の領域から海洋に流出し，日本の領海や排他的経済水域を越えて，公海や他国の排他的経済水域または領海にまで漂流し，さらには太平洋の対岸にある北アメリカ大陸のカナダやアメリカ合衆国の海岸線に漂着するにいたっている。このような漂流瓦礫の処理にかんする国際法ルールはまだ確立していない。実際にはカナダ，アメリカなどの瓦礫漂着国がその処理にあたり，日本はその瓦礫撤去費用の一部を負担している。

おわりに

　国際法には国家間の権限調整と諸国の共通目的の追求という2つの役割がある。災害にかんする国際法にも，この2つの役割があらわれている。災害を予防し，発生した災害に緊急対応し，さらには災害後の復旧・復興を図ることは，一国にとどまらない諸国に共通する利益であると同時に，被災国の主権と他国のそれとの間の権限調整を必要としている。一般に国際法と国家の関係について，私たちは，諸国が国際法を形成しそれを国際社会で適用する，という図式をまず思い浮かべるだろう。しかし，国際法の機能はそれだけにとどまらない。ある国で法律を定め実施するさいに，国際法は絶えず参照される。ある国の法律や政策の正当性を訴えあるいは批判するために，国際法は絶えず援用される。東日本大震災という未曽有の悲劇は，このような国際法の機能をあらためてよく示している。

1) 植木俊哉（2011）「東日本大震災と福島原発事故をめぐる国際法上の問題点」（『ジュリスト』1427号）110頁，（註10）。該当条文は次を参照。奥脇直也・小寺彰（編）『国際条約集』2014年版，有斐閣。

第 9 章　災害と国際法　245

2) 日本国憲法 98 条 2 項にかんする憲法慣行による。
3) 同条は「国民生存を脅かす公の緊急事態の場合においてその緊急事態の存在が公式に宣言されているときは，この規約の締約国は，事態の緊急性が真に必要とする限度において，この規約に基づく義務に違反する措置をとることができる。ただしその措置は，当該締約国が国際法に基づき負う他の義務に抵触してはならず，また，人種，皮膚の色，性，言語，宗教又は社会的出身のみを理由とする差別を含んではならない」と規定する。
4) 植木，前掲，109 頁。
5) 植木，同上，110-111 頁。OCHA (United Nations Office for the Coordination of Humanitarian Affairs), *Guiding Principles on Internal Displacement* (UN Doc.E/CN.4/1998/53/Add.2), OCHA/IDP/2004/01, Introduction - Scope and Purpose, para.2., p. 1. この文書の日本語版が刊行されている。墓田桂他編 (2010)『国内強制移動に関する指導原則』(成蹊大学アジア太平洋研究センター，http://www.brookings.edu/~/media/Projects/idp/GPs_2013/GP_Japanese.pdf)。また，国内避難民については次も参照。島田征夫（編著）(2005)『国内避難民と国際法』信山社，西海真樹 (2005)「国内避難民 (IDP) への人道的救援── Katja Luopajarvi の所論に即して──」(『中央ロージャーナル』2 巻 1 号。
6) 5 つの分野と 30 の原則とは「一般原則」（原則 1 〜 4），「避難からの保護にかんする原則」（原則 5 〜 9），「避難の間の保護にかんする原則」（原則 10 〜 23），「人道的支援にかんする原則」（原則 24 〜 27）および「帰還，再定住，再統合にかんする原則」（原則 28 〜 30）である。OCHA，前掲（註 5）および墓田，前掲（註 5）を参照。
7) 日本語訳は墓田桂他編，前掲（註 5）を参考にしたが，そのまま引用してはいない。
8) 芹田健太郎ほか (2008)『ブリッジ国際人権法』信山社，90-91 頁。
9) 芹田，同上。横田洋三編 (2008)『国際人権入門』法律文化社，134-135 頁。
10) これら 3 つの条約の詳細な検討と評価については，次を参照。道井緑一郎 (2013)「原子力損害賠償条約と日本の対応」(『世界法年報』32 号)。
11) このような危険責任論は，無過失責任論，結果責任論ともいわれる。科学技術の発達にともない登場した「高度な危険を有する活動」には，原子力発電のほか宇宙活動，タンカーによる大量の油の輸送，海底鉱物資源開発などがある。次を参照。植木，前掲（註 1），113-114 頁，山本草二 (1982)『国際法における危険責任主義』東京大学出版会。
12) 道井，前掲（註 10），161-162 頁。

13) 植木, 前掲 (註1), 114-115 頁。
14) 道井, 前掲 (註10), 173-174 頁。
15) 松井芳郎 (2010)『国際環境法の基本原則』東信堂, 62-63 頁。
16) 植木, 前掲 (註1), 115-116 頁, 西村健太郎「福島第一原子力発電所における汚染水の放出措置をめぐる国際法 (2011/4/12)」東京大学政策ビジョン研究センター・政策提言, Policy Issues (http://pari.u-tokyo.ac.jp/policy/PI11_01_nishimoto.html)。
17) 植木, 前掲 (註1), 116 頁。
18) 植木俊哉 (2013)「自然災害と国際法」(『世界法年報』32 号) 4-5 頁。
19) 植木, 同上, 5-6 頁。
20) 植木, 同上, 7-8 頁。
21) 植木, 同上, 8-9 頁。
22) 植木, 同上, 9-10 頁。
23) 植木, 同上, 10 頁。
24) 植木, 同上, 14 頁。Preliminary Report on the Protection of Persons in the Event of Disasters by Mr. Eduardo Valencia-Ospina, Special Rapporteur, A/CN.4/598, p. 20.
25) ILC Report on the work of its sixty-third session (26 April to 3 June and 4 July to 12 August 2011), General Assembly Official Records, Sixty-sixth Session, Supplement No. 10 (A/66/10), pp. 263-270.
26) 植木, 前掲 (註18), 15 頁。
27) 西海真樹 (2001)「人道的救援」(『国際人権』12 号) 32 頁。
28) 植木, 前掲 (註18), 11-12 頁。
29) 植木, 同上, 12-13 頁。ILC Report on the work of its sixty-second session (3 May to 4 June and 5 July to 6 August 2010), General Assembly Official Records, Sixty-fifth Session, Supplement No. 10 (A/65/10), p. 322.
30) 植木, 前掲 (註18), 16 頁。
31) ILC Report (2010), supra note 29, pp. 322-323.

第 10 章
3・11複合災害と国際緊急援助

滝 田 賢 治

はじめに

　2011年3月11日に発生した巨大地震・津波と福島第一原発事故は，経済成長を至上命題としてきた第2次世界大戦後の日本社会にパラダイム・シフトを突きつけるはずの事態であった。日本の政治・経済・都市の在り方や国民一人一人の価値観や生活様式ばかりでなく，国民の生命と財産を保障する基本的枠組みとしての国家の在り方も問うはずの事態であった。地震，津波を契機に発生した原発事故による多数の住民の避難やその過程における独居死などの悲劇と農水産物に対する国内外の風評被害を含めるとまさに複合災害と呼ぶべき事態であった。この複合災害は，速報性・リアルタイム化を特徴とするインターネットやTVあるいは携帯電話・スマートフォンにより，ほぼ瞬時に世界中に発信され，世界中の多くの政府やNGOあるいは個人から様々な形態の支援が寄せられた。

　もちろん日本政府や地方自治体の迅速な初動対応が不可欠であったが，政府機構の狼狽と混乱により効果的対応は実現しなかった。それは近年まれにみる巨大自然災害に原発事故という日本では未経験の異質で異次元の事態が加わった上に，政権運営に不慣れな民主党が政権を担っていたという条件も

重なったからであった。外国政府やNGOからの支援申し入れや実際の受け入れ対応も，日本のこのような政治状況により混乱を極めたのである。日本は海外の自然災害への緊急援助体制を整備し実績を重ねてきたが（支援），自国内における巨大自然災害への援助体制や訓練，さらに海外からの緊急援助受け入れ態勢の整備（受援）は後手に回っていたという皮肉な現実も，この混乱に輪を掛けることになった。

　本章では以上の問題意識を前提に，まず自然災害が発生した場合の問題点の特徴を概観し，次に日本の自然災害に対する国際緊急援助の実態を確認した上で，3・11複合災害に対する国際機関や外国政府・NGOの活動を検討し，今後に発生するであろう国内外の巨大自然災害への日本と国際社会の取り組みの問題点を指摘したい。

1. 複合災害への対応——援助の主体・援助対象・援助の形態

　自然災害には（巨大）地震，（巨大）津波，（巨大）台風（ハリケーン・サイクロン），大規模水害（洪水），大規模土砂崩れ，火山爆発（火山灰・土石流），地震・火山爆発に起因するダム決壊や大規模火災などがある。複合災害という場合，これらの自然災害が連鎖し，地震や火山爆発に起因したダムの決壊や大規模火災が同時的に発生する場合や，3・11災害のように地震・津波に起因して発生した原発事故が複合的に発生した事態を指す。2014年7月時点でも，福島第一原発の事故が地震によって発生したのか，地震に起因して発生した巨大津波によって発生したのかを巡っては議論が決着していない[1]。巨大津波によって発生したことになれば，想定される津波の高さや防護壁の強度・高さについての判断に誤りがあったことになり人災として批判されることになるため，原発擁護派は自然災害としての地震が原因であった

という立場をとらざるをえないことになる。

　原発事故が地震に起因する自然災害であるのか，原発装置そのものの欠陥あるいは津波想定の甘さに起因する人災であるのかは本章では問わないが，巨大地震と巨大津波が発生している状況の中で原発事故が発生したことは事実であり，地震，津波，原発事故だけでも複合災害である上に，国内外での風評被害や放射能汚染地区避難民への差別まで含めるとまさに巨大な複合災害であったといわざるをえない。原発事故は，放射能汚染をはじめ，緊急避難，被曝と被曝治療，徐染作業ばかりか燃料棒の除去を含む長期に及ぶ原発装置そのものの解体と放射性廃棄物や除染物質の保管という問題も引き起こしている。

　大規模自然災害が発生した場合，緊急救援・救助という第1段階の中心的アクターは，当然，当該国の政府や自治体で，具体的には軍隊・警察・消防であり，補助的に国内のNGOやボランティア組織が加わるのが通常である。条件が整い次第，国際機関や赤十字社，赤新月社，近隣諸国政府組織や国境なき医師団，ワールド・ヴィジョン，ケア・インターナショナル，オクスファムなどの国際NGOの活動が始まる。この際，近隣諸国政府からの援助の形態や援助量は，平時の両国関係や過去の歴史が微妙に影響を与えることになる。逆に，同盟関係がある場合は，3・11災害のように在日米軍の全面的救援活動が大規模に展開されることになるが，原発事故も伴ったため，最大の核保有国としての知識・技術を駆使してこの災害に関わらざるをえなかったという事情もある。また国際的NGOの場合，資金力とマンパワーのある巨大組織に資金が集まり，巨大な自然災害が発生した場合，情報収集力を生かしてメディアが注目して取材するような場所に拠点を築いてアピールする傾向が強い。その結果，利益追求が目的でないにしろNGO自体が企業のような性格を帯びるという皮肉なケースも生まれる。

　複合自然災害にこれらのアクターが関与する緊急救援活動は，発生した場

所と季節によって対応が大きく異なってくる。即ち沿海部か内陸部か，内陸部でも山間地か平野部か，人口過疎の平野部か人口稠密な大都市部か，酷暑の夏か吹雪の冬かなどによってアクターが対応するイシューは多様化するし，同じイシューでも時間の経過によって内容が変化して行くものである。

2. 自然災害に対する日本の緊急援助

　2004年12月スマトラ沖地震・インド洋大津波災害や2008年5月中国四川大地震災害など日本は1990年代初頭以降，数多くの国際緊急援助活動を展開してきた。それは1987年に成立した「国際緊急援助隊の派遣に関する法律」（通称JDR法）に基づいた活動であり，初期の段階で中心となっていた医療チームに，のちに救助チームに専門家チームが加わり現在の国際緊急援助体制の基礎がつくられたことによって可能となったのである。その後，

図1　日本の国際緊急援助体制

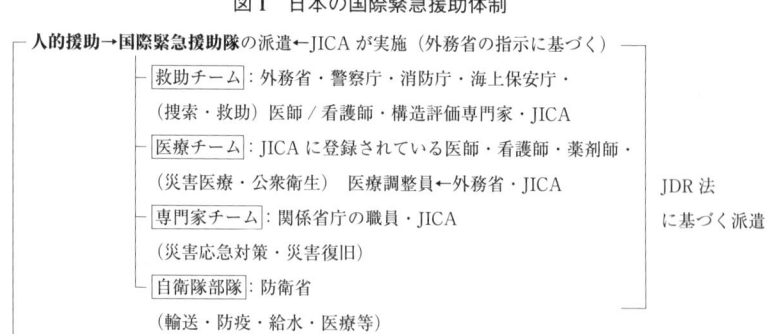

```
┌─人的援助→国際緊急援助隊の派遣←JICAが実施（外務省の指示に基づく）
│           ┌─救助チーム：外務省・警察庁・消防庁・海上保安庁・
│           │  （捜索・救助）　医師／看護師・構造評価専門家・JICA
│           ├─医療チーム：JICAに登録されている医師・看護師・薬剤師・
│           │  （災害医療・公衆衛生）　医療調整員←外務省・JICA      ┐JDR法
│           ├─専門家チーム：関係省庁の職員・JICA                    ├に基づく派遣
│           │  （災害応急対策・災害復旧）                            │
│           └─自衛隊部隊：防衛省                                    ┘
│              （輸送・防疫・給水・医療等）
├─物的援助（緊急援助物資の供与）←JICAが実施
└─資金援助（緊急無償資金協力）←外務省が実施
```

出所：外務省ホームページ（人道支援：国際緊急援助）及びJICAホームページより作成。

第10章　3・11複合災害と国際緊急援助　251

図2　災害の種類と日本の国際緊急援助

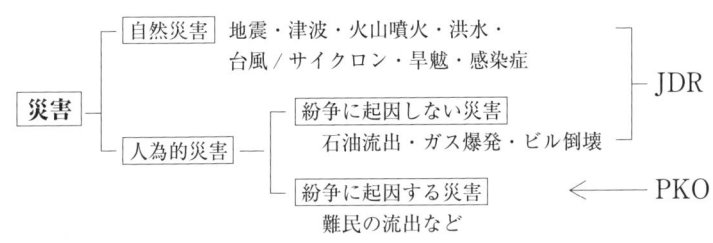

```
                 ┌─ 自然災害 ── 地震・津波・火山噴火・洪水・
                 │              台風／サイクロン・旱魃・感染症      ┐
  災害 ──┤                                                          ├─ JDR
                 │              ┌─ 紛争に起因しない災害            ┘
                 └─ 人為的災害 ─┤    石油流出・ガス爆発・ビル倒壊
                                │
                                └─ 紛争に起因する災害              ← PKO
                                     難民の流出など
```

出所：JICA ホームページより作成。

「国際連合平和維持活動等に対する協力に関する法律」（PKO 協力法：1992年に公布・施行）の成立により PKO 法の改正に合わせて JDR 法の一部が改正され，PKO 法と JDR 法の対応範囲が整理され，紛争に起因する災害は PKO が対応し，それ以外の災害（自然災害やビル倒壊などの人為的災害）は国際緊急援助隊が対応することになるとともに，大規模災害への自衛隊の派遣が可能になったのである（図1・2参照）[2]。

　海外で大規模な災害が発生した場合，以上のような構造を持つ日本の国際緊急援助は，被災国政府または国際機関からの援助要請を受け，要請の内容や災害の規模・種類に応じて関係省庁と協議を行い，以下の手順で執行される[3]。

図3　国際緊急援助の流れ

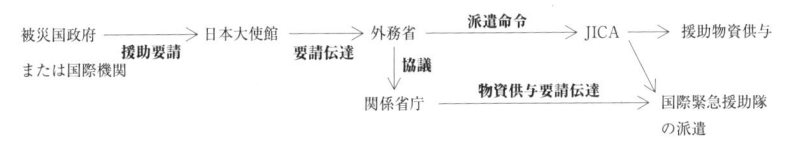

```
被災国政府       日本大使館       外務省  ──派遣命令──→ JICA ──→ 援助物資供与
または国際機関 ─援助要請→ ─要請伝達→   │協議                │
                                       関係省庁 ─物資供与要請伝達→ 国際緊急援助隊
                                                                        の派遣
```

出所：外務省ホームページ。

　上記2つの表に見られる援助体制の中に位置づけられている日本の国際緊急援助隊は，緊急時に派遣するスタッフを短時間で出動させる体制を整えて

いるばかりでなく、緊急援助物資を提供する体制も整えておく必要があり、フランクフルト（ドイツ）、シンガポール、マイアミ（アメリカ）、アクラ（ガーナ）、ドバイ（UAE）、スパン（マレーシア）の6ヵ所にJICAは緊急援助物資備蓄倉庫を設置している。アクラ、ドバイ、スパンの倉庫は、世界食糧計画WFPが運営する国連人道支援物資備蓄倉庫（UNHRD＝United Nations Humanitarian Response Depot）の中に設置されている。後述することであるが、後者3ヵ所の備蓄倉庫に象徴されるように、JICAは国連機関と大規模な自然災害発生時には密接に協力する体制を常時整えている。

　外務省の指示の下にJICAが関係省庁と共同しつつ、NGOとも協力して緊急援助活動を展開してきたが、NGOサイドから見ると、単独のNGOでは効果的な活動をするには限界があることを認識せざるをえなかった。とりわけ1996〜99年のコソボ紛争の際に、単独のNGOでは効果的な難民支援ができないことを深刻に認識した日本のNGO諸団体が、経済界、政府（外務省）と対等なパートナーとしてジャパン・プラットフォーム（Japan Platform＝JP）を立ち上げ、難民の大量発生や大規模な自然災害に備えて、NGOや民間企業など諸アクターのノウハウ・資源を生かして、緊急支援のプラン作りや緊急援助物資の備蓄といったスタンバイ機能の整備を行っている。

　日本政府はこうした国内での法整備、体制整備と並行して、国際協力を積極的に進めてきた。日本政府が1994年に横浜市に招聘した国連防災世界会議での議論を踏まえ、1998年には神戸市にアジア防災センターを設立するために資金・土地・人材を提供する上で主導的な役割を果たしたが、それは1995年1月の阪神・淡路大震災の教訓を踏まえた措置でもあった。さらにOCHA（UNOCHA＝United Nations Office for Coordination of Humanitarian Affairs: 国連人道問題調整部）やISDR（UNISDR＝United Nations International Strategy for Disaster Reduction: 国連国際防災戦略）など国連が中心となって設置してきた防災対応機関の設立・維持に資金・情

報・人材面で全面的に協力してきた。ISDRと協力して『世界防災白書』[4]の発行を行ってきており，防災の知識・情報を提供したり防災教育の普及を図るとともに，災害が発生した際の初動活動や，その後の復旧・復興のための教訓を事例を挙げつつ説明した広報活動を進めている。また2004年12月のスマトラ沖地震に起因するインド洋地震津波災害を契機に，ユネスコ主導の下にこのISDRと協力して環インド洋津波早期警戒システム（IOTWS = Indian Ocean Tsunami Warning System）を構築してきた。これはインド洋と東南アジア地域を網羅する津波早期警報体制で，2011年10月から本格的に運用が始まっている。

3. 自然災害に対する防災・緊急援助の国際的枠組み

大規模地震，大津波，火山爆発など大規模自然災害に対する防災と緊急援助に関する国際的枠組みとしては，主として次の4つが存在している。(1) 国連人道問題調整部（UNOCHA = United Nations Office for Coordination of Humanitarian Affairs），(2) 国連災害評価調整部（UNDAC = United Nations Disaster Assessment and Coordination），(3) 国連国際防災戦略（UNISDR = United Nations International Strategy for Disaster Reduction），(4) 国際捜索救援諮問グループ（INSARAG = International Search and Rescue Advisory Group）。

(1) は，国連災害救済調整官事務所（UNDRO：1971年設立）が1991年に国連人道問題局（UNDHA）に統合され，1998年にUNDHAを再編する形でOCHAが設立され，二本部制をとりニューヨークの国連本部とジュネーブに置かれている。世界50ヵ国に2000人弱のスタッフを擁し，日本では2002年にOCHA神戸が設立され，日本国内の関係諸機関との連携強化を進

めてきた。2011年までOCHA神戸が担ってきた災害情報発信部門のアジア・ハブとしての機能は同年末，タイのバンコクにあるアジア・太平洋地域事務所に移管された[5]。

(2)は，国際社会において突然発生する自然災害を含む緊急事態に対応するためにOCHAの一機関として1993年に設立され，被災国政府の要請により派遣され，災害の状況と支援ニーズを迅速に把握し，緊急事態の初期の段階で災害に見舞われた国家の政府と支援する組織である。国連人道問題調整部により招集されるこの救援チームは12～48時間で世界中のいかなる場所にも展開できるスタンバイ体制をとっている。3・11複合災害に際して日本に派遣されたUNDACチームに対して，JICAはUNCACの有資格者であるJICA関係者1名を参加させるとともに，同チームの活動を支援するためJICA東京国際センター内に活動スペースと必要な機材を提供した。

(3) 国連国際防災戦略（UNISDR = United Nations International Strategy for Disaster Reduction）は，「国際防災の10年（1990～1999年）」の事務局を継承する形で1999年12月に設立された。防災を気候変動の抑止に適用すること，災害リスクを軽減するための投資の増大を奨励すること，災害に強い都市や学校・病院を構築すること，防災のための国際的システムを強化すること，などを中心的任務としている。ジュネーブ本部を事務局とし，ニューヨークの国連本部にリエゾンオフィスを置き，ナイロビ（ケニア），パナマ，バンコク（タイ），ブリュッセル（ベルギー），カイロ（エジプト），アルマティ（カザフスタン），スバ（フィジー），神戸，仁川（韓国）に連絡事務所を設置している。UNISDRやUNOCHAと密接な協力関係にあるのが，阪神・淡路大震災を教訓に日本政府が主導して設立したアジア防災センターであり，アジア・太平洋地域の30ヵ国が参加し，多国間防災協力の体制づくりを進めている。

(4) 国際捜索救援諮問グループ（INSARAG = International Search and

Rescue Advisory Group）は，災害が発生しやすい国や組織と，この災害に対処する国々や諸組織の間のネットワークであり，後者の国々や組織は，都市災害が発生した時に捜索・救援（USAR = urban search and rescue）と現場での活動の調整に当たる。1988年のアルメニア地震に際して捜索・救援に当たった国際チームが主導して1991年に設立された。国際的組織・機関の参加と運営調整を迅速に行うために，OCHAのジュネーヴ緊急援助支部に置かれた現地活動調整支援課（FCSS = Field Coordination Support Section）が事務局としての機能を果たしている。

　こうした自然災害そのものへの対応とともに，この災害によって引き起こされる怪我や病気に対処するために国際災害救援医療活動も広がってきている。すでに挙げたOCHAなどの国連機関が，国際赤十字委員会（ICRC），国際赤十字・赤新月社連盟（IFCR），国境なき医師団（MSF），世界の医療団（MDM），オクスファム，ワールド・ヴィジョン，ケア・インターナショナルなどと協働しながら対応している。

　これら国連システムを構成する組織以外に，アジア太平洋地域では特に津波早期警戒通報システムが構築されてきた。太平洋津波警報センター（PTWC：1949年設立）が戦後早い時期に設立されていたが，1960年のチリ地震・津波災害に対してPTWCの実績を踏まえた西海岸・アラスカ津波警報センター（WCATWC）が1967年に設立され，さらにUNESCOの政府間海洋学委員会（IOC）を中心に国連国際防災戦略（ISDR），世界気象機関（WMO）と連携しながら，これらのセンターを利用した太平洋津波警報システム国際調整グループを1968年に設立し，この地域で発生する地震に起因する津波情報を発信してきた。また死者数が23万人にもおよんだ2004年のスマトラ沖地震・津波災害の後，日本も財政的・技術的に支援して，インドネシア気象庁の中に，津波警報センターが設置され，インド洋沿岸24ヵ国に津波情報を発令するシステムが2011年10月に運用開始した。震源地近

256　第Ⅲ部　過去から未来へ

くのインドネシア国内には5分以内に，遠地津波が予想される周辺国には10分以内に警報が発令されるシステムとなっている。

図4　津波情報の流れ

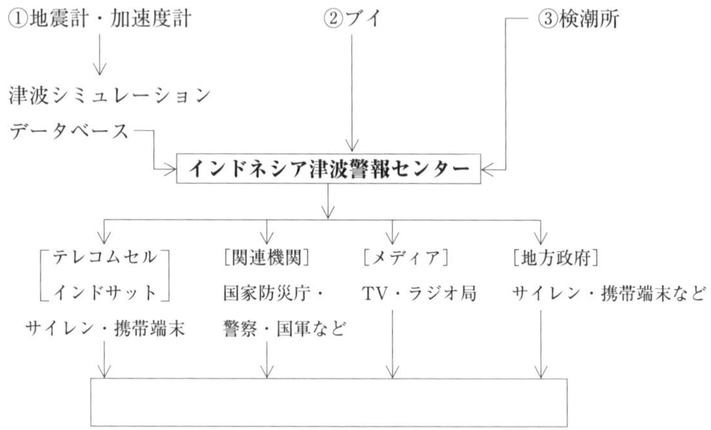

```
①地震計・加速度計        ②ブイ        ③検潮所
       ↓                   │            │
   津波シミュレーション      │            │
   データベース ──→ インドネシア津波警報センター ←──
                            ↓
   ┌──────────┬──────────┬──────────┬──────────┐
 [テレコムセル]  [関連機関]    [メディア]   [地方政府]
  インドサット   国家防災庁・  TV・ラジオ局  サイレン・携帯端末など
 サイレン・携帯端末 警察・国軍など
```

出所：田中孝宜「災害報道と国際協力：始動　インド洋津波警報システム」
　　　『放送研究と調査』NHK放送文化研究所，2012年8月，53頁。

　こうした国際的な災害緊急援助の体制の中で，実際に大規模災害が発生すると，まずOCHAが48時間以内を目標に，できれば24時間以内に被災国にOCHA傘下のUNDACを派遣する。DACは災害発生直後の被災状況の把握とその後の援助の調整を行うことを任務としている。即ち災害が発生すると，予め登録された各国の災害専門家のうち出動可能な要員が速やかに被災地に入り，被害状況や支援ニーズを把握する。状況によっては国際社会に支援を要請し，支援受け入れに当たっての調整などを行う。現在は世界各国から約180名が登録しているが，欧米各国が中心であり，日本人の登録者は8名しかいない上に，3・11災害以前の時点ではDAC要員として被災国に

派遣された事例はない[6]。

　支援受け入れ調整を行う場合，DACチームは現地に現地活動調整センター（OSOCC = On-Site Operation Coordination Center）を立ち上げ，各国・機関の情報を集約し調整作業を行う。世界食糧計画（WFP），ユニセフ（UNICEF），国連開発計画（UNDP）などの人道支援を任務としている国際機関や各国の援助機関・救援チーム，NGOなどは，このOSOCCで被害状況やニーズを把握するとともに，自らのチームの陣容や可能な支援などをOSOCCに伝えることが求められる。また被災国やその周辺の国際空港には援助隊受け入れ・離任確認センター（RDC = Reception/Departure Office）が設置され，派遣された救援チームが随時登録されるとともに，任務を終了して離任する場合にもそれが確認され，これらの情報はDACに伝達され，OSOCC全体での調整が図られる[7]。

　DAC同様，OCHA傘下のINSARAGは国際捜索救助チームによる救助活動の調整を行う。DACが被害状況の把握や各国からの援助の調整作業を行うのに対して，INSARAGは都市部における捜索救助（USR = Urban Search and Rescue）チーム間の連携を図り，国際的に広く受け入れられて

図5　自然災害に対する国際緊急援助の国際体制

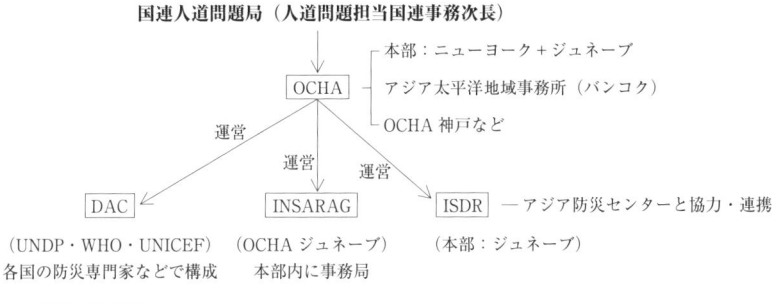

国連人道問題局（人道問題担当国連事務次長）

```
                    OCHA ─── 本部：ニューヨーク＋ジュネーブ
                     │  ─── アジア太平洋地域事務所（バンコク）
                     │  ─── OCHA 神戸など
         運営  ↙    ↓運営    ↘運営
        DAC        INSARAG       ISDR ──アジア防災センターと協力・連携
(UNDP・WHO・UNICEF) (OCHAジュネーブ) (本部：ジュネーブ)
各国の防災専門家などで構成  本部内に事務局
```

出所：筆者作成。

図6 INSARAG 組織図

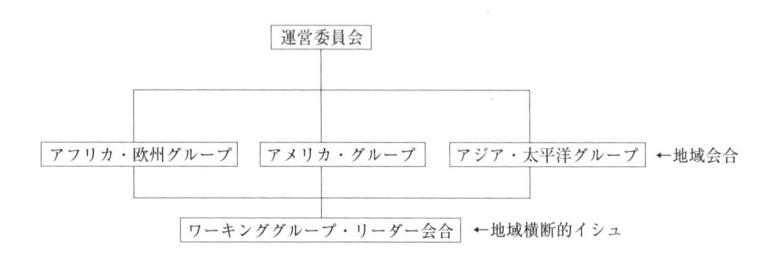

```
                    運営委員会
        ┌──────────────┼──────────────┐
  アフリカ・欧州グループ  アメリカ・グループ  アジア・太平洋グループ  ←地域会合
                        │
              ワーキンググループ・リーダー会合  ←地域横断的イシュ
```

出所：神田陽介「国際緊急援助における UNOCHA の援助調整と日本の取り組み」24 頁，『国際協力研究』Vol.22,No.1, 2006 年 4 月, 国際協力総合研修所。

いる捜索救助の方法とシステムの開発を通じて救助活動の効率を高めることを目的としている。2005 年以降，各国の救助チームを，その人員，装備，能力などによって軽（light）・中（medium）・重（heavy）に分類し，当該チームがその能力に見合った活動ができるように調整している[8]。

4．3・11 複合災害への国際的緊急援助

国際開発センターが 2014 年 2 月に発表したデータによると[9]，2011 年 3 月 11 日から 2012 年 3 月末までの 1 年間に，人的・物的・金銭的支援を提供した政府及び個人・団体の属する国・地域は 174 ヵ国で，43 の国際機関からも支援の申し出を受けた。さらに 174 ヵ国・地域のうち，119 ヵ国・地域が日本の ODA 対象国であり，35 ヵ国が最貧国と呼ばれるアジア・アフリカ地域の後発開発途上国（LDC）である。（1）人的支援は 99 ヵ国・地域から 160 件を受けたが，全体の 60% に当たる 61 ヵ国・地域は日本の ODA 対象国からの支援であった。（2）物的支援は 73 ヵ国・地域から 305 件の支援を

受けたが，その内訳は食糧・飲料 104 件，支援物資 158 件，燃料 14 件，サービス（通信・運搬等）39 件，原発事故対応 34 件であった。災害発生後 11 日以上 20 日以内に実施されたものが最も多く，物的支援全体の 50% が発生 30 日以内に行われている。(3) 金銭的支援は 1 年間の合計が 1640 億円に上り，地域別では中東・北アフリカ地域と北米地域がそれぞれ全体の 3 分の 1，即ちこれら 2 つの地域で全体の 3 分の 2 を占めている。中東・北アフリカ地域といってもその大部分をクウェート・カタールという産油国による大口支援が占めている。

表1　海外からの救援隊・レスキュー隊（2011 年 3 月 12 日〜2012 年 1 月 30 日）

1. 韓国	救助隊 100 名強	仙台市・多賀城市	7. オーストラリア	救急隊 72 名	南三陸町
2. ドイツ	レスキュー隊 40 名強	南三陸町	8. フランス	レスキュー隊 134 名	名取市・八戸市
3. スイス	レスキュー隊 27 名	南三陸町	9. 台湾	レスキュー隊 28 名	名取市・岩沼市
4. アメリカ	レスキュー隊 144 名	大船渡市・釜石市	10. ロシア	レスキュー隊 155 名	石巻市
	原子力専門家 47 名		11. 南アフリカ	救助隊 45 名	岩沼市・名取市
5. イギリス	レスキュー関係 69 名	大船渡市・釜石市			石巻市・多賀城市
6. ニュージーランド	レスキュー隊 45 名	南三陸町	12. トルコ	救援隊 32 名	多賀城市・石巻市
			13. インド	支援隊 46 名	女川町

注1：比較的，規模の大きな救援隊・レスキュー隊に限定した。
注2：比較的，規模の小さな救援隊・レスキュー隊を派遣した国家としてシンガポール（5 名），中国（15 名），メキシコ（12 名），モンゴル（12 名），イタリア（調査員 6 名），インドネシア（11 名），スリランカ（復旧支援隊 15 名）など。
注3：救援隊・レスキュー隊ではなく，医療支援隊を派遣した国は，イスラエル（53 名），ヨルダン（4 名），タイ（4 名），フィリピン（3 名）など。
出所：『朝日新聞』『日本経済新聞』他，外務省・JICA ホームページ，アメリカ大使館ホームページなどを参考にし筆者作成。

43 の国際機関には当然ながら災害緊急支援を任務としている UNDAC や INSARAG を組織する OCHA も含まれ，世界食糧計画や世界保健機関など

それぞれの機関が専門領域とする分野での協力を申し出て，その多くは実際に実行された。DACからは災害調整専門家7名が2011年3月13～14日成田に到着し，3月23日までJICA東京センターを拠点に調整業務を遂行した。OCHAからも災害調整専門家3名が同じ時期に成田に到着してDAC専門家が離日した後もJICA東京センターで調整業務に従事し4月2日に離日した。世界食糧計画（WFP）は3月15日以降，合計25名の物流支援要員を送り込み，東京に連絡拠点を確保しつつ被災3県で7月31日まで長期間，物流支援に従事した。いずれも重要な協力であったが，とりわけ国際原子力機関（IAEA）と国際エネルギー機関（IEA）は，福島原発事故への対応には不可欠の国際機関であった。IAEAは発生1週間後に，国際支援調整官1名とともに放射線計測専門家16名と海上放射線計測専門家1名の18名を送り込み，東京周辺と福島県内で計測作業に従事し4月20日に撤収した。原発事故の深刻化が懸念されていた4月上旬には沸騰水型原子炉（BWR）専門家3名が来日し現地視察に入り4月11日に離日している。さらに5月下旬，福島第一原発事故の調査のため，IAEA調査団18名が福島県と茨城県を現地調査し6月初旬に離日した。食糧農業機関の食糧モニタリング専門家1名が，IAEA職員2名とともに来日し，福島，茨城，栃木，群馬4県で農産物や海産物の放射能汚染の状況を調査し4月1日に撤収した。

　国際開発センターが行った3・11災害発生後1年のデータ解析によると，この災害への国際社会の緊急援助には次の6点が特徴として浮かんでくると結論づけている。①政府・国際機関による支援のみならず，民間企業，NGO/NPO，各種団体からの支援が大きかった，②非常に貧しい国々や政情・経済が安定していない国々からも多くの支援が寄せられたこと，③物的・金銭的支援に限らずアーティストによるチャリティーコンサートやチャリティー・バザーなどの多様な援助をうけたこと，④海外からの支援は，被災者のニーズに合わせた，被災者に寄り添い，慰め，勇気づける多様な支援

であったこと，⑤海外からの金銭的支援は，政府の支援を補完し，被災者のニーズにきめ細かく，かつ迅速に対応したこと，⑥海外からの金銭的支援の多くは，教育と児童への支援に活用されたこと。こうした海外からの支援の特徴とともに，今後の課題として次の4点を指摘しているが，これらの諸点は真剣に検討し改革する必要性を認識させるものである。即ち，①海外の政府以外の団体・組織・個人からの支援受け入れ窓口を明確にする必要があること，②海外からの支援受け入れを前提とした国内災害対応計画を策定する必要があること，③金銭的支援も国民間の絆を強化するものであることは否定できないが，金銭的支援は物的支援と違い消費期限，嗜好，仕様などの制約を受けず，輸送の時間や手間もかからず，優位性が確認できたこと，④先進国と開発途上国における被災者ニーズの違いが明確になったこと。

また個別国家の中でもアメリカは，日米同盟のパートナーであることもあり人的・物的・金銭的全ての面で，緊急援助の中心ともいえる存在であった。3月13日にはレスキュー隊144名（フェアファックス隊，ロサンゼルス隊）が救助犬12頭とともに青森県の三沢基地に到着して，岩手県大船渡市と釜石市で3月19日まで救助活動に当たった。ほぼ同時に三沢基地に到着したアメリカ原子力規制委員会の専門家11名とエネルギー省専門家34名も福島原発の状況について情報を収集し，エネルギー省専門家は5月末まで，規制委員会専門家は10月末まで調査に当たった。

これとは別に，災害発生の3月11日松本外務大臣からルース・アメリカ大使に在日米軍の出動要請を行い，「トモダチ作戦」と名付けられたオペレーションを展開した。在日米軍は，最大時，兵員2万4500名，艦船24隻，航空機189機を投入し，食糧品等約280 t，水約770万ℓ，燃料約4.5万ℓを配布した。こうしたオペレーションは，人道的動機ばかりでなく在日米軍に対する日本国民の好感を得るという実利を得ようという思惑も働いていたであろうが，原発のさらなる爆発により放射能汚染が進めば在日米軍自体の

駐留も困難になるため，被災地域で活動しつつ放射能汚染をモニタリングしていたのは明らかである。事実，アメリカ大使館はじめアメリカ政府機関のホームページには，第1に，福島第一原発（Fukushima Daichi）への対応が説明されており，第2に地震・津波被害に対して在日米軍の陸海空及び海兵隊の活動が詳しく解説されている。

5. 自然災害への対応と日本の課題

　以上の考察を踏まえると，次の諸点を指摘できるであろう。
　第1に，平和国家たらんとした戦後日本を象徴するように，海外の災害に対して支援する姿勢が強く，災害緊急支援のための国際的枠組み作りにも資金・人材・技術など多面的に貢献してきたが，その反面，地震・津波をはじめとする自然災害に苦しんできた歴史を持つにもかかわらず，この国際的支援を受ける受援の発想や体制・態勢が不備であることが明らかになった。今後，日本の対外的災害援助を有効なものにするためにも日本自身が受援の体制・態勢を整備していくことが不可欠であろう。これには世代を超えた訓練や情報発信体制の充実化や，市民社会の内実を高めていくことも必要であろう。
　第2に，戦後，経済進出するために戦略援助としての性格も強く持った政府開発援助（ODA）を途上国に供与してきたが，ODAを供与した多くの途上国から，金額的には必ずしも多くはないものの，心のこもった支援を受けたことは，戦後日本の対外政策が基本的には誤りではなかったことを証明している。特にアジア・太平洋諸国は日本同様，自然災害に見舞われる可能性の極めて高い地域であり，まさに人間の安全保障の観点からも日本は自然災害リスクを軽減するために，一層のリーダーシップを発揮すべきである。このためには学校・大学などでのシステマティックな教育カリキュラムの充実

が不可欠であろう。関西大学が設置した社会安全学部のような教育機関が，人間の安全保障を実現する上で重要である。

　第3に，特に途上国への災害支援をする場合，国情がかなり異なるので，一律に行うのではなく，予めシミュレーションをしておき，支援する場合に応用することも不可欠である。

　第4に，自然災害への支援といっても，災害発生直後の救出・救援が死活的に重要な段階と，時間が経過して復旧さらには復興段階に入った場合とでは市民のニーズが異なってくることも支援プログラムに組み込んでおくことが必要である。このことは3・11複合災害の際の受援の経験からも多くの被災者が実感していることである。

　第5に，国際的支援・受援とはいっても，緊急出動により救出・救援活動する場合にはやはり近隣諸国からの支援が死活的に重要である。自然災害常なるアジア・太平洋地域は特に近隣関係を安定化させておくことが外交の最大の目的となってもいいはずである。この点で，アジア・太平洋地域にはもっと多くの地点に医薬品や食糧・飲料水ばかりでなく建設重機も備えた備蓄基地を拡大すべきであろう。

　第6に，イスラエルをはじめ多くの国々が医療支援隊を派遣してくれたが，当初は医師法の制約により迅速な医療活動ができない事態が発生した。緊急時には，対内的な医師法の制約を外す超法規的措置が取れるような立法を行うべきであろう。同時に薬事法の制約から，外国では使用可能な薬品が日本国内では使用不可という場合もあり，これも緊急時には例外として認める立法を行うべきであろう。

　第7に，海外から多くの救援隊やレスキュー隊が来ても，どこにニーズがあるのかを短時間かつ確実に明らかにする情報収集・調整機関が災害発生直後に設置できる態勢を整えるべきである。確かにOCHA傘下の諸機関が初動対応することになっているが，まずは日本自体で主体的に行動できる体制

を構築しておくべきであろう。

　第8に，日本の各地域が，遠方の地域と災害時協力協定を結び，日常的に人的交流も含め訓練を行っておくことも有用であろう。お互いに近い地域であると，ともに被災して相互に協力できない可能性が高いので，地域の特性を考慮した協力協定の締結と日頃の交流が重要であろう。

　第9に，海外から救援隊が来日しても言葉の壁により捜索が効率的に行えないケースも多々あるので，通訳ボランティアを確保し，災害発生時にはこれらのボランティアを動員できる体制を整備しておくことも必要であろう。

　第10に，軍事用・商業用には使用できなくなった（外国の）空母や（日本の）大型船舶を活用することを具体的に考えることも一法であろう。大型船舶を日本の5～6ヵ所に恒常的に配備しておき，普段は商船高校・大学の訓練や，夏休み・春休みの生徒・学生の宿泊体験施設，あるいは大学生・大学院生のゼミ合宿・就活セミナー，さらには官庁・企業のセミナー会場として利用し，維持費を捻出しつつ，災害時には病院船として使える機能を備え，かつ大型ヘリ・ドクターヘリを艦載し，病人・負傷者を運搬したり，介護施設入居者の優先的宿舎として利用することも考えるべきであろう。

　　　　おわりに——パラダイム・シフトは起こっているのか[10]

　2011年3月11日に発生した巨大地震，巨大津波，福島第一原発事故さらには日本内外での広範な風評被害という四重の複合災害から3年が経とうとしている。緊急救援・救助から始まった被災地域への政府・自治体・NGOなどによる対応は，3年経った現在，本格的な復興に向かいつつあるが，未解決の問題が山積している。高台への移転問題，産業の空洞化，除染問題，防波堤・防潮堤の再建築問題などであるが，この複合災害が惹起した最も深

刻な課題は，原発問題であることは疑いない。

　この災害時，首相であった菅氏は原発事故に対して，「1000万人から2000万人の住民を200〜300km単位で退避させることを検討した」ことを明らかにし（『日本経済新聞』2011年9月21日朝刊），「そうなれば国家として機能しなくなることも覚悟した」と述べている。大混乱の中で情報が錯綜していた上に，政府・官僚と東京電力が情報を統制したために放射性物質による汚染への不安と恐怖の中で，原発周辺の住民の退避は大幅に遅れたのであった。原発避難地区からの退避者数は，復興庁の資料によると2013年4月現在，15万人強である。それは，これらの住民が住んでいた広大な地域が放射能汚染により居住不可能となったことを意味する。それはまた，自然豊かで，文化と伝統を受け継いできた日本の国土が失われたことを意味する。徐染するにしても汚染地域全てを徐染できるわけではなく，徐染しても完全には徐染できず，徐染土の一時的保管場所にも地域の反対があり宙ぶらりんの状態が続いている。

　原発はそもそもが「トイレのないマンション」と揶揄されるように，使用済み核燃料を最終的に処理できない性質のものである。使用済み核燃料を再処理するためにつくられた六ヶ所再処理工場（青森県）はトラブル続きで処理が進まず，発電しながら消費した以上の核燃料を生み出せる（＝原発で使った核燃料を再利用できる）と鳴り物入りで建設された高速増殖炉「もんじゅ」（福井県）も事故続きで，計画が実質的には頓挫しているのが現状である。これら2つの施設とも巨額の資金（＝税金）が投入されたにもかかわらず，当初，謳われた目的は実現していないどころか，放射能の放出も問題となっている。以前の時代から見れば，遥かに先進的であった巨大技術——例えば蒸気機関車，（内燃機関による）自動車，航空機・ジャンボ機，新幹線，人工衛星など——も，たとえ初期の段階で事故発生率が高くても，失敗を繰り返すうちに精度が上がって事故率は逓減していく，という歴史的事実

を引用し，原発の経済性のみを強調する政治家や研究者が見られる。彼らの多くはいわゆる「原子力村」の住人である。しかし原発は，失敗の許されないレヴェルと質が，これらの巨大技術とは根本的に異なるものであることは明らかであり，この本質的な違いに目をつむる者は，原発事故が発生した時には「想定外」という言葉で自らもだますことになるのだろう。

「失われた20年」を取り戻すためにアベノミクスを短期間で推進し，そのためには6年後の東京オリンピックも利用しようとする政府，経済界や「原子力村」は，4月からの原発再稼働に向け強引に動き始めた。政府自体が，（東）南海トラフ巨大地震とそれに伴う巨大津波が発生する可能性について警告を発し，これに対する対策を強力に進めようとしている時に，原発再稼働を強力に推進する体制を整えるとともに，大都市では容積率を大幅に緩め（埋立地の）臨海部も含めタワーマンションの建設を認めるという矛盾に満ちた対応をしている。

地震，津波，台風，水害など自然災害，常なる日本にとっての最大の国家安全保障は，自然災害に強靭な国家・国土を造ることであり，日常生活，生産活動，医療，教育，全ての面で絶えず，自然災害とこれに起因する第2次災害——その最大のものは原発事故であるが——への備えを行っておくことであることは明らかである。強靭な国家・国土を造る上で最大のネックとなっているのが大都市（周辺）への過度な人口集中・産業集中である。東京圏，大阪圏，名古屋圏，博多・北九州圏などに人口が集中し，その結果，タワービル・タワーマンションが建設され，鉄道や地下鉄が複雑に張り巡らされることになる。こうした人口稠密な大都市圏の生活・生産を支えるために膨大な電気需要が生まれ，遠隔の過疎地に原発が立地することになる。

こうして見てくると，原発依存の背景には経済界・電気事業連合会（電事連）の利益追求志向があるばかりでなく，大都市圏への人口集中や産業集中があることが分かる。原発事故が発生した場合の膨大な被害と復旧・回復の

ための長期にわたる巨大なコスト——そのほとんどは実質的には国民の税金——のためばかりでなく，原発の持つ人智では制御不可能な根本的性格のために，脱原発へ向けた意識の改革と取り組みを強力に進めていくことこそが国家安全保障を実質化する国家・国土強靭化の大前提となっている。

　原発依存から脱却するためにも，自然災害リスクを軽減するためにも，人口・産業分散が不可欠である。しかし現実にはこれらの分散が進まないどころか，ますます集中が加速していることが経済成長至上主義の原発維持・推進派を勢いづけているのである。地方分権を進めて人口・産業分散を加速することが，自然災害リスクを軽減するとともに原発依存から脱却する唯一の道であろう。東京都の人口は1300万人（年間予算12兆円，ＧＤＰ91兆円で13位のオーストラリアと14位メキシコ・15位韓国の間）で，周辺の千葉・埼玉・神奈川3県の人口を合わせると3000万人，さらにその周辺の茨城・栃木・群馬・山梨4県の南部地域まで含めると4000万人近い人口が，関東平野に集中しているのである。アルゼンチンの人口に匹敵する4000万人が関東平野に集中して居住し，生産活動に従事している。4000万人の生活と生産活動の支えるために，水は利根川水系と多摩川水系に依存し，ガスはプロパンガス以外は沿海部に集中立地するガス工場によって生産され，天然ガスを主成分とする都市ガスを供給する総延長6万kmに及ぶガス導管が関東平野に張り巡らされている。電気は3・11前には遠隔の福島原発と柏崎原発に多くを依存していた。ヒト・モノ・カネ・情報・サーヴィスが過剰なまでに東京首都圏とその周辺に集中しているのである。程度の差こそあれ，大阪圏，名古屋圏，博多・北九州圏でも同じような状況である。

　これら大都市圏が巨大地震，巨大津波などの自然災害に襲われ，これらによって「想定外」の原発事故が起こった場合，国民の生命と財産，さらには豊かな自然を守ることを第一義とする国家安全保障は脆くも崩れ去るのである。国家安全保障は外敵によるよりも，国内要因によって崩れ去ってきたこ

とは歴史が如実に証明している。国内的矛盾を解決できない場合，外敵の脅威を強調し，国民の目を外部に向ける傾向（＝対外的危機の醸成）が強いことも歴史が証明している。地方分権と人口・生産拠点の分散は，簡単な事業ではない。第1に明治以来150年間の制度・機構そして何よりも政治家を含めた国民全体の発想が転換しなければ実現できず，それには強力な政治指導が不可欠である。第2に強権を発動して短期間に進めると，不動産価格が暴落して経済的混乱をはじめ社会的大混乱が生じることは明らかであり，半世紀をかけた長期的ヴィジョン・工程表を策定して国家的プロジェクトとして推進することが肝要である。この間にも巨大自然災害が発生する可能性は高く，これに備える短中期的対策も最優先すべきであろう。

　地方分権と人口分散が進めば，エネルギーの地産地消が可能となり，自然再生エネルギーへのシフトもより容易になる。地方各地の自然特性を生かし，メガソーラーによる太陽光・太陽熱発電，風力発電（海洋型風力発電も含む），地熱発電，波力発電，揚水・水力発電，小規模水力発電などの実用化が可能となる。人口稠密な大都市圏では，これらの発電は難しく，経済効率・利益優先主義の原発推進派の主張が通りやすくなる。確かに大都市は，刺激に満ち，相対的にみれば雇用の機会も多く，商業・文化施設も充実して「楽しい都会生活」をエンジョイできるため，人口集中しやすいことは理解できるが，日本が自然災害常なる「災害列島」であることを認識すれば，国家安全保障の要諦は人口分散と国土強靭化にあることは理解できるはずである。しかし現実には，多くの政治家・研究者・ジャーナリストは目先の経済回復・経済成長に囚われ発想の転換ができないのである。かつてT．クーンが指摘した天動説から地動説へのパラダイム・シフトが起こらなければ，近い将来，日本は再び巨大災害に襲われ長期にわたる社会・経済的停滞に見舞われるであろう。「人類が歴史から学びえた唯一のことは，人類は歴史から何も学びえないことである」というヘーゲルの皮肉な言葉を，我々日本人は

笑い返すことができるのだろうか。

1) 一般財団法人：日本再建イニシアチブ（2012）『福島原発事故独立検証委員会：調査・検証報告書』ディスカバー。
2) 医療チームは JDR の中で最も歴史が長いチームで，被災者の診療，疾病の感染予防・蔓延予防の活動に従事し，個人登録した医師，看護師，薬剤師，調整員と外務省・JICA のスタッフから構成されている。この日本国際緊急援助隊医療チームの他に，日赤医療チーム，NGO の AMDA，HuMA，MSFJapan，徳洲会医療援助チーム（TMAT）などが活躍してきた。AMDA は 1984 年に設立され，1995 年に UNECOSOC．（国連経済社会理事会）の「特殊協議資格」を取得し，緊急医療支援，合同医療ミッションを中心として活動してきた。日本，インド，モンゴル，スリランカ，カンボジア，バングラデシュ，ネパール，インドネシアなどに活動拠点を持っている。HuMA（Humanitarian Medical Assistance: 災害人道医療支援会）は，国際緊急援助隊医療チーム（JMTDR）のメンバーが中心となり，1982 年に設立し，国内外の大規模災害発生時に医療チームを派遣したり，災害医療にかかわる人々の教育研修を行っている。救援チームは，被災者の捜索，発見，救出，応急処置，安全な場所への移送を中心的任務としていて，外務省，警察庁，消防庁，海上保安庁，JICA の隊員から構成されている。専門家チームは建物耐震診断，火山噴火予知，被害予測などについて当該国政府にアドヴァイスするこれらの分野の専門家からなる。
3) 外務省ホームページ（http://www.mofa.go.jp/mofai/jindo/jindoushien2_3.html）
4) この白書には Living with risk という副題がついているように，世界のどこでも，いつでも災害が発生する危険が存在していることを前提に，常日頃から災害に備える体制・態勢を整えつつ，防災教育を行う重要性を強調している。災害防災全体についての実に包括的な報告書・啓蒙書となっている。第 1 章 Living with risk ―災害死リスクの軽減に重点を置いて，第 2 章 災害リスクに対する認識とリスク評価，第 3 章 政府や公共の積極的関与：災害リスクの軽減のための基礎づくり，第 4 章 理解を深める：知識の向上と情報の共有　第 5 章 防災対策の適用，第 6 章 災害リスク軽減に向けての国際的関与と国連の役割，第 7 章 将来への課題，となっており，付録として収録してある「防災と持続可能な開発：開発と環境についての脆弱性とリスクの関連をしる――持続可能な開発に関する世界サミットのための ISDR 論点提起ペーパー」は一読に値するものである（ISDR サイト：http://www.adrc.asia/ISDR/contents_m.html）。

5) 外務省サイト（http://www.unic.or.jp/un_agency/ocha_j.html）なお1996～98年には明石康氏が，2001～03年には大島賢三氏が，人道問題担当国連事務次長を務めた日本人には馴染みの深いポストである。
6) （財）ひょうご震災記念21世紀研究機構・研究調査本部・安全安心なまちづくり政策研究群（2010）『災害対策をめぐる国際協力の仕組みづくり』2010年3月，24頁。
7) 前掲論文，同所。若干，表現を修正するとともに内容を付加してある。
8) 前掲論文，26頁。
9) 一般社団法人国際開発センター（2014）『東日本大震災への海外からの支援実績のレヴュー調査』2014年2月。
10) 滝田賢治（2014）「3・11複合災害から3年——パラダイムシフトは起こっているのか」『中央大学 Chuo On Line』2014年2月。

参 考 文 献

一般社団法人国際開発センター（2014. 2）『東日本大震災への海外からの支援実績レヴュー調査』

今村英二郎（2007. 2）「国際平和協力活動における民軍協力—大規模自然災害復興支援，平和構築支援を中心に—」（『防衛研究所紀要』第9巻第3号）

鵜飼卓（2008）「国際災害救援医療の現状と課題」日本救急医学会雑誌

沖田陽介（2006. 4）「国際緊急援助における UNOCHA の援助調整と日本の取り組み」『国際協力研究』国際協力機構・国際協力総合研修所

鎌田文彦（2014. 4）「国際緊急援助」『レファレンス』国立国会図書館調査及び立法考査室

災害支援国際協力戦略会議・研究調査委報告書（2010. 3）『災害対策をめぐる国際協力の仕組みづくり』（財）ひょうご震災記念21世紀研究機構・研究調査本部・安全安心な街づくり政策研究群

滝田賢治（2012）「東日本大震災と日本の課題——問題群の整理学」『中央評論』中央大学出版部

武田康裕（2013）「自然災害と日本の国際緊急援助」大芝亮編『日本の外交5：対外政策　課題編』岩波書店

田中孝宜（2012. 8）「災害報道と国際協力：始動　インド洋津波警報システム」『放送研究と調査』NHK 放送文化研究所

林勲男編（2007）『2004年インド洋地震津波災害被災地の現状と復興への課題』国立民族学博物館

第 11 章
復興の政策デザイン

細 野 助 博

　各人が所有している独自の情報が活用されるのは，情報を所有している個人にその情報に基づく決定が委ねられている場合か，その個人の積極的な協力のもとで社会に利用される場合だけである。
　　　　　　　フリードリッヒ　A. ハイエク　『社会における知識の利用』

はじめに

　2011年3月11日に起こったミレニアムな出来事は，様々な意味で後世に語り継がれることは間違いない。地震・津波・原発事故が「想定外」の規模で「複合災害」として日本列島を覆ったからだ。また，世界的な規模で諸国のエネルギー政策にインパクトを与えもした。
　同じような「想定外」の災害が過去にオランダを襲った。リスク計算に基づいた費用便益分析の失敗である。リスクを想定する前提が間違っていたことになる事例である。1953年2月1日の夜，大嵐が吹き国の誇りでもある大堤防が決壊し，1800名以上の犠牲者を出した。その堤防は，1万回に1回の割合でしか起こり得ないくらいの大洪水に備えるという計算で作られてい

た。しかし同様の大洪水が1570年にもあったと記録されていたことが災害後にわかる。災害発生後のオランダ政府の対応は空虚な議論で時間を取ることもなく，現実直視と迅速な行動で復興を成し遂げた[1]。

翻って日本政府や地方政府の対応はどうか。「想定外」の激甚災害のため，震災直後の混乱，効果的な復旧復興政策にかかわる調整や施策の遅れがいたる所で生じた。これは，政策デザインのあり方に対して，大きな問いを投げかけている。官主導を方向転換して「新しい公共」が唱えられているように，時代は大きく変化している。政策をめぐり公共圏に参入するアクターも増加したことで，効果的な政策デザインが求められている。

このように時代の潮目が変わりつつある現在，東日本大震災の被災地のみならず日本全体がまさに新たな政策デザインづくりに有用な「ソーシャルイノベーション」を欲している。様々なアクターが，ローカルな知の創造と相互共有にむけて協働し，競争するステージに立っている。日本の要素技術の多くは世界をリードする水準にある。しかし技術の輸出入で見るとどうか。技術的イノベーションは社会的背景を抜きにして語ることはできない。まさしくソーシャルイノベーションと組み合わさることによって本来の威力を発揮し，進化すると言える。社会もまた技術的イノベーションに大きく依存する。医療，エネルギー，情報通信，これらが私たちの社会をどんなに豊かで明るいものにするか。核兵器，原発事故，貧困，これらが私たちの社会をどんなに貧しく暗いものにするか。このように，要素技術に代表される技術的イノベーションの真価は社会のあり様に左右される。技術の持つ力は社会的構想力で豊かにも貧しくもなる。

阪神淡路の大震災も三宅島の噴火も，地域の経済と社会に壊滅的打撃を与えた。これら被災した地域の一部は産業の衰退やコミュニティの崩壊など今でも大災害の後遺症に悩まされている。神戸港の国際的地位の大幅な低下はその象徴でもある。経験や反省が社会を賢く強くする。おそらくNPOやボ

ランティアに代表される「新しい公共」も「ソーシャルイノベーション」の延長線上にある政策デザインであり，阪神淡路大震災以来の経験や反省から生まれてきたと言ってよい。1953年のオランダ政府がそうであったように，被災地の復興のスピードを速めるためにも，日本が潜在的に持つ技術力を結集し，そこに「ソーシャルイノベーション」を加味する必要がある。そのためには，「復興に資する政策デザインとは何か，どうあるべきか」を真剣に議論すべきだ。

1. 政策デザイン構築のプロセス

　東日本大震災の被災内容は地震・津波に始まり原発事故にまで及ぶ大複合災害であり，政官含めて国の迷走と，ガバナンスのあり方をめぐる混乱，基礎自治体と住民の避難，仮設の暮らし，地場産業の崩壊，社会インフラの倒壊など人災も含めてありとあらゆる災害の要素が文字通り噴出した。根本的な解決には日本が持つ資源と能力を効果的に投入する必要があるが，行政的措置も含めて極めて不完全だ。いたずらに時間だけが過ぎてゆくのではない。積み残された課題が次々に分岐し，相互に絡まり合うことで複雑化し，解決の選択肢を次第に狭めてゆく。このような過程で被災地の人々がとる消極的な選択が「地域からの脱出」である。政策デザインの必要性がそこにある。

　社会が解決を要求する課題に対して，課題の生み出される背景，課題の特性，課題の下位を構成する要素間の因果関係の強弱を含めた構造的なつながり，課題の解決に当たっての優先順位，解決に必要な資源や時間の量的質的制約，解決の後先のイメージなどを概略としてスケッチし，必要によっては細密な工程表にまで落とす作業が政策デザインだ。より形式的に設計された作業は計画という括りで対比される。従って，キャンバスに下絵を描くよう

に，観察と議論を通じて何度も何度も書き直される。政策デザインに必然的なこの修正作業は一般的に歓迎される。フォーマル性が尊重されるために，修正に対して抵抗がつきものの計画とは違い，もっと弾力的な取り扱いが可能である。試行錯誤の過程こそが政策デザインを完成させる肝とも言える。

　フォーマルよりもむしろインフォーマルな様相で始まる政策デザインの構築プロセスを考えると，課題の摘出と適切な選択が必要なため，理論と技法を含むかなり高度な専門性が要求される。災害に強い住環境の整備なのか，事業継続と資金的裏付けの担保なのか，所有権の確定なのか，復興計画と政府資金との合法的対応なのか，といった難題解決にどのようなエキスパートが必要なのか，それらの人的資源をどのような段階でどのように布置するのか。時間や資源が有限で制約のある中で，資源を社会的最適の観点から配分するまさしく計画論からの課題解決方式でもある。さらに，エキスパートの必要数は時間や場所で固定されたものではない。復旧・復興のステージで必要とされる質量は当然変化する。大都市被災地と過疎被災地とでは課題も必要資源も異なってくる。

　さらに方向性を見失わず，大まかな括りと微調整を交互に組み合わせながら，課題の解決に向けていくつかの取り組みをデザインし実行に移してゆく。その際に必要になるのは，エキスパートとコンビを組みロジスティックス（会場設営，広報，活動資金調達，行政との調整など）を担当する行政を中心とするスタッフの準備と訓練と配置である。このスタッフの質量の組み合わせが全体のパフォーマンスを左右する。そのために必要なマンパワー不足が地元自治体にとって事業遂行上のボトルネックになっている。

　政策デザインをフォーマルなものに転化する役割を「計画」（プランとプログラム）が持つ。そしてその計画のもとで具体的な政策目標と政策手段が画定される。政策手段は人・モノ・かねの裏付けを持った個々の政策であり事業である。たとえば「復興特区」は「東日本大震災に対処するための特別

の財政援助及び助成に関する法律（財特法）」の特定被災区域または特定被災地方公共団体である市町村の区域である227市町村の区域を指す（2012年2月22日現在）。特区に指定され特例を受けるためには復興推進計画，復興整備計画，復興交付金事業計画の3本柱のいずれか，あるいは複数にまたがる計画が必要である。この特例を受けるために，どのような手続きと調整，協議，地元の関係者の合意が必要か。この高いハードルを越えて実現するために，エキスパート動員を睨んだ政策デザインの考え方が必要とされる。

2. 政策デザインの必要性

　被災地の復旧・復興のスピードを云々するとき，そこに内在する2つの側面を見落としてはならない。1つは実体のない風評の減衰スピードであり，もう1つは国民的関心の減衰スピードである。前者の減衰スピードはなかなか加速されないが，後者の減衰スピードの加速化には驚きを通り越して呆れるばかりだ。いわゆる風化の加速化である。さて，大震災から3年たって，「福島県産」農産物や海産物が震災前のようにどれだけスーパーの棚を占領しているだろうか。はたまたマスメディアが思い出したように「原発事故」「原発稼働」の関連ニュースを流す。それにつられるように，根も葉もない風評がモヤモヤと陽炎のように立ち上る。そのため困ったことに風評の減衰スピードは一向に改善されない。他方，震災直後から2年間大人気で抽選も必要だった東北復興周遊観光を主とするバス企画も，一部では観光客を募集してもなかなか定員が埋まらないという。国民的関心の「風化スピード」は残念ながらかなり加速している。もっと問題なのは，風評と関心という2つの側面の非対称な減衰スピードが引き起こす人口減少が，被災地ばかりでなく，東北6県を巻き込んで進んでいることだ。このような事態をどう軌道修

正するか，政策デザインの必要性がここにある。

日本全体では 2009 年頃から人口減少に突入したが，東北 6 県はそれ以前から人口減少傾向にあった。人口減少の傾向が 2011 年の東日本大震災で一段と加速した。問題は東日本大震災の年をはさんだ人口変動で見ると，秋田，山形 2 県と比較して，直接の被災地である青森，岩手，宮城，福島 4 県の人口減少がより顕著であるとは言えないことだ。

行政人口規模別に東北 6 県の平均値を求めて各県の人口変動の平均値を比較してみよう（表 1）。人口や若壮年人口それに老齢人口の伸び率はすべて 2007 年と 2012 年の 2 つの数値の比率から 1 を引いて求めた。人口は住民基本台帳人口であるから，福島県の数値は若干正確性が欠けると考えられる。若壮年人口は 20 歳以上 44 歳までの男女数合計である。老齢人口は 65 歳以

表 1　東北各県の人口変動比較表

行政人口規模	人口変動	青森県	岩手県	宮城県	秋田県	山形県	福島県	平均値
人口 1 万人未満	人口伸び率	－.0890	－.0820	－.0907	－.0752	－.0792	－.0726	－.0792
	若壮年人口伸び率	－.1319	－.1182	－.1007	－.1269	－.1085	－.0974	－.1105
	老齢人口伸び率	.9466	.9317	.7035	1.2373	.7129	.7819	.8530
1～3 万人未満	人口伸び率	－.0605	－.0878	－.0580	－.0715	－.0551	－.0556	－.0641
	若壮年人口伸び率	－.1190	－.1282	－.0848	－.1107	－.0720	－.0841	－.1003
	老齢人口伸び率	.6712	.7069	.5546	.9840	.7012	.4408	.6373
3～5 万人未満	人口伸び率	－.0515	－.0642	－.0102	－.0688	－.0294	－.0493	－.0398
	若壮年人口伸び率	－.0868	－.0881	－.0384	－.1041	－.0370	－.0812	－.0661
	老齢人口伸び率	.4738	.6278	.3000	1.0419	.6282	.3471	.5413
5～10 万人未満	人口伸び率	－.0428	－.0170	－.0392	－.0574	－.0252	－.0485	－.0428
	若壮年人口伸び率	－.0779	－.0419	－.0561	－.0780	－.0468	－.0740	－.0661
	老齢人口伸び率	.4699	.3958	.4993	.9160	.5234	.4300	.5563
10～50 万人未満	人口伸び率	－.0322	－.0319	－.0568	－.0238	－.0321	－.0224	－.0303
	若壮年人口伸び率	－.0746	－.0498	－.0683	－.0519	－.0387	－.0487	－.0532
	老齢人口伸び率	.4451	.6600	.4536	.5620	.6397	.3919	.5000
50 万人以上	人口伸び率			.0188				.0188
	若壮年人口伸び率			－.0126				－.0126
	老齢人口伸び率			.2986				.2986

注：網掛け部分は人口伸び率と若壮年人口伸び率については平均以下の県，老齢人口伸び率については平均以上の県を示す。
出所：2007 年，2012 年の住民基本台帳より計算。

上の男女数合計である。

　相対的に見ると，津波の被害が直接及ばなかった秋田県の平均的数値は被害が甚大であった岩手県や宮城県よりも悪い。宮城県に限って言えば，比較的被害の範囲が狭かったと言える青森県や背中合わせの山形県よりも数値は優れている。特に被災した仙台市は人口伸び率がプラスで若壮年人口の減少も高齢者の伸び率も最も低いという例外的な状況にある。総じて東日本大震災が東北地域の人口変動にもたらした影響は無視しえないほど大きい。また全般的に人口伸び率，若壮年人口はマイナス，老齢人口は規模の小さな自治体ほど高い傾向にある。小さな自治体の社会としての存続さえ危ぶまれる。

　人口減少を示す数値の比較から，東日本大震災がもたらしたマイナスインパクトは加速度を増し，さらに広域化して東北全体に及んでいることが確認される。被災からの復旧はその対象が被災地に限定されるが，復興に関しては「一体としての東北」という捉え方から出発することが重要である[2]。

　政策デザインは，情報流通や意思決定のあり方を簡略化するためにある。情報回路を効果的にデザインし実装することで，前段階ではどのような議論と決定がなされたのかを情報共有し，相互に了解することが関係者間で容易になるからだ。陳情する側と受ける側という異質な二者が対峙する構図を前もって防ぎ，同じ土俵上でお互いにコラボして知恵を出し合う状況作りをすることが重要だ。震災復興の理念を「市町村中心のまちづくり」という捉え方を出発点にした点は評価すべきだろう。市町村レベルではそれより小さな地区の状況を「虫の目」で把握できる。情報系路上のハブとも言える基礎自治体を中心に，より現場に近いところで政策を練り上げることができる。現場で時々刻々と発生する多様な課題に弾力的に現場適応的に対処するには，都道府県や国の出先機関や復興庁は空間的にも制度的にも距離がありすぎる。これらの上位機関はルールと予算と情報を分散する地域に提供するだけでよい。選択し決定する権能は極力市町村に与えるべきだという理念は正し

い。実際の政治を駆動させるのは政策であるべきだという説も正しい。しかし現実は，ルールをよく知らずに「使える予算」と対象外の要望とをうまく仕分けできない市町村が多いことをもの語る。復興予算の執行状況は平成25年度の復旧復興関係経費に如実に表されている。政策が現実の政治を駆動させるという言説の現実的妥当性を疑わざるを得ない。震災の規模は違うが被災状況はそれぞれ似ているといえる東北の入れ子状のコモンズ（公共圏）に国の復旧・復興政策を駆動させるエンジンの連結器が機能障害を起こしているのだろう。東日本大震災直後与党であった民主党の実力者の出身地は被災地を含んでいた。彼の出番を待ち望んでいた住民は多いはずだが，政治と政策を効果的に連結させるために縦横無尽の活躍をしたという評価は地元でも聞かない。彼と同一歩調を取る県も動かず，困った地域は野党の自民党に陳情に出かけるという構図だった。政治のまずさによる初動のつまずきが，現状に与えた悪影響は原発事故の際にも見られた。これらは典型的ヒューマンエラーと言える。

　東北6県は直接間接の被災地を持ち，弱体な経済基盤の中で上から下まで国の政治に依存する分，政治が政策のエンジンであることは否定できない。予算獲得に奔走するどの県も国の顔を見てはいたが，市町村の顔を見て仕事をしたという評価は未だ聞かない。県レベルでこの事実が「何処も同じ事情に悩まされる」入れ子状態になっていることを明確に理解し反省した上でことを進めなければならない。このような理解を前提に，より上位の政府機関には被災した市町村が知識やノウハウやマンパワー不足で機能不全に陥っている場合にはその機能を代替してやる度量が必要だろう。この種の努力を積み重ねなければ，県と市町村の間にある深い溝は解消されない。自治体間の権限重複と調整役不在が，インフラ等の復旧・まちづくりや産業振興の予算執行額が震災後3年を経過しても60％近辺をさまよう元凶でもある。できるだけ政策課題に近い自治体に権限を移譲し，まちづくりなどの協働作業で

は民の考えと力を十二分に活用することで政策のエンジンを駆動させなければならない。陳情する側と受ける側という対峙関係が，入れ子のように国と県，県と市町村，市町村の住民の間で展開される構図の中で，資源と時間の浪費が生まれてくる。それがまた人口減という別の被害を生む現実をしっかり認識すべきだ。

3. 政策デザインを考えるいくつかの教訓

　震災被害は個別具体的なものだから，国が用意した法制度や支援のためのマニュアルは万能ではない。法制度の精緻さ，マニュアルの厚さが増すに従って，実効性が低下すると同時に，桎梏として作用する場合も出てくる。従って被災地の現場での支援は緊急性の点からも「超法規的なもの」を一部では必要とする。緊急時もそうだが，大災害での支援を各段階で実効性を持って可及的速やかに行う場合，その支援は制度に委ねるべきこと，種々の政策ツールに委ねること，そして最終的にはヒトに委ねなければならない部分に分かれる。その果敢な試みの中から，後の制度設計に向けて重要な示唆が与えられるが，そこまで踏み出すことに国はともかく地方自治体はいくつかの制約ゆえに二の足を踏まざるを得ない。たとえば想定外の事態に対処しようにも行政は法的に手足を縛られているため，その一歩の踏み出しや英断は法律違反で指弾されることを覚悟した政治家にしかできないことかもしれない。

　大震災では行政職員も被害者になる。その惨状の中で一刻も早く社会機能を取り戻し，災害からの復旧を図らなければならない。そのためには行政機能を必要十分に動かせるよう，前もって企業のように業務継続計画（BCP）を日頃から策定し，支援業務に乗り出す体制づくりをすべきだ。被災直後は

いざ知らず時間の経過とともに，行政職員，一般市民などが自治体や町内会などの組織を通じて活動を再開する。その指針としてBCPの作成は必要不可欠である。また大震災後の法的な支援は，震災直後から被災地の弁護士を中心に行われてきた。しかし多岐大量にわたる相談に対して地元の法的エキスパートの人数は圧倒的に少なく，日本各地の弁護士会などの応援が必要不可欠だ。法的支援を通じて被災の多様性を直に経験してみると，従来の法律のみでは不十分で，新しい法的処置を実行に移す必要性も次第に認識されるようになる。「法律は被災地の住民に立ち上がる力を与えてくれる」という率直な住民の声は多い。典型的事例として「二重ローン」問題が法改正によって救われた。と同時に，被災地によって必要な法的支援の内容が多種多様で，同じ被災県内であっても都市でのニーズと農漁村でのニーズはまるで違う。被災地のリーガルニーズをデータ化し，弁護士など地方において特に希少な法律のエキスパートを効率的に配分することの必要性は今後の大震災を想定した場合，相当大きい[3]。これは行政におけるBCPの主要な課題でもある。エキスパートの専門性を重視することと，専門が細分化されることによる弾力性の低下とがコインの裏表のような関係にある。東日本大震災は広域ゆえに多岐にわたるリーガルニーズを発生させた。エキスパートの絶対的不足は，彼らの最適配分を検討しなければ，次々に発生し緊急性も変化するリーガルニーズに対して，十分な対応ができないことを意味する。そのためにデータに基づいた時間軸と空間軸で決定される大まかなリーガルニーズの変化を着実に捉えることが必要である。そのためには行政やNPOなどの組織との綿密な連携が必要である。震災後，国，県，市町村，一般市民との情報回路が十分な機能を果たしているかと言えば，そうでもない。県と市の役割分担が機能不全を起こしているのはこの情報回路の欠陥を示唆する。この事実ゆえに，大学や企業のエキスパートの出番が数多く存在する。

　復興に対しては経済活性化を急がなくてはならない。特に，風評被害は東

北全体に広がって収束しないでいる。そのために，東北の観光資源を活用した活性化の運動を展開することが喫緊の課題でもある。そこで地域連携を活動の主軸とするNPO団体が東北6県に働きかけた事例に注目したい。桜前線で示されるように首都圏以北で約1ヶ月間5月の連休まで鑑賞できる「桜」を観光の目玉として取り入れた事例である。国の補助金も活用して運営する任意団体「東北・夢の桜街道」協議会は，東北6県の参加，全国信用金庫協会の賛同，JRやJTBなど観光関連のビジネスの広報，資金などの組織的協力で結成された。全国から東北に観光誘致し風評被害の削減と経済活性化を両面作戦で狙うとともに，観光庁の側面的支援を受け海外観光客の積極的誘致を10年間継続する草の根運動を展開している。この事例は，支援を目的とした草の根運動を被災地の外で引き受けることが，被災地にとって必要不可欠であること，それが行政と組むことで大きな広がりを見せることを実例をもって示した。この事例は地域連携のNPOと業界団体等の全国ネットワークが，国や地元行政を引き込むことから息の長い復興への糸口を発見できることを示唆する。

　しかしやはり地元行政によるコーディネートが一般市民に直接的な安心感を与えるという事実は無視できない。震災に遭遇しても老若男女，官民を問わず「生き抜く人材」を育てることがこれから重要だ。そのために防災の知識，制度的知識，法活用の知識を一般市民から基礎自治体の職員まで普及させるべきだ。これこそ行政に必要なBCPである。最終的には個々の人が生き延びる力を持たない限り，防災・減災の実は上がらない。まず人の再生が災害に強い地域社会全体の再生に直結する。マンパワー不足の現状はこれが十分ではないことを如実に表している。被災地の住民にとって，情報のハブとして，信頼の源泉として，自助公助につながる「最後のアンカー」として行政の重要性が改めて確認される。特に，住民との距離が近い基礎自治体への期待は大きい。被災地の復旧から復興，そして東北のまちづくりから始ま

る地域創造に向けての息の長い道程を倦まず焦らず続けるべきだ。

4. 産業に見る政策デザイン

　人口は職を求めて移動する。若い年齢層を中心に起こる人口流出を食い止め，復旧・復興のスピードを上げる一助にするという基本方針を実現させるための必要条件は，経済的基盤の強化である。既に震災前の産業分析を試みても，付加価値の高い産業構造にはなっていないことがわかる。たとえば平成22年の県民所得統計でも，農林水産業の県内総生産額の高さは全国平均の2.8倍もあるが，それに付加価値を約束する食料品製造業は全国平均に等しいという体たらくである。イノベーションの経済を端的に示すこれからの強い農業，加工や観光と組み合わせた6次産業化への歩みの片鱗も見られない。果樹農家も畜産農家もそれこそ睡眠時間を削って質の良い物産をと頑張っているのに，貧しさから抜け出ていない。作物の質が価格に十分反映していないからだ。

　何故か。東京，横浜などの大消費地から「あまりにも遠い」ので，この距離が質の付加価値への転化を妨げる。距離の長さがコストアップにつながり，採算性を奪うからだ。需要の増加が価格を引き上げる。マーケットの狭さが採算に乗る需要を十分に維持できないため，高品質であっても高付加価値化に結びつかない。だから遠隔地の経済力はいつまでたっても向上できない。この悲劇をなんとか打開できないのか。採算性を奪ってしまう日本の輸送費は，国際的に高いわけではないが，輸送距離の長さが比例以上に輸送費を押し上げる構造になっているから，キャベツなどでは輸送費が価格の半分を占めることになる。その理由の一端が高速道路の料金設定にある。輸送手段は何も自動車ばかりではない，もっと環境に優しい船や貨物列車があるではな

いかという声も聞く。しかし宅配便が普及しているように利便性は自動車の方が圧倒的に高い。だから，高コストに目をつむって自動車で高速道路使用という選択になる。ナショナルブランド化の可能性が高い大消費地へのデビューがそれだけ遅れる。その間に都市に近接するライバルが躍り出る。

　この「市場ルート」を生の食材だけに頼るのではなく，距離のマイナス効果を弱めるため加工のプロセスや調理のプロセスを活用して文字通り「付加」価値をつける努力や制度的工夫が今求められている。付加価値の高いビジネスとは「高価格」だけを意味するのではない。商品価値がつかなかったゼロの価格の収穫物をノンゼロの価格に引き上げることも「付加価値化」だという柔らかな発想が必要な時代である。これこそが６次産業化の真髄と言ってよい。農水産物の高付加価値化に目をつけた農水省はおろか，経産省までが６次産業化を推進しようとしている。そのための施策を数多く用意しているともいう。しかし，あって欲しい施策と事業（６次産業化を実践したい人にとって）のペアと使って欲しい施策と事業（霞が関や地方自治体にとって）のペアとのミスマッチが６次産業の本格化を妨げる。農水産物は農水省で，それを原料にした食品加工は経産省で，それら食材をレストランなどで提供するときは厚労省でという極めてはっきりした所掌の棲み分け（あるいは縄張り）が確立しているが，この厳格な官庁セクショナリズムが業界団体とともに壁となり，シームレス（ツギハギのない強靭かつ迅速，融通無碍）な６次産業化の発展を妨げている。その一方で市場を経由しない「おすそわけ文化」が作り手と売り手を痛め続けている。京野菜や加賀野菜に代表されるように食材の地域ブランド化は確かに進んでいる。地域ブランド化などの個々の「点の努力」が線や面の成果にうまくつなげてゆく仕掛けが欠落している。線の成果はつなげてゆくことだから，１＋２＋３＝６の図式と言ってよい。そして線と線の相乗効果をめざす面の成果とは１×２×３＝６の図式と言ってよい。掛け算の図式だから，どの産業のどれか１つでも欠けたら「高付加価

値化」の成果は上がらないことを，肝に銘じなければならない。これはウィンウィンの効果が発揮されるための必要条件と言える。

　大消費地へのデビューが遠隔地ゆえに失敗するなら，産物は地域に留め置き，逆に大都市の消費者たちに来てもらえばよい。そして大いに高品質をアピールし，お客様に「広報部隊」を務めてもらえばよい。現在は，ツイッターなどでいとも簡単に口コミサイトが利用できる。「地産地消」は豊かな地場の産品を当たり前として見過ごしてしまう地元の人のためのものではない。むしろよそ様のためにこそある。農業に代表される地場の産業は観光と積極的に組むべきだ。地元の評価とよそ様の評価のぶつかり合いが産物を磨いてくれる。川下に偏った付加価値を川上にもっと配分し直すためにも，無駄を排除し輸送費を低下させ市場をもっと拡大する方策を急がなければならない。この発想が農林水産業で優位性を持つ東北地域の一体性を意識した上で共有されてゆくことから，地域の再生の糸口が発見される。

　しかし注目すべきは，全国平均と東北6県の平均を比較すると建設業が1.26倍，政府サービスの高さが1.6倍となる事実だ。このことから，旧来と変わらない補助金頼みの依存経済の姿と歪んだ政治と経済の癒着のイメージだけが浮かび上がってくる（表2）。東北6県で見ると，被災地を中心とし

表2　東北6県の産業特性

	農林水産業	食品製造業	パルプ・紙	電気機械	精密機械	建設業	電気ガス水道	政府サービス
青森県	389	66	161			144		185
岩手県	342	108				159		161
宮城県	143	111	234					134
秋田県	284	59		155	279	136	136	191
山形県	311	107		209	125			150
福島県	199	151		195	391		340	121
東北六県平均	278	100	120	132	165	126	154	157

出所：内閣府『県民経済計算』経済活動別県内総生産平成22年度より全国平均を100として計算（http://www.esri.cao.go.jp/jp/sna/data/data_list/kenmin/files/files_kenmin.html）。

た復興需要の一巡と海外経済の陰りや消費税の上昇もあり,電気機械や精密機械の受注元が響き,鉱工業生産指数は全国的には回復基調にあるにはあるが依然東北6県は弱含みで推移している。これは製造業のリスク分散を踏まえた多様化への舵切りの必要性を暗示する。

　製造業の本質は競争を勝ち抜くために集積の経済を求めることである。集積の経済の源泉は様々なスキルを持った多様な人的資本のプールを十分な大きさで地域が用意しているかどうかで決まる。それを求めて企業は立地を決定する。人的資本のプールが国内で不十分なら,集積の経済を求める企業行動は国境を越えて実践される。復旧・復興の遅れは予備も含めて人的資本の域外移動を否応なく進める。大震災時に,世界の自動車生産をストップさせるだけの人的資本のプールとサプライチェーンが既に東北にあったことをいま一度想起しなければならない。ただしそれが復元されているかどうか心もとない状況にある。「人口は職を求めて移動する」という大原則が国境を越えて貫かれる時代である。グローバル競争は,移動力のある若者人口の域外移動をも「付随的に」喚起する。当然この動きは地域経済の現在と将来を左右する。人口移動の先にあるものは何かをしっかりと見極めた政策デザインが東北の各地に必要とされる。そこでは戦略的補完を前提にした官民協働を前提とする発想が有効になる。グローバル化の波は,どの産業の行方に対しても競争と様々なリスクを複合的に用意する。それに十分対処しきれない地域では,立地する産業や企業は存続の可否を含めて機動的な選択を迫られる。その選択の巧拙が産業や企業の将来を左右し操業水準などの変動を通じて,あるいは新規の採用数の変動を通じて,労働市場に大きな影響を与える。

　一般的に言って,都市規模の増大は,需要と供給の多様化を通じてリスクを分散させ,労働市場の変動を滑らかなものに転換する。これは,労働力を提供し生活する側のリスクも低下させる。操業水準に直結する労働指標は構造的な要因を多く含む完全失業率ではなく,労働市場の需給を即座に反映す

る有効求人倍率である。有効求人倍率の地域間格差ゆえに，都道府県をまたいで移動する人口は玉突き的に動き出すという意味で連動性が高い。特に新規の雇用の可能性が高い若年層ほど移動率は高くなる。地元へのこだわりや保有維持すべき資産が少ない身軽さがあるからだ。そして労働市場も地域をまたいで形成されるからだ。

5. 雇用創出の政策デザイン

　復興庁の現状報告によれば，東北の地域の主要産業の1つである農水産業については，営農可能な農地が震災前の約70％にまで復帰したこと，被災漁港の約90％で陸上げが可能となり，水産加工施設の約80％で業務が再開されているという。しかしそれに比して売上高の回復は大幅に遅れている。震災前の売上高を達成している水産加工業者は8％でしかない。主な産業のうち震災直前の水準に売上高が回復した企業の割合は36.6％である。また震災直前の売上高に復帰した建設業や運輸郵便の2業種のみである。この歪みに対して何ら抜本的対策も取られていない[4]。

　このような状況下で比較的若い人口を東北の地域に惹きつけるには，どのような事業所が有望なのだろうか。各産業の事業所数と各産業の従業者数を両対数回帰モデルを利用して雇用創出の弾力性を求めた。各事業所にそれほど規模の違いがないものと仮定した。中小零細企業が圧倒的に多いことからこの仮定が現実とそれほど乖離してはいないとすれば，事業所数の1％の増加が何％雇用者増につながるかは弾力性の推計値でおおよその見当がつく。弾力性については，震災前の2009年の市区町村データを使用して，復旧が完全に行われたと仮定して「ポテンシャルとしての」東北6県のデータでの推計値と全国データでの推計値を比較する。この推計値を参考に東北6県で

重点的に誘致や創業支援を行うことで事業所数を増加させることができるならば、人口引きつけにつながる。15業種について比較すると、僅差ではあるが、金融保険業、不動産業、宿泊業、教育学習支援、医療福祉、複合サービスの所謂都市型サービス6業種で全国データの推計値を下回っている。また東北6県の当該諸産業の弾力性平均値は1.20（全国データでは平均値は1.18）であるから、それを上回っているのは電気・ガス熱供給、情報通信、運輸郵便、生活関連サービス、サービスの5業種の事業所ということになる。この雇用吸収力のある業種に対する各種の優遇も然ることながら、集積のメリットが発揮しやすい製造業のうち、特に農林水産業との親和性も、旅客・宿泊業との親和性もある食料品製造業の復興と、人々の生活に欠かせない卸・小売業の復旧復興は緊急性がある。また、超高齢化が進む地域でもあるため、医療福祉関連の事業所も需要としては大きい。これらの雇用吸収力は、機械で容易に代替できるものではないので中小零細ほど、サービス関連に特化した事業所ほど労働集約的になる。「雇用を作る」ことは「地域を作る」ことでもあるから、労働集約的産業の育成や誘致は効果がある（表3）。

雇用吸収力について卸・小売業は他よりそれほど高くない。これは地方の中心的商店街が軒並み衰退化している現状では、この業種の雇用吸収力が大型店舗に大半限定されてしまっていることに原因がある。ところが大型小売

表3　雇用創出の弾力性

業　種	建設業事業所数09対数	製造業事業所数09対数	電気ガス熱供給事業所数09対数	情報通信事業所数09対数	運輸郵便事業所数09対数	商　業事業所数09対数	金融保険業事業所数09対数	不動産事業所数09対数	学術研究事業所数09対数	宿泊業事業所数09対数	生活関連サービス業事業所数09対数	教育学習支援業事業所数09対数	医療福祉事業所数09対数	複合サービス事業所数09対数	サービス事業所数09対数
東北6県	1.047	1.164	1.797	1.421	1.425	1.176	1.179	.921	1.160	1.062	1.211	1.025	1.047	1.032	1.277
全国データ	1.027	1.140	1.665	1.323	1.278	1.164	1.220	1.046	1.134	1.110	1.136	1.080	1.087	1.038	1.262

注：15業種について各業種の事業所数と従業者数の両対数型モデルで単回帰分析を行った。各業種の事業所数が1％変化した時、何％雇用が変化するかを推定している。弾力性は無名数であるから、各業種間での大小の比較は可能である。またすべての推計値は統計的有意性を5％未満で満たす。
出所：朝日新聞社『民力2013』のデータを使用した。

店舗は一般的にパートや派遣といった非正規労働の比率がかなり高い典型的職場とも言える。また少子高齢社会にもかかわらず，医療福祉介護産業の雇用吸収力が相対的に低く出ていることに注目すべきだ。需要の側面から考えれば，高齢化の進んだ地域ほどこれらのニーズは高くなるはずだ。高齢化の進んでいる地域は大都市よりも地方都市，市街地よりはむしろ郊外，あるいは中山間地である。しかし供給側の事情で見ると，これら医療福祉介護の職場は公的規制が強く，一般的に仕事の割には報酬が低い典型的な3K職場が多いので，従事者も流動性が高く慢性的な人手不足状態にある。流動性が高くとも大都市のように労働市場が大きければ補充がきくが，そうでなければ地方のように若者人口が減り続けているところでは補充が容易ではない。賃金などの経済的報酬で魅力的な労働市場にしたくとも，事業を営む側も財政逼迫や規制や基準の厳しさゆえに，積極的な展開を躊躇し安全策を取らざるを得ない。都市規模と，全産業に占める医療福祉介護産業構成比をとると，人口密度も高く従事者を容易に確保しやすい大都市に偏在した事業展開をこの産業に余儀なくさせているのが現状である。これは，需給の典型的なミスマッチを意味する。このミスマッチの解決は，需要側の対策では高齢者のまちなか居住推進であり，供給側の対策ではサービス提供者の確保や新規事業展開に対する財源確保や各種支援事業の徹底である。そして何よりも医療福祉介護のビジネスとしての将来性を保証する抜本的な規制緩和が必要である。

6. まちづくりの政策デザイン

　市場は受給が著しくバランスを欠き，競争が阻害される場合には効率の達成が阻害され，市場自体が暴走する。小麦不作の噂を故意に流し，小麦の投機に走って暴利を貪ろうとする為政者や，寄り合いの席でいつも商品の値上

げの陰謀を企む経営者の事例は，自由放任主義の教祖チュルゴーや経済学の祖アダム・スミスによっても指摘されていた。電子取引で瞬時に世界規模の市場（マーケット）決済が行われる現代でも同様の事例を捜すのは容易だ。談合・陰謀・秘匿・詐欺といったモラルを欠く行為が後を絶たない。「公正な取引」は時代を超えた永遠の課題である。市場の欠陥と政治の欠陥が結びつく場合にはなおさらであることは我が国のバブル景気や米国から始まったサブプライム問題を事例とすれば十分だろう。

　年に実質可処分所得が1％ずつ下がり，消費支出も0.9％ずつ下がる状況下では，人口減少と高齢化で国内市場の「縮み方」は尋常ではない。消費者を直接相手とする国内企業の経営はその余波を直接受ける。だから大手流通業を中心に利益確保の有力手段として，PB商品の開発と販売に目を向けることは至極当然である。「縮む国内市場」は各社のシェア競争を激化させる。取引条件を決め，社員の士気に影響を与えるから，シェアの確保は企業の存続も左右する至上命題となる。そのためには価格競争も辞さない。と同時に価格競争で低下する粗利益確保のためにコストの中抜きも必要になることからPB商品の開発が進む。厳しい経済環境はどの企業にも共通だから，PB商品をめぐる競争は当然のように激化する。こうしてバイイングパワーを持つ企業による取引先に対する優越的地位の乱用の下地ができ上がる。平成23年度の公取事務総長は談話で，下請法違反行為に対する勧告は全12件に上り，うち10件が卸・小売業者や生協で，それも年々増加していることを指摘された。特にPB商品の製造委託取引が下請法の適用を受けるものであることを十分に流通業界では浸透していない。

　優越的地位の乱用で最も多いのが不当な返品で，契約書なき取引のために泣き寝入り，売れ残りの引き取りなどがこれにあたる。不当な値引きと役務の要請がこれに続く。要請を拒んだら，将来の取引に際して不利な取り扱いを覚悟しなければならない。また，手形の決済が何ヶ月もかかるとか，見本

の製作費用さえも下請け持ちなどといった例もある。

　優越的地位のある企業は取引先に犠牲を強いることで，競争力を維持することができるだろうか。短期的にはイエスと言える。しかし，長期には取引する双方にとって必ずしもプラスにならない。グローバル競争や将来が不確実な時代だからこそ，長期的最適化を確認する上でも取引にあたって双方が互恵的関係を保持しなければならない。そのためには，優越的地位にある企業には，取引相手が長期的な効率を達成できるような誘引を与える仕組みづくりが本来義務となるべきなのだ。不当な取引の乱用は，そのような投資機会を取引相手から奪い，長期的な効率を目指す誘引が十分に働かなくなる。相手側の優越的地位の乱用で，取引先を信用して行う投資が回収もされない可能性も増すからだ。こうして取引相手の長期的な効率が損なわれ，優越的地位の企業の競争力にも評判にも徐々にマイナスの影響を与えるホールドアップ問題が現出する。長期的なパフォーマンスは，投資誘引が十分に工夫されているかどうかに依存する。下請けを生業とする中小零細が集まる産地で，事業所が軒並み廃業や企業縮小に見舞われ，国内空洞化が急速に進んでいる。短期的利益相反に目を奪われることで，長期的互恵関係を取引の場で築く機会を逸してしまう誤りを犯した結果と言える。

　地域の商店街の衰退と空き店舗増加が生まれる同じ構図がここにある。低い人口密度は各商店街に広い1次商圏を要求する。これは車依存の購買行動を消費者に要求する。車は無料の駐車場を要求する。しかし相対的に高密度な土地利用をしている中心市街地は，地代も高くなる。それは消費者側の無料駐車場の要求とは矛盾をきたす。消費者としてはこの矛盾を解消するには，郊外でのショッピングセンターなど大型店舗と無料駐車場のセットしか選択の道はない。この負のスパイラルを断ち切るために必要なのは，個店同士の競争よりも集積するという協調行動なのだ。集積することのメリットを現実に体験している被災地の仮設商店街についても同じことが言える。生活物資

の提供とともに住民たちが寄り会える居場所づくりに努める必要がある。同時に，復興を期して実現する市街地での商店街再生には，仮設商店街で集積することのメリットを享受した体験をうまく取り込む仕組みづくりが重要だ。

　高台移転などの復興まちづくりの進捗状況（2014年3月現在）で見ると，防災集団移転促進対象地区339地区では法定手続き等はすべて完了しているが，そのうち実際に着手している地区は76％の304である。徹底した話し合いのもとで交換分合を通じて区画整理を徹底し，競争力のある個店を中心によりコンパクトで利便性を追求した商店街を中心にまちを再生すべきだ。商店街再生の成否は立地する場所と活性化された店舗数に依存する。行政依存ではなく商店街自らのガバナンスの確立を「まちづくり」の過程でどうデザインするか，住民と行政の間で取り交わされる普段のコミュニケーションとリーダーの育成とたゆまぬ努力にかかっている。

7. 取りなしの神の不在

　ゆっくり，じっくり復旧・復興を考える余裕はまだあると考えている政治家はいないはずだ。しかし一部の大都市を除き，復興どころか復旧のめどさえついていない被災地がまだ存在することが復興庁の資料から読み取れる。被災地や被災者の我慢強さにすがるだけの政策は落第と言ってよい。たとえば平成26年5月現在で，避難者と認定されている数は約26万人，仮設住宅に入居中が約9万7000人いる。この数字を「復旧・復興の兆し」と見るか，「復旧・復興の遅延」と見るか判断の分かれるところである。

　生活は季節に左右される。凍えそうな震災の日と同じ初春から，やがて夏の暑さへ。それが秋の深まりに変わる時，いつの間にか冬の準備を始める季節を知らせる時期が迫ってくる。生活再建がままならない，あてのない仮設

住宅暮らしにいつまでも我慢できる人は多くない。仮設住宅のゴミ捨て場にうずたかく積まれたビールの空き缶の類や暴力沙汰や引きこもり，そして精神疾患などの増加や高齢者を中心とした被災関連死の増加がそれを物語る。避難所や仮設住宅での将来展望の描けないその日暮らしが，被災者の心身の健康を徐々に蝕んでいく。ボランティアを中心としたサポートがあってもなお，個人には他人が支えきれない「心の空白」が存在する。

　高齢化比率が高い地域が圧倒的に多い。若い層を中心に既に他の土地に将来をかけることを選択し流出した住民も多い。歩ける範囲の空間に，衣食住のバランスと心身のバランスが維持できる施設やサービスがある程度完備していなければ，自発的で健康的なコミュニティなど形成されはしない。生活の利便性が確保できたり，職場や学校に近かったりする民間賃貸住宅を「みなし仮設住宅」として利用するケースが後を絶たない。しかし，これらの措置をしても行政サービスの不備で不満が山積する。その理由は，国，都道府県，市区町村の連携体制がうまく機能しているとは言えないからだ。国が明確な方針を示さないから，府省の縦割りの不具合を調整してくれないと県が不満を述べる。それではと国が出先機関を動かそうとすると，地方の事情も知らないくせに仕事のじゃまをするなと県は不満顔をする。また県は県で市町村に，手助けが必要なら県に連絡しろ，連絡がなかったら県の助けが要らないと判断すると脅しをかける。しかし，末端のこれら市町村は職員は目一杯働かざるを得ないし，財政逼迫が長年続き職員の余剰人員など皆無に等しい。要求される書類の多さが申請の動きを鈍らせる状況がかなり長く続いた。意識してもしなくても「上から目線」が霞が関を頂点にして一向に改まらないので，こうして末端の市町村は意欲も自信も次第に喪失してゆく。だから行政に対する住民の不満に代表される負のスパイラルが一部地域を除き噴出することになった。一部例外を除き，どの被災県でも連携体制のちぐはぐ感が否めない。現場から遊離した政策は空虚そのものと言える。貧すれば鈍す

という言葉が当てはまる行政力では，被災した地域の根本的な復興など到底望めはしない。

　このように総合調整機能の不在が一向に解消されない現状がある。何の政策を優先させ，それをいつ，誰が，どのような手段（法，通達，予算など）で実行するかの明確な戦略と責任体制が必要である。それを2012年に発足した総合調整機関である復興庁のもとで十分に実現できるだろうか。国，地方を問わず現場が必要とする政策や措置が，それぞれの権限確保を金科玉条とする府省のしばりに遭って，遅延し，矮小化された実例は山ほどある。国から地方まで「縦割り」の弊害から抜け出せないままだと言える。後藤新平が関東大震災直後に作った復興院の前例が参考にされているかどうか心もとない。これまでの調整型官庁の歴史を見てもそれが明らかだ。橋本行革で総合調整役あるいは「取りなしの神」として，法的には省庁より一段上とされた内閣府に行政組織の弊害除去を一手に担わせることなどほとんど期待できない。政府のスピード感の無さ，決断力の無さに，世界は驚き，呆れ果てているに違いない。あるいは次から次に紛争を引き金にして世界情勢がめまぐるしいほどの展開を見せる中で，既に世界的に見ると東日本大震災は風化寸前ではないだろうか。その間に被災地の人口は若い人達から「要求（Voice）」ではなく，被災地から沈黙の「退出（Exit）」を選択する。

8．繰り返されるヒューマンエラーの教訓

　東日本大震災にはもう1つの避けて通れない難問が存在する。津波と一緒に発生した原発事故である。現場でのガバナンスの喪失とともに，国の中枢でも混乱をきたすほどの大事故であった。今も続く混乱や出口のない汚染水の処理などに関する当事者の意識と責任感の薄弱さは復旧・復興に対する国

民の気持ちを萎えさせる。行政機関や電力会社の引き起こしたヒューマンエラー再発に対する根本的対策を後回しにして，政府は原発再開へと舵を切った。政府が決めた方針の対蹠点に位置するのが巷間に広がる「原発ゼロ」の運動である。運動をすすめるグループの短絡した主張の粗雑さは現代のラダイト運動にも似ていると言ったら酷だろうか。18世紀英国産業革命期に失業を恐れた手工業者や労働者が始めた機械破壊運動は，イノベーションの破壊的性質を本能的に嗅ぎ取った労働者が彼らの生活を守るために破壊という不法行為で処刑される顛末を迎える。産業機器や企業活動のイノベーションは古い政治システムや取引システムそして産業活動を「創造的に破壊する」とシュンペーターたちは述べた。だから，イノベーションを忌み嫌い，古い社会秩序を守り続けようと産業革命を回避した結果，ハードランディングの「革命」の波に洗われ，枯木が倒れるように歴史の表舞台から消えて去った帝国は多い。

　郊外に雨後の筍のように建設され，市街地の商店街を衰退に追い込んでいったショッピングセンターも，自由に移動しレジャーとショッピングを同時消費したい消費者の「時間革命」をうまく利用するワンストップショッピングビジネスというある種のイノベーションであった。しかし現在，この大型獣もコンビニやネット通販などという情報機器満載の小型獣に蹴散らされつつある。消費者は「更なる時間革命」を迫ってきたからだ。「因果はめぐる」といったフィードバックプロセスがイノベーションにはつきものなのだ。IBMからMicrosoft，そしてGoogleとAmazonへと世界企業の覇権は，市場の移り気とイノベーションの荒波を受け情け容赦なく移ってゆくその競争プロセスが「時間革命」を後押しする。

　さて，原発事故では放射能被害が当然のように想起される。たとえば微量であっても体内に吸収されると，発がん毒性を持つプルトニウム239で，放射性同位体の半減期が2万4000年と聞いたら誰でも原子力発電に対して躊

踏する。これが「普通の神経，常識」であることは間違いない。3・11直後に起こった原発事故を「想定外」と表現した専門家や事業者の無責任に呆れる。経済学者室田武は1979年刊行の『エネルギーとエントロピーの経済学』で同年3月28日に起こったスリーマイルアイランド事故に触れ、「明日にでも福島県で，……発生しうる」と明確に述べている[5]。地域独占企業の傲慢さやそれを許してきた行政の怠慢が「福島の悲劇」を生んだと断言できる。

　過去の大事故はそのほとんどがある種のヒューマンエラーを原因とする。日航機の墜落もウクライナのチェルノブイリ原発事故も然りだ。「失敗から学ぶ」という真摯な気持ちが時には「喉元すぎれば」の喩えどおり薄れてしまう。だからと言って「原発ゼロ」，原発に関連する研究開発から何から何まで完膚なきまで「葬り去る」ことの愚かさには到底くみすることはできない。毒性の強い放射性同位体の半減期を大幅に短縮する，あるいは毒性の中和薬や医療装置の開発など，世界も解決を望む重要課題に関する研究分野はまだまだ多い。産業革命初期では加熱しすぎで蒸気釜の爆発事故が頻発した。有用ではあるが危険と隣り合わせの蒸気釜にフィードバック機能のある圧力弁や，ある種の冷却器を工夫することで爆発事故が大幅に減少した。爆発事故を起こすから危険だと蒸気機関を初期開発の段階で葬りさっていたら，動力革命や産業革命は起こらなかった。同様の事例は枚挙にいとまがない。

　科学技術の歴史は改良技術の歴史でもある。ケインズは，『我が孫たちへの経済的可能性』という度を超えて楽観的な随想の中で，やっかいな問題の解決に向けて膠着状態を招かないためには，「公平なものは不正であり，不正なものは公平であると（当分の間は）偽らなければならない」と彼特有の皮肉っぽい口調で語っている。倹約と貯蓄という個人的美徳が，景気後退と失業という社会悪につながる皮肉に世論が耳を傾けるように願った暗喩でもある。しばらくの我慢がいつかは実を結ぶ。だから，世間が非難する「貪欲や高利や警戒心は今しばらく我々の神でなければならない」と言う[6]。原発

は怖い，だから即時全面ストップという小泉流ラッダイト型の短絡した論理より，画期的な解決策を求めて不断に努力すると同時に，新たな解決策を求めて真摯にしかし果敢に挑戦することに対する寛容さとしばらくは辛抱という，理性による感情のコントロールが重要である。この理性的ふるまいは「即時原発ゼロ」とは対蹠的な態度と言える。ともかく，ヒューマンエラーはいつでもどこでも起こり得るという前提を忘れずに，システムを構築する。この重要性を原発事故からの教訓として我々は学ぶべきなのだ。

9. コモンズのドラマ

　当然のことながら教訓を生かすも殺すも組織の学習効果を決定する情報回路のあり方に左右される。厳格な組織ピラミッドでの指揮命令系統が完備していることが唯一の解ではない。コモンズ（共有地，入会地）の管理保全に国の関与（所有や規制）では大失敗となる例があまりにも多い。効果的なのは，「教訓を含んだおとぎ話（コモンズのドラマ）」のような諭しの伝達回路であろう。村落共同体の水路を汚したら河童に拐われる，といった口伝が子供の行動パターンに影響を与え，大人もその口伝の信ぴょう性を強化するように模範を示す。昔の人の得難い知恵の結晶とも言える。コミュニティを構成するみんなで守るべき価値あるもの，すなわちコモンズの復権の側面がエネルギー問題にも潜んでいる。

　その意味を考えよう。先進諸国で太陽光や空気の流れ，潮の満ち引きなどを利用した「再生可能エネルギー」への転換が日本における原発事故を受けて加速化している。欧州地域では全エネルギーの30％強を再生エネルギーでと意気込む。しかし，このエネルギー源の大転換を選択した各国の電気料金は一様に上昇傾向にある。再生可能エネルギーの泣き所は「安定供給」に

難があることも手伝って，一様にコスト高の傾向にある。コスト高解消のためのエネルギー効率向上は，過去も現在も「規模の経済」を実現することから始まる。エネルギー産業は装置産業の代名詞なのだ。たとえば太陽光発電と並び再生可能エネルギー活用の代表例である風力発電でも，使用される1枚の羽根の長さは1980年頃15mくらいだったが2005年には35mくらいにまで大型化している。

　さらに重要なのは，エネルギー効率が向上してもそれがエネルギー価格の下落には直接つながらないことだ。技術革新で省資源を実現しても，その費用低下の効果を相殺して余りあるほど大幅に消費が拡大することもあるからだ。19世紀イギリスの代表的経済学者W.スタンレー・ジェボンズが提起した「ジェボンズのパラドックス」とはまさにこのことを言う。

　このパラドックスこそが「コモンズの悲劇」の元凶なのだ。気候変動を激化させる地球温暖化と二酸化炭素との関係が問題視されだしている。そのためエネルギーをめぐって様々な研究と対策が進んできた。人類はエネルギー効率の向上を図るために，木材から石炭，そして石油，天然ガスとエネルギー使用形態を次々に変えてきたが，それは水素原子に対する炭素原子の比率を低下させることだった。現在もそれから近い将来も，この比率の低下に対して現状の科学技術の中で最も期待されているのが原子力発電だ。しかし，往々にしてハイテク依存の落とし穴は，構造的に複雑化したハイテクシステムに組み込まれたローテクシステムの逆襲にある。チェリノブイリや福島の原発事故に代表されるように，その最たるものが思いもしないシステムの間隙に潜んでくるヒューマンエラーなのだ。

　またエネルギー政策と地球温暖化の問題が不即不離だとすれば，先進国の責務は自ずと明確になる。問題は，経済成長至上主義を振りかざす開発途上国がコモンズの悲劇に対しての共通認識を持てるかどうかだ。かつて秋の風物詩とも言えた「北京晴天」は，経済成長重視の政策的結果として，排ガス

を主要原因とするスモッグとPM2.5で遠い過去の情景に追いやられた。資源の枯渇と資源価格の高騰は「コモンズのドラマ」を熟知した先進諸国より，それを知らない，あるいは無視する開発途上の国々を痛めつける。持続可能性の長期的視点からパラドックスを解消するための国際協調や実効性を持った手段を国際的組織も含めて誰も手にできていない悲劇がある。

10. スマートなライフデザイン

　アベノミクスは「日本の失われた20年」を払拭するために，成長戦略を前面に押し出している。アベノミクスの成果を消費額や賃金の上昇といったマクロ経済データから見れば期待と応援を兼ねて「今のところ及第点」と言える。しかしもっと別の角度から「見えないものを見る」必要がありはしないか。正規と非正規に色分けされた一般市民は労働時間の増大と失業のリスクに怯えながら生活している。職場環境は国内市場の収縮できつくなっている。コミュニティ社会の衰退する中で中高年の孤立や自殺はなかなか減少しない。仕事との両立を目指した母親は，保育施設の確保から始まり子育てに疲れ果て児童虐待とその可能性に悩む。

　このような日本の現状を鑑みると「イースタリンのパラドックス」について言及せざるを得ない。経済学者イースタリンは，先進諸国では1人あたりGDPの大きさと幸福度とは「無関係」と断じた。賛否両論あるとしても，冷静になって彼の問題提起を検討すべきだ。すなわち，幸福度を計測し，それを政策に反映するためには，「GDPと違った」計測指標やモデルが必要だ。家計収入の増大は時間の価値を上昇させ，家事や育児といった放棄所得を増加させる。GDP統計に載らないこのような家事活動が幸福度にどのような影響をもたらしているか。イースタリンのパラドックスは，「先進国に限っ

てみれば」成長神話を超えた新しい考え方や生き方を模索すべきだという発想の転換を求める。

　その発想の転換の意味を「スマート」というキーワードで考えてみよう。まず，工学系の専門家が唱える「狭い意味のスマート」から議論のスタートを切る。持続可能性の観点からエネルギーの活用技術が転換しつつある。その基本コンセプトは大規模装置に頼るのではなく，なるべくコンパクトな装置を地域ごとに分散配置しエネルギー効率を高めることだ。送電ロスの減殺やエネルギー創出プロセスで発生する廃熱再利用のため電力の地産地消を工夫する。また，住民にピーク需要の削減を誘導するシステムで前述の「ジェボンズのパラドックス」を未然に防ぐスマートグリッド方式を採用する。その上で，ローカルという「顔が見える地域」に限定してICTを巧みに操りながら，エネルギーの効率的な使い方や生産を利用者も含めて考えるエネルギー管理システム（EMS）を構築する。大小の異業種企業，形式知を提供する大学，専門研究機関，信用や資金を提供する公的機関がそれぞれ最適なEMS方式を実現するために知的に連携することも重要だ。と同時に住民たちが主体的に地域のビジョンを選択し，行政とパートナーシップを組んで参画する。これが現在一般で議論されている「スマートシティ」のイメージである。たとえば日本では，千葉県柏の葉キャンパス駅周辺のスマートシティプロジェクト（2005年開業）などがある。

　これらのプロジェクトに「魂を入れる」のは住民と彼らの暮し方だ。戦後から高度成長時代，石油ショックからバブル時代，その後の失われた20年時代を経た現在，人々のあるいは地域の中での社会的きずなの重要性が叫ばれている。しかしコミュニティが喪失し，高齢化が進む中で「孤立無縁社会」が中央地方を問わず市街地郊外を問わずいたるところで発生している。財政健全化に目をつむってまで少子化対策，高齢化対策に予算を大量に投入してもなかなかこの社会的課題は解消しない。大きな政府，すなわち個の別を軽

視し一律をめざす公助に頼らず，個を重視し差別化を旨とする自助と共助で工夫する「スマートな生き方」が地域ごとに求められている。

　「スマートな生き方」とは，生活しているいまを新しいコンセプト（考え方，志向性）と新しい組み合わせで作り直す能動的生き方と言ってよい。その際に重要なのは，お互いが多様性に着目し，その違いを適切に理解し，その違いに寛容であることだ。これが「スマートな生き方」の連鎖を創り出す。「創造的都市論」を説くリチャード・フロリダの言を借りれば，寛容性は創造性と深く結びつく。また創造性と試行錯誤は裏表の関係にある。だから，試行錯誤の過程で現れる「イノベーション（創造的破壊）」に対する寛容性なくして，物事に前進はない。イノベーションの創発を支え，それに共鳴し，進化させ，普及させる一連のプロセスに試行錯誤はついてまわる。「スマートな試行錯誤」は誰にでも開かれた（オープンな）情報回路を通じて「スマートな学習」へとつながり出す。ここに，「三人寄れば文殊の知恵」が生まれてくる。地域を発展させる基本要素としての人材が育成される。

　では「スマートな生き方」が約束する豊穣な未来とはどのようなものか。ケインズは前述のエッセイで，自分の生きている時代から100年もすれば経済学など無用な学問になるとうそぶいたが，それよりも期待すべきは個々人が高い付加価値と生きがいを共有する「人財社会」が実現することだ。社会への深い共感を醸成する生涯学習を通じて，老若男女ともがソフト面でもハード面でも「シェアできる社会」が実現することだ。個々の財産権保護も重要だし，近年の中国の発展に見られるようにこの条件なしに経済発展はなかったことも確かだ。しかし，カーシェアリング（車の共同利用）やライドシェアリング（車に相乗り），そしてコレクティブハウス（プライベートスペースと共用スペースで構成される集合住宅）によるある種ハードを工夫したコミュニティの実現が，どれほど「生きがいや誇りや安心」を生み出してくれるか。

時間に追われ，ファストフードにファストファッションの使い捨て経済にどっぷり浸かったままの生活や，一日中スマホに追い掛け回され，自分の将来をじっくり考えるゆとりもない生活が被災地ばかりでなく日本中を覆っている。その逆は時間がゆったり流れる中で自分の目，耳，舌でじっくり楽しむ，これはかつて地方が当り前のように享受してきた「スローな生活」だ。街の中心に設けられた仮設市場が，時間をかけて丁寧に作られた地元農畜産物などを華やかに披露する。地産地消をほしいままにする「美しい生活」と定義し直すこともできる「スローフード・スローシティ」は田舎の価値を再発見した内外の人々が交流を深めるきっかけや場を提供するアグリツーリズムを育てる。規格化を拒むところに価値がある。手作りの良さが客を捉えるところに良さがある。これらは皆，田舎から都市への人口の一方通行を転換させる力を持つ。住民主導で高付加価値を生む「イノベーション」とそれを後押しする「価値創造型行政」を作り込む，ひとづくり（教育改革）とまちづくり（地方主権）に成功の鍵が潜んでいる。「東北・夢の桜街道」を推進する東北6県にこそ，この可能性をトップランナーとして追求する権利があるし，その気概がいま真剣に求められている。

おわりに——新たな政策デザインの地をめざして

世界の潮流から1人取り残され漂流することを甘受する日本の「ガラパゴス」化が言われて久しい。製品のコンパクト化を得意とする日本が携帯の世界標準とならなかったこと，スマホ（スマートフォン）をトップランナーとして開発できなかったことは，世界的なフロンティア開拓の一翼を日本が担えなくなってきつつあることと一脈通じる。ただし初期のスマホを構成する部品の要素技術の大半が日本で開発製造されたものであることは周知の事実

である。要素技術は開発の速度が上がり,オープンイノベーションの成果とばかりに新技術の「コモディティ化」が急速に進むために,現在は台湾,韓国など外国製に切り替わってしまった感がある。質がある許容水準に維持された後は値段の安さが競争の帰趨を決定する。その世界潮流を日本は完全に見誤ったのだろうか。

　延々と蓄積されてきた高い研究開発力とモノづくり技術が,持ち前の勤勉さとあいまって,敗戦後のないないづくしの日本を短時間に有数の経済大国にのし上げた。しかし,優れた政策デザインが存在しなければ,研究開発と技術の蓄積に伴うリスクの軽減など不可能に近いことが案外見逃されている。日本には,綿密な構想力に裏打ちされた政策デザインが,ある時期まで伝統と勤勉に裏打ちされた人材の厚みとともに車の両輪として存在していた。たしかにキャッチアップ型政策デザインは模倣や改良を主とする点で,無から有を作り出すために必要な構想力やリスクへの耐性を持つ政策デザインよりは見劣りすると評価される場合も多い。しかし,豊かな構想力に裏打ちされたウォークマンを作った遺伝子が日本で絶滅したわけではない。

　2011年12月施行の「東日本大震災復興特別区域法」(復興特区法)にふたたび戻る。この法律は,復興まちづくりを産官学の連携で実現しようとすると同時に根っこのところに財界主導・官界追従型で唱導された「3本柱」を軸にして展開することを特徴とする。「3本柱」の中身は構造改革と規制緩和を推進することを狙った「復興推進計画」と,復興事業を推進するために関係する複数の法律の特例を認めて手続きを簡素迅速にして許可など各種の規制を緩和するための「復興整備計画」,その計画を金銭面で裏付ける「復興交付金事業計画」である。小泉内閣での構造改革特区制度をモデルにし,そこに資金的裏付けを施しているので,小泉流特区よりも復興現場にとっては旱天の慈雨と言ってよい。ところがこの財界主導・官界追従型の政策デザインが,いつの間にか官主導に切り替わり,相変わらずの縦割り行政の弊害

を引きずっていることに一抹の不安を覚える。この政策デザインが，スタート時点から地域からの要望というボトムアップ型のものではなく，財界や国からのトップダウン型であったことの限界が出始めている。ただし，ボトムアップからの政策デザインをうたっても，現実には圧倒的なマンパワー不足，構想・アイディア不足，用意されているメニュー不足は否定できない。勢い「とりあえず」で走り出している地域が圧倒的に多い。

　この際思い切って大震災後の被災地を10年という時限を区切って，日本再生の新たな政策デザインを構築する総合実験地域として活用できないだろうか。国都道府県市区町村という時代遅れの「三層構造」が前提となる従来型トップダウン行政が長年のうちに抱えた数多の桎梏や前例踏襲主義をご破算にして，官民協力して地域を作り替える実験をする。たとえば復興だけに焦点を合わせるのではなく，もっと根本から考え直して日本再生のための改革特区として官民の人材や教育資源や技術，そして資金を重点的に投入する。と同時に，被災地を技術開発拠点に作り替えるため，豊かな構想力に裏打ちされた制度設計が可能となるよう，新たな政策デザインを作り上げる人材を日本中から集め，信頼して任せる。これくらいの構造的大転換をしなければ，東北の被災地から必要な人材も優良事業所も我先と脱出してゆくだけだ。この自覚と実行力を今の政権は国の内外から求められている。そうでなければ政権交代に託した国民の期待は，再び次の政権交代へのうねりと変化するに違いない。東北の再生は，じわじわと劣化しつつある日本の再生にも当然つながってくると言って過言ではない。

　付記　本章は新たに書き下ろした文章とともに，『計画行政』(特に第37巻第3号，2014)，『流通とシステム』(特に No.155, No.156, 2013)，『改革者』(特に2011年11月号，2014年1月号) に発表した諸論考をもとに，大幅な加筆訂正を施し再構成したものである。

1) マンデルブロ他『禁断の市場』に記載された事例を要約した。
2)「まちづくり」が多様性を担保して行われるには，霞が関主導のトップダウン型政策形成ではなく，ボトム型政策形成が必要であることについて異論の余地はない。「均衡ある国土の発展」ではなく，「多様性に満ちた強靭な国土の形成」が時代の流れであることからそれが言える（細野（2013）9-30頁）。震災復興政策の柱が「市町村中心の復興」であるという政策理念の解説には飯尾の論考が秀逸である（御厨他編　飯尾論文（2014年）21-41頁）。
3) 秋山他編の中にある岡本正論文を参考にした。
4) 復興庁による平成25年7月31日のプレスリリースにある執行状況の数値参照。
5) 室田の著書の序文，5-6頁。
6) ケインズの『説得論集』所収の「我が孫たちの経済的可能性」，331頁。

参 考 文 献

秋山他編（2012）『3・11大震災暮らしの再生と法律家の仕事』別冊法学セミナー No.218，日本評論社
井上真編（2008）『コモンズ論の挑戦』新曜社
キャロル・グラハム（2013）『幸福の経済学』日本経済新聞出版社
J. M. ケインズ（1981）『説得論集』東洋経済新報社
全米研究評議会編（2012）『コモンズのドラマ』（茂木愛一郎他訳）知泉書館
ダロン・アセモグル他（2013）『国家はなぜ衰退するのか（上・下）』（鬼澤忍訳）早川書房
平山洋介他編（2013）『住まいを再生する』岩波書店
ブノワ・B・マンデルブロ他（2008）『禁断の市場』（高安秀樹監訳）東洋経済新報社
細野助博（2000）『スマートコミュニティ』中央大学出版部
細野助博（2007）『中心市街地の成功方程式』時事通信社
細野助博（2010）『コミュニティの政策デザイン』中央大学出版部
細野助博編著（2013）『新たなローカルガバナンスを求めて』中央大学出版部
細野助博（2013）『まちづくりのスマート革命』時事通信社
御厨貴他編（2014）『「災後」の文明』阪急コミュニケーションズ
三俣学他編著（2010）『ローカル・コモンズの可能性』ミネルヴァ書房
室田武（1979）『エネルギーとエントロピーの経済学』東洋経済新報社
リチャード フロリダ（2008）『クリエイティブ資本論』（井口典夫訳）ダイヤモンド社

あ と が き

　多くの尊い命を一時に奪い，広範な国土に甚大な被害をもたらした3・11東日本大震災から3年半の時日が経った。大震災発生直後は，日本内外で大きな関心をよび，多くのボランティアが被災地に赴いた。メディアも多くの紙面を割いて報道した。しかし，今日，次第に関心が薄れてきているように思える。被災地にも震災の痕跡が消えつつある場所もあれば，いまだ立ち入ることすらできない場所もある。震災直後の惨状の記憶が薄れ，東北を日本の最先端モデルにするという掛け声も，かつての勢いが次第になくなりつつあり，震災の風化が懸念される。

　読売新聞社の全国世論調査では，東日本大震災による被災地の復興への関心が低下し，震災，原発事故の発生から3年が経過し，時間の経過とともに，国民の危機意識が徐々に薄れていることが浮き彫りになったとしている。その一方で，被災地の復興が「進んでいない」と思う人はなお61％を占め，引き続き厳しい現状認識も続いている（2014年3月7日読売新聞）。私たちは，あの惨状を記憶遺産として永遠に忘れてはならない。

　東日本大震災で発生した約3000万tのがれきは，岩手・宮城両県では，今年の3月にようやく処理が終了した。今後，南海トラフ巨大地震や首都直下地震が起った場合，環境省は，南海トラフ地震で発生するがれきは最大で約3億4900万tと，東日本大震災の11倍となり，既存施設で処理するためには16年から20年かかると試算している。また，首都直下地震は，マグニチュード7クラスで，焼却処理に4年，埋め立てには26年を要するとしている（2014年3月1日日経新聞）。

そうした巨大地震・津波の対策として，安倍政権の災害に強い「国土強靭化」政策は，確かに必要で急がれる。しかし，巨大地震，津波の対策は，過去と同じままの感覚のインフラ整備をし，元通りの生活ができるように努めるだけで本当に良いのだろうか。震災後の時代を私たちはどう生きていくべきか。まさに新しい土木構想，新しい復興思想も同時に生みだしていかなければいけない。

東北の被災地に限らず，南海トラフ巨大地震，首都直下地震が予測される日本では，全国総合開発計画を策定し，日本列島のグランドデザインを描き，そして，実現に向けて努力することが求められるはずである。将来は現在の延長線にあると思いがちだが，将来は「創造力」によって創られるべきである。そこで，人類の英知を結集した，日本のパラダイム・シフトが求められる。本書は，そうした思いを込めて進めてきた2年間の研究成果である。

なお，「序」においても述べられているが，「直江資金」と，政策文化総合研究所主催シンポジウム「3・11複合災害と日本の課題」開催の経緯について記しておきたい。

直江重彦先生（中央大学総合政策学部教授）は，情報通信に関連する問題を中心に，さまざまな産業政策についての研究に取り組まれ，常日頃ゼミの学生に対しては，「古い概念にとらわれない新しい感覚」を信条として指導された。2011年9月に他界されたが，生前（1999年）政策文化総合研究所に対し，全研究プロジェクトの統一課題である「21世紀日本の生存」の研究活動に有意義に使用してほしいとのご意思で，研究資金の提供があった。2000年12月6日に開催された国際ゼミナール「アジアの持続可能な成長と自然資源」に，「直江資金」の一部を支出し，その後，政策文化総合研究所の運営委員会及び研究員会に諮り，「直江資金検討会」を立ち上げ慎重に議論した。直江先生のご遺志に副う，政策文化総合研究所の総合研究「21世紀日本の生存」に合致した，研究テーマを全研究員に募った結果，東日本大

震災及び福島第一原発事故のいわゆる複合災害に関する研究に集約され，2012年3月の運営委員会及び研究員会において，正式に「3・11複合災害と日本の課題」（代表佐藤元英・滝田賢治）とすることが承認された。2012年4月からは，マスタープランの作成のため，所長，運営委員及び研究員若干名を加えた「直江資金プロジェクト検討会」を毎月開き，具体的研究テーマ，研究の進め方，シンポジウムの開催及び研究成果の公刊などについて話し合いを行い，2013年4月から研究員・客員研究員の研究報告会を毎月1回のペースで開催し，同時にシンポジウム開催準備についての話し合いを重ねた。そして，東日本大震災の発生からちょうど3年の，2014年3月11日，シンポジウム「3・11複合災害と日本の課題」の開催の運びとなったのである。本書を直江先生に捧げるとともに，感謝の意を表してご冥福をお祈り申し上げる。なお，3月11日のシンポジウム記録は，『中央大学政策文化総合研究所年報』第18号に掲載する予定である。

　「直江資金プロジェクト」にご協力くださった方々の御芳名については，多数に及ぶため省かせていただくが，ここに深謝の意を表したい。また，2年間にわたるこの研究活動は，研究所合同事務室政策文化総合研究所担当の百瀬友江さんの全面的な支えによって可能になったものであることを特記する。研究会の設定，現地調査の段取り，シンポジウムの準備や本書の出版に至るまで全て百瀬さんの献身的な努力によるものである。メンバー一同，この場を借りて深甚の謝意を表したい。

2014年9月

佐　藤　元　英

執筆者紹介（執筆順）

滝田 賢治（たきた けんじ）	政策文化総合研究所研究員・中央大学法学部教授
片桐 正俊（かたぎり まさとし）	政策文化総合研究所研究員・中央大学経済学部教授
齋藤 俊明（さいとう としあき）	社会科学研究所研究員・岩手県立大学総合政策学部教授
長谷川 聰哲（はせがわ としあき）	政策文化総合研究所研究員・中央大学経済学部教授
武山 眞行（たけやま まさゆき）	政策文化総合研究所客員研究員・中央大学名誉教授
深町 英夫（ふかまち ひでお）	政策文化総合研究所研究員・中央大学経済学部教授
岡田 啓（おかだ あきら）	政策文化総合研究所客員研究員・東京都市大学環境学部准教授
奥山 修平（おくやま しゅうへい）	政策文化総合研究所研究員・中央大学法学部教授
佐藤 元英（さとう もとえい）	政策文化総合研究所研究員・中央大学文学部教授
西海 真樹（にしうみ まき）	政策文化総合研究所研究員・中央大学法学部教授
細野 助博（ほその すけひろ）	政策文化総合研究所研究員・中央大学総合政策学部教授

3・11複合災害と日本の課題　中央大学政策文化総合研究所

2014年11月28日　初版第1刷発行

編著者　佐藤　元英
　　　　滝田　賢治

発行者　神﨑　茂治

発行所　中央大学出版部
〒192-0393　東京都八王子市東中野742-1
電話 042(674)2351　ＦＡＸ 042(674)2354
http://www2.chuo-u.ac.jp/up/

©2014　　　　　　　　　　　　ニシキ印刷／三栄社

ISBN978-4-8057-6185-4